KB170403

치매의 모든 것

DEMENZ UND
ALZHEIMER VERSTEHEN

치매의 모든 것

휘프 바위선 지음

장혜경 옮김 **한지원** 감수

시심

제발 날 놀리지 마시오!

난 어리석고 멍청한 노인이오.

한 시간도 안 빼놓고 팔십이 넘었소.

그리고 솔직히 말하면 온전한 정신이 아닐까 두렵소.

당신과 이 사람을 알아봐야 하는 건데 그게 의심스럽소.

이곳이 어디인지 도무지 모르겠고 내 모든 재주를 다해도

이런 옷은 기억에 없으며 간밤에 묵은 곳도 모르기 때문이오.

세익스피어, 《리어왕》 4막 7장

"이제 그녀는 안다. 건강이나 자신과의 조화 같은 지극히 개인적인 것들을 잃고 느끼는 원통함은 나이가 든다고 해서 더 수월하게 견딜 수 있는 것이 아니라는 것을. 스물여덟이건 마흔여덟이건 예순여덟이건 아흔여덟이건 심장은 여전히 젊고 여전히 피를 흘릴 수 있는 것이다."

판 마넌 페터르스, 2002

일러두기

· 단행본과 학술저널, 보고서는 《》로, 잡지, 신문, 논문, 영화, 음악은 〈〉로 묶었다.

· 지은이 주는 ◆로 감수자 주는 *로 구분했다. 본문의 숫자는 후주이다.

· 인명은 국립국어원 외래어표기법을 따랐다.

· 본문의 강조는 원서의 이탤릭체로 표기된 부분이다.

· 본문에서 언급하는 문학 작품명 및 인용 저서명은 국내에 출간된 경우 번역된 제목을 따랐고, 국내에 소개되지 않은 경우 원어 제목을 우리말로 옮겼다.

· 본문에 쓰인 의학용어는 국립중앙의료원 중앙치매센터와 국가정신건강포털, 대한의사협회 의학용어집을 참고했으며, 감수자의 의견을 바탕으로 대중적으로나 의학적으로 더 널리 쓰이는 용어를 채택했다.

이 책이 희망을 이야기할 수 있는 시작점이 되길

2021년 노인 인구 기준으로 한국의 치매 유병률은 60세 이상 인구의 7.24퍼센트, 65세 이상 인구의 10.33퍼센트로 추정된다. 80세 이상에서는 20.89퍼센트, 85세 이상에서는 38.96퍼센트다(출처: 중앙치매센터 '치매오늘은'). 결혼한 부부의 양가 부모가 80세가 넘으면 네 분 중 적어도 한 분은 치매에 걸릴 가능성이 높은 것이다. 치매는 더 이상 남의 이야기가 아니다. 언제 내 가족, 아니면 나의 이야기가 될지 알 수 없는 상황이 되었다.

치매는 노인들이 가장 두려워하는 질병 1위다. 완치되지 않는 병, 나 자신을 잃어버리는 병이라는 인식 때문이다. 그럼에도 불구하고 우리에게는 희망이 필요하다. 치매는 조기 진단과 조기 치료가 무척 중요하기 때문에, 이 질병에 대해서 잘 알고 대처하는 것이 희망을 이야기할 수 있는 시작점이 될 것이다.

이 책은 치매의 원인, 역학적 특징, 증상, 돌봄 등 치매에 대한 전반적인 내용을 다루고 있다. 초반에는 각 증상을 이해할 수 있는 문학 작품들이나 글귀의 인용이 무척 생생하고 풍부하여 다소 무거운 감정이 공명되는 것 같았다. 그러나 저자가 환자와 보호자를 진심으로 이해하고 소통하려는 의지가 책 전체에 담겨 그 무거움을 조금씩 덜어준다. "따라서 나도 이 책을 긍정적인 분위기로 마치려 한다"라고 책을 마무리할 때에는 궁극적으로는 희망을 전하고 싶었던 저자의 마음이 공감이 되었다.

특히 6장 '치매 환자와 소통하기'부터는 치매 전문의로서 내가 임상 현장에서 보호자들에게 이야기하고 싶었던 내용이 빠짐없이 포함되어 있다. 정신 행동 증상을 보이는 환자에게는 "전환"과 "감정 존중"이 중요하다. 진실 여부에 집중하지 말고, 환자의 감정 상태에 맞추어서 반응하고, 주위를 전환하는 것이다. 이 책에서는 이러한 정신 행동 증상의 대처 방법을 단계별로 나누고, 각 단계마다 다양한 예를 들어 설명하고 있어 증상을 체계적으로 이해하고 치매 환자를 돌보는 데 큰 도움이 될 것으로 보인다.

치매에 대한 의학 지식은 수정이나 보완이 필요한 부분은 최선을 다해 주석을 달았다. 2장 '기억장애: 첫 번째 치매 법칙'과 '3장 기억상실: 두 번째 치매 법칙'은 기억장애의 정도에 따라 분류한 것으로 추정된다. 아울러 치매에서 나타나는 기억장애 외의 다른 인지 영역(지남력, 판단력 및 문제 해결력, 언어능력, 시지각 기능, 사회적 인지 등)의 문제들도 2장과 3장에 자연스럽게 같이 기술되어 있어서 별도로 언급하지는 않았으나, 치매가 기억장애 및 기억상실로만 나타나는 것은 아님을 밝혀둔다. 치매의 예방 및 약물 치료의 의미에 대해서도 보다 객관적인 정보를 추가했다.

2021년 6월, 알츠하이머병 치매 신약이 미국 FDA 조건부 승인을 받아 큰 화제가 되었다. 현재 사용하는 치매 치료제 중 가장 최근에 승인받은 시기가 2003년이었다. 18년 만에 신약이 등장한 것이다. 증상 완화 기전을 가진 기존 치료제와 달리 이 신약은 알츠하이머병의 원인 물질을 제거하는 기전을 가진 항체 치료제라 더 기대를 모으고 있다. 현재 최종 승인을 위한 추가적인 유효성 검증 임상시험을 진행하고 있고 해결해야 할 여러 다른 이슈들도 있지만, 이 항체 치료제의 조건부 승인 영향으로 다른 알츠하이머병 치매 신약 개발 연구도 보다 활발해질 것으로 기대된다. 약물 외에도 인지 중재 치료, 디지털 치료제 등 다양한 치매 예방 및 치료법들에 대한 연구 및 개발도 하루가 다르게 발전하고 있어 앞으로 주목할 필요가 있다.

이와 같이 치매 예방과 치료에 대한 희망이 다시 커지고 있는 지금, 이 책이 치매를 제대로 알 수 있는 기회를 제공함은 물론 치매 환자와 가족들이 희망을 꿈꿀 수 있는 기반이 되길 기대한다. 이렇게 훌륭한 책을 감수할 기회를 준 출판사에도 깊은 감사를 표한다.

한지원(서울대학교 의과대학 분당서울대학교병원 정신건강의학과 교수)

들어가는 말

1999년 중반 네덜란드에서 이 책의 초판이 나왔다. 당시 편집자는 발행되는 책 일곱 권 중에서 한 권만 성공한다고 설명해 주었다. 여기서 성공이란 중쇄를 찍는다는 뜻이다. "어떤 책이 그렇게 될지는 아무도 예상할 수 없습니다. 편집자가 그걸 안다면야……."

그의 말을 생각하면 이 책이 그 선택받은, 일곱 권 중 하나가 된 것은 참으로 감사한 일이다. 더구나 네덜란드 국경을 넘어 독일과 영국, 체코에서도 번역서가 나왔으니 말이다.

지금 당신이 손에 들고 있는 이 신판은 내가 완벽하게 다시 손을 보고 인용문도 보충한 책이다. 특히 치매가 진행되어도 전혀, 또는 아주 늦게야 잃게 되는 능력, 특성, 욕구, 희망에 대해 새로 한 장(4장 '잃지 않는 것')을 꾸려 추가했다. 2003년과 2008년에 나온 독일어판에서도 언급한 내용이지만 그때는 몇 문장으로 그쳤다. 그래서 치매 환자들이 간직하고 있는 많은 것에 충분한 관심을 기울이지 못했다. 이번에 꾸린 새 장은 희망을 전하고 새로운 시각을 열어 줄 것이다. 또한 환자를 보다 잘 이해하고 보살필 수 있는 변화의 물꼬가 되어 줄 것이다.

치매 환자와의 소통은 듣지 못하는 사람과 소통하는 것에 비유할 수 있을 것이다. 무작정 소리만 질러 댄다고 소통이 더 잘되는 것은 절대 아니다. 아직 작동하는 다른 감각을 활용하면 청각장애인과 비장애인은 서로 소통할 수 있다. 예를 들어 손짓·몸짓을 하거나 수어 통역사를 고용하거나 글자로 써서 소통하면 될 것이고, 상대가 입술 읽기를 안다면 상대가 잘 보이는 위치에서 또렷하게 발음하면 될 것이다.

이번에 새로 추가한 장 '잃지 않는 것'은 내게 특히나 의미가 크다. 그 이유를 설명하자면 우선 나의 치매 경험담을 들려주어야 할 것 같다.

나는 현재 65세다. 그 세월의 족히 3분의 2, 다시 말해 40년 가까이 나는 치매를 바로 곁에서 지켜보았다. 내가 열다섯 살 때 외할아버지가 치매에 걸렸다. 당시 할아버지는 우리 집에서 100미터밖에 떨어져 있지 않은 막내 외삼촌 집에서 살고 있었는데, 뭐가 마음에 안 들었는지 하루 대부분을 우리 집에서 지내셨다. 할아버지는 진단을 받고 약 7년 후에 돌아가셨다. 그리고 불과 2년 후 아버지가 파킨슨병 진단을 받았고 몇 년 뒤에는 치매까지 앓았다. 흔히 말하는 파킨슨병 치매였다. 아버지는 78세에 돌아가셨으니 그야말로 길고 긴 고난의 시간이었다. (지금도 나는 아버지의 모습이 생생하다. 침대에 누워 파킨슨병이 일으키는 수축 탓에 몸을 태아처럼 웅크린 채 욕창 때문에 생긴 통증으로 얼굴을 일그러뜨린 아버지.)

다시 10년 후 이번에는 어머니가 알츠하이머병 증상을 보이기 시작했다. 어머니는 8년 후에 돌아가셨다. 어머니가 돌아가시기 2년 전에 막내 이모도 치매에 걸렸다. 아버지와 어머니가 투병하시는 동안 거의 매일 우리 집에 와서 환자를 들여다보셨기에 우리가 제일 좋아하는 이모였다. 이모는 진단을 받고 5년 후에 세상을 떠났다.

그러고 나서 제일 친한 친구의 아내가 치매에 걸렸다. 지금으로부터 10년 전이었고 그녀의 경우는 (조기에 발병한) 희귀한 형태의 중증 치매였다. 그녀는 지금까지 치매를 앓고 있다.

최근 들어 내가 참 오래도록 치매를 지척에서 겪었다는 생각이 들었다. 한 강연에서 그 이야기를 했더니 어떤 분이 다섯이나 되는 치매 환자를 곁에서 지켜본 사람으로서 제일 중요한 것이 무엇이라 생각하는지 물었다. 즉흥적으로 이런 대답이 떠올랐다. "지금 생각난 말은 이것입니다. 고립의 심화. 앞서 말씀드렸던 우리 이모를 제외하면 친구도 지인도 가족도 점점 찾아오는 횟수가 줄어들다가 결국엔 아무도 찾아오지 않았거든요." 그분이 다시 물었다. "왜 그럴까요?" 나는 대답했다. "정확히는 저도 모르겠습니다만 무엇보다 치매 환자를 마주하면 당황하기 때문인 것 같습니다. 왜 당황할까요? 치매 환자가 나와는 다르다고 생각하기 때문이지요. 그래서 어떻게 말하고 행동해야 할지 모르는 거죠."

치매 책을 쓰고 나자 네덜란드는 물론이고 독일에서도 자주 강연 요청이 들어왔다. 몇 년 전부터 독일에서 강연을 할 때는 항상 이 (황당한) 질문으로 시작한다. "독일 노래 중에서 치매 환자가 제일 좋아하는 노래가 무엇일까요?" 아무도 대답을 못 하면 나는 유튜브에 들어가 이 노래를 들려준다. 〈나도 너와 같아〉. 이 노래는 1975년 마리안네 로젠베르크가 불러 크게 히트한 유행가다.

이제 당신은 왜 내가 새로운 장에 그토록 마음을 쓰는지 이해했을 것이다. 4장과 더불어 8장 '치매 환자 대할 때의 일반 팁'도 많이 보완했다. 이런 나의 노력이 치매 환자를 더 잘 보살필 수 있는 유익한 행동 지침을 넘어서 환자와의 접촉을 두려워하는 친구들의 불안을 덜어 줄 수 있다면 정말로 좋겠다.

제아무리 두꺼운 책이라도 환자를 보살피고 환자와 함께 살면서 겪게 되는 **모든** 문제를 남김없이 다 다룰 수는 없다. 그럼에도 이 책이 당신의 창의성을 북돋아서 내가 미처 다루지 못한 개별 문제에서도 해결 방안을 찾을 수 있도록 도움이 되기를 바란다.

휘프 바위선

2019년 9월, 틸뷔르흐에서

차례

자신에게 물어보자. 내가 환자 입장이라면 어떤 기분일까 | 5단계: 한 가지 또는 여러 가지 해결책을 찾는다 | 6단계: 한 가지 방법을 선택한다 | 7단계: 방법을 실천할 준비를 한다 | 8단계: 방법을 실천한다 | 9단계: 되돌아본다

8 치매 환자 대할 때의 일반 팁 295

1

치매란 무엇인가

아들의 눈에 비친 치매 어머니의 모습은 이렇다.

기억에 뚫린 검은 구멍이 자꾸만 커졌다. 상태가 안 좋은 날은 하릴없이 집 안을 돌아다녔다. 하지만 몸이 말을 잘 안 들어서 자꾸만 비틀대고 삐걱댔다. 부엌에 커피를 끓이러 갔다가는 사과 주스와 감자 껍질을 들고 왔다. 우체통을 보러 간다고 하고서는 다락으로 올라가서 거기 두고 잊어버린 장난감 상자들, 갑자기 혼자 움직이는 흔들 목마, 해진 짚 매트리스가 깔린 침대틀을 보고는 화들짝 놀라 비명을 질렀다. 거실에 간다고 해 놓고는 숲으로 이어지는 뒷마당에 서 있었다. 전화가 울리면 초인종을 향해 달려갔다.

정신도 온전치 않아 성냥개비에 불을 붙여 놓고 그걸 보며 말했다. "얼음처럼 차갑구나." 입을 열 때마다 의도와는 다른 말이 튀어나왔다.

프레릭스, 2001

치매 환자는 잘 잊어버린다. 초기 단계에선 주로 가까운 과거의 사건을 까먹는다. 예를 들어 케스터르 프레릭스^{Kester Freriks}의 소설에 나오는 어머니처럼 뭘 하고자 했는지 자주 까먹는다. 그래서 방금 전에 냄비를 가스 불에 올려놓고도 까먹어 버리고 10분 전에 했던 말을 기억 못 하며 오전에 장을 보고도 잊고서 또 장에 가려고 나선다. 그러니까 치매 환자의 기억은 더 이상 생활의 안내인 역할을 하지 못한다. 병이 더 진행되어 망각이 심해지면 무엇으로 욕구를 만족시켜야 하는지조차도 몰라서 양치액으로 입안을 헹군다면서 세제를 마신다.

또 다른 치매 증상은 실행이 불가능하다는 점이다. 어느 날 갑자기 요리를 할 수 없게 되고 커피를 끓일 수 없게 되며 리모컨 조작을 못 하고 계산을 못 하며 정말 간단한 문제도 해답을 찾지 못해 쩔쩔맨다. 자기감정을 통제할 수 없고 남이 말을 알아듣지 못하는 것도 심각한 문제다. 그러다 병이 더 깊어지면 결국 알아들을 수 있는 언어로 자신의 뜻을 표현하지 못하고 자기 몸을 간수하지 못하며 가족을 알아보지도 못한다.

치매는 신드롬이다. 다시 말해 여러 증상이 아주 특정하게 결합되어 나타난다. 방금 말한 증상 말고도 여러 가지 다른 특징이 나타나는데, 대표적으로 성격이 변하고 변덕이 심해지며 이유 없이 화를 내고 (특히 밤에) 불안해하는 등의 증상을 꼽을 수 있겠다.

치매에 관한 오해

치매 환자는 다 똑같은 병을 앓는다고 생각하는 사람이 많다. 잘못된 생각이다. 정신적 능력을 점진적으로 상실하는 것은 수많은 질병의 결과일 수 있다. "열"과 비슷하다. 열은 다양한 질병에 동반되는 현상이다. 독감, 폐렴, 수두, 손가락 염증, 일사병 등 다양한 종류의 질병에서 열이 나타난다. 다시 말해 체온이 상승하는 데에는 다양한 원인이 있다는 말이다. 치매도 마찬가지다. 얼핏 보면 똑같아 보이는 증상 뒤편에도 다양한 질병이 숨어 있을 수 있다.

흔히 노화를 정신 능력의 상실 과정과 동일시한다. "늙더니 아이 같아지네." 이런 한숨 섞인 푸념을 자주 듣는다. "아이 같아지는 것"이 노화의 논리적인 결과인 양 말들을 한다. 다행히 이런 생각 역시 오해다. 다수의 노인은 고령에 이르기까지 초롱초롱한 정신 상태를 유지하기 때문이다. 60~70세 노인의 불과 1.5퍼센트만이 치매 환자다. 물론 나이가 들수록 치매에 걸릴 위험이 더 커지는 것은 사실이다.

또 많이 듣는 오해의 말이 잘 까먹으면 치매가 벌써 왔다는 것이다. 실제로 망각이 치매의 주요 특징이긴 하지만 기억력에 어려움을 겪는 사람에게 무조건 "치매"라는 딱지를 붙이는 것은 부당하다. 나이가 들면 다들 치매가 아니어도 잘 까먹는다. 고령의 노인이 이름을 못 외우는 건 정상이므로 그 정도를 성급히 치매 신호로 해석할 필요는 없다. 나이가 들면 젊은 사람하고 달라서 경험을 기억에서 불러내기까지 시간이 오래 걸리고 여러 가지 일상을 제대로 처리하는 데에도 노력이 더 많이 든다. 노화가 기억 재료의 보관과 재생산 과정을 느리게 만들기 때문이다.

노인만 치매에 걸릴 수 있다는 생각도 틀렸다. 치매는 60세·이하에서도 드물지만 나타날 수 있다.

마지막으로 치매 환자는 다 똑같다는 생각도 잘못이다. 치매 환자도 "정상"인과 마찬가지로 사람에 따라 차이가 크다. 한마디로 모든 치매 환자가 다르고 고유한 것이다.

치매 현상의 원인

특히 노인의 경우 신체 질환이 치매 현상의 원인일 수 있다. 예를 들어 독감에 걸리면 일시적으로 가벼운 건망증과 불안이 나타날 수 있다. 특정 약을 복용하거나 술을 너무 많이 마셔도 이상한 행동을 할 수 있다. 뇌의 혈액순환이 원활하지 않아도 심한 건망증이 유발된다. 이렇듯 실로 많은 신체적 원인이 치매 현상의 원인일 수 있고, 그중에는 한시적인 경우도 적지 않다.

심리사회적 문제도 치매 현상을 일으킨다. 많은 노인이 이사를 하거나 병원에 입원하게 되면 마음의 균형을 잃고 잠시 혼란에 빠진다. 남편이나 아내를 먼저 보낸 후 이내 마음이 무너져서 치매 증상을 보이는 노인도 정말로 많다. 외로움이나 충격적인 일도 치매 증상을 부추길 수 있는 심리사회적 요인이다.

치매 증상을 보이는 사람 중에서 약 75퍼센트가 뇌에 원인이 있다. 산 사람의 뇌를 마구잡이로 잘라 내어 조사할 수 없는 노릇이므로 치매의 원인이 뇌인지 아닌지를 확실히 말할 수 있는 건 환자가 세상을 떠난 후에나 가능하다.*

치매의 형태

앞서도 말했듯이 치매는 다양한 질환을 통틀어 부르는 말이다. 따라서 이제부터 그 다양한 형태를 하나씩 살펴보기로 한다. 미리 말하지만, 이 질병의 하위 종들이 지금까지의 생각과 달리 명확히 나눠지지 않는다는 증거들이 있다[1].

알츠하이머병

"우리 남편 치매 아냐. 알츠하이머병이래. 의사가 그랬어. 다행이지 뭐야." 기차에서 어떤 여성이 전화하는 소리를 들었다. 듣고 있자니 입

---

* 치매 종류 중 일부는 뇌 영상 검사를 통해 원인을 파악할 수 있다. 여기에서는 사후 뇌 부검을 통한 원인 파악이 가장 정확하다는 의미에서 기술한 것으로 보인다.

1장 치매란 무엇인가

이 근질거렸다. 내가 조금만 더 용기 있는 사람이었다면 그녀에게 이렇게 말했을 것이다. "죄송하지만 전화하시는 소리가 들려서요. 좀 안 된 말씀을 드려야 할 것 같습니다. 알츠하이머병은 치매의 한 형태거든요. 가장 흔한 형태죠." 사실이 그렇다. 치매를 앓는 환자의 70퍼센트는 알츠하이머병이다. "순수한 형태"의 알츠하이머병은 55퍼센트이고, 나머지 15퍼센트는 다른 형태의 치매, 주로 혈관성 치매를 동반한 알츠하이머병이다.

따라서 이 책에서 앞으로 별도의 설명 없이 그냥 "치매"라는 개념을 쓸 때는 알츠하이머병을 말하는 것이다.

가족이 알츠하이머병에 걸렸다는 소리를 들으면 아마 그 병이 어떤 병인지부터 알고 싶을 것이다. 요즘은 인터넷에 들어가 보면 유익한 정보를 많이 얻을 수 있다.

존 역시 아내가 알츠하이머병에 걸렸다는 말을 듣자 인터넷에 들어가 조사하기 시작했다.

존은 서재로 들어가 컴퓨터를 켰고 인터넷에 들어가 검색창에 "알츠하이머병 초기 단계"라고 쳐 넣었다. 유머부터 감자 재배에 관한 엄청난 분량의 기사에 이르기까지 정말로 많은 자료가 떴는데, 그중에 딱 찾던 글을 하나 발견했다. 환자의 아내가 쓴 알츠하이머병 첫 단계 기록이었다. 세 쪽에 걸쳐 그녀는 50번째 생일이 지난 직후부터 정신이 오락가락하기 시작한 남편의 이야기를 풀어놓았다. 남편은 건망증이 점점 심해지다가 누구랑 통화를 했는지조차 까먹었고 종국엔 자신이 누구인지도 잊어버리는 지경에 이르렀다. 우울증도 심해서 증상이 찾아오면 입을 닫아 걸고 혼자만의 세상으로 들어가 버렸고 잠깐 증상이 호전될 때면 마치 검은 구멍에 빠진 것 같다는 심경을 토로했다. 남편이 실직하고 경제적으로 어려워져서 시 외곽의 값싼 집으로 옮기면서부터는 상태가 더 나빠졌다. 남편은 그곳에 마음을 붙이지 못했다.

그녀는 예후가 전혀 낙관적이지 않다고 결론지었다. 진단을 받은 나이가 언제인지에 따라 환자에게 남은 시간은 10~15년이다. 병은 계속해서 진행될 것인데 이 병은 신경계 질환이기 때문에 요실금도 찾아오며, 비합리적 불안, 심한 감정 기복이 동반되기도 한다.

그녀, 보호자는 사랑하는 사람이 쫓아갈 수 없는 곳으로 가고 있다는 사실을 잘 안다. 아니 어쩌면 따라갈 수 있고 또 그래도 좋을 것이다. 물론 당신은 그러지 않기를 바란다. 따라간다 해도 그 사람은 이제 동반자가 아니라 환자일 테니 말이다.

하지만 이 구절을 읽고 있다면 당신은 아직은 젊을 테고 그토록 오래 바라던 은퇴를 도둑질당한 기분이 들 것이다. 당신만 그런 게 아니다. 당신만 그런 게 아니라는 증거가 필요하다면 내게 이메일을 보내 주면 된다. 약속하건데 나나 내 동료가 꼭 답장을 보내 줄 것이다.

개일, 2006

이 여성이 기록한 알츠하이머병의 진행 과정은 절망적이지만 다행

　　　　　　　　　　　　　　　　　　1장 치매란 무엇인가

히 모든 경우에 다 해당되지는 않는다.

이와 같이 모든 환자가 극심한 우울증에 시달리거나 롤러코스터 같은 감정 기복을 보이는 것은 아니다. 뒤에서 더 살펴보겠지만 치매로 인해 오히려 성품이 온화하게 바뀌는 경우도 있다.

알츠하이머병은 신경세포의 말단("긴 전선")이 망가져서 세포 간 소통에 필요한 화학적 과정이 손상된 질병이다.* 정확한 원인은 아직 밝혀지지 않았다. 하지만 이 병이 뇌에 비정상적으로 많이 축적된 단백질과 관련이 있다는 사실은 이미 밝혀진 바다. 단백질은 두 가지 종류가 있다. 흔히 플라크라 부르는 아밀로이드 축적물(전분 같은 축적물)과 신경섬유다발neurofibrillary tangle이 그것이다. 연구자들은 이 단백질 축적물이 뇌신경을 파괴하는 데 큰 역할을 한다고 추정한다. 하지만 이 물질이 비록 더 적은 양이긴 하지만 알츠하이머병 환자가 아닌 사람에게도 발견이 되기 때문에 연구자들의 고민은 깊다.

플라크와 다발이 병의 원인일까 아니면 병의 결과일까? 확실한 것은 신경세포 파괴가 해마에서 시작된다는 사실이다.** 해마는 새로운 정보를 받아들여 선별한 뒤 장기 기억으로 보낼지 여부를 결정하는 뇌

---

* 알츠하이머병 외에 다른 유형의 치매에서도 신경세포의 손상으로 인한 신경세포 기능 저하가 일어나기 때문에, 알츠하이머병에 국한된 사실은 아니다.

** 알츠하이머병에서 신경섬유다발의 침착이 시작되는 부위는 해마가 아닌 내후각피질transentorhinal region로 알려져 있다. 다만 인지 저하 증상이 나타날 즈음에는 해마에서도 신경섬유다발의 침착이 관찰된다(Braak H, Alafuzoff I, Arzberger T, Kretzschmar H, Del Tredici K. Staging of Alzheimer disease—associated neurofibrillary pathology using paraffin sections and immunocytochemistry Acta Neuropathol. 2006 Oct;112(4):389–404. doi: 10.1007/s00401 006–0127–z.).

부위다. 기억 감퇴가 알츠하이머병의 첫 증상인 이유도 바로 그 때문이다. 병은 해마에서 시작되어 뇌의 다른 부위로 퍼져 나간다.

전문가들은 알츠하이머병을 두 종류로, 즉 초로기 발병 형태와 노년기 발병 형태로 구분한다. 65세가 경계선이다. 65세 이전에 발병하는 초로기 발병 형태는 진행이 빠른 경우가 많지만 다행히 매우 드물다.

혈관성 치매

알츠하이머병에 이어 두 번째로 많은 형태가 혈관성 치매다. 치매 환자의 약 15퍼센트가 이에 해당한다. 혈관성 치매도 여러 형태가 있지만 가장 중요한 것이 다발경색치매multi-infarct dementia다. 조용하지만 잦은 뇌경색이나 큰 규모의 뇌졸중이 뇌 조직의 여러 곳을 망가뜨려 일어난다.

경색이 일어난 후엔 어느 정도 호전된다. 그래서 다음 혼란기까지는 환자가 안정 상태를 유지한다. 알츠하이머병이 경사가 완만한 산을 오르는 것이라면 혈관성 치매는 내리막길에서 추는 춤과 같다. 두 걸음 내려가고 다시 한 걸음 위로 올라오는 식으로 말이다.

혈관성 치매는 뇌의 많은 부분이 파괴되어 발병하지만 그 주변 부위는 아직 제 기능을 하기 때문에 알츠하이머병에 비해 환자가 악화되어 가는 자신의 상태를 더 오래 의식한다. 알츠하이머병 환자는 실수를 지적하면 진심으로 깜짝 놀란다. 방금 전 일도 새까만 구멍이다. 하지만 혈관성 치매 환자는 아직 등불이 타고 있어서 문득 자신이 뭘 잘못

했는지 알아차릴 때가 있고, 또는 희미하게나마 기억을 떠올린다. 그래서 자기 질병을 더 오래 의식한다.

파킨슨병 치매 또는 루이체 치매

치매의 약 5퍼센트가 파킨슨병 치매 또는 루이체 치매Lewy-Body-Dementia다. 파킨슨병 질환이 시작되기 전 또는 발병 후 1년 안에 치매 증상이 나타나면 루이체 치매라 부르고 질환이 시작되고 1년 이후에 인지 저하 증상이 나타나면 파킨슨병 치매라 부른다. 여기서 이 두 형태를 한꺼번에 설명하는 이유는 최근 들어 전문가들 사이에서 이 두 가지가 대체적으로 동일한 질환이라는 합의가 형성되었기 때문이다[2]. 하지만 파킨슨병이 반드시 치매를 동반한다고 생각하면 오산이다. 이 "떨림 병" 환자의 60~70퍼센트는 치매를 앓지 않는다.

이 치매는 정신적 기능이 심하게 요동치는 특징이 있다. 나쁜 기간과 좋은 기간이 번갈아 가며 나타난다.

나쁜 기간에는 환자가 환각(환자의 93퍼센트)이나 환청(환자의 50퍼센트)에 시달린다. 없는 것을 보거나 안 들리는 소리를 듣는다. 예를 들어 집에 짐승이 들어왔다고 주장하면서 세세한 부분까지 묘사를 한다. 운동장애도 일어날 수 있어서 걸음이 뻣뻣하고 등이 구부정하며 동작이 느리고 발을 질질 끌며 걷는다.

파킨슨병 환자들은 발병 후 몇 년이 지난 뒤에야 치매가 시작된다. 루이체 치매의 경우 인지력과 기억력 문제가 매우 빨리 나타난다.

아버지의 치매 증상을 옆에서 관찰한 한 아들의 글이다.

며칠 전에 찾아뵈었을 때는 아버지가 더 넋이 나가 있었다. 피곤한 표정에 구부정한 자세로 소파에 앉은 아버지는 탁한 음성으로 말씀하셨다. 잘 들리지 않아서 그가 아버지에게 말했다. "아버지, 헛기침을 하세요. 못 알아듣겠어요. 헛기침해요!" 아버지가 무슨 일만 있으면 말을 흐리는 버릇이 있어서 그게 짜증이 났기 때문이다. 그럴 때 아버지 말은 무슨 말인지 통 알아들을 수가 없고 목에서 바람이 빠지는 것같이 쉰 소리만 났다. 병들어 불쌍한 노인네 연기였는데 그는 그게 싫었고, 또 아버지의 연기력도 그다지 좋지는 않았다. 그랬어도 아버지가 빠르게 쇠락해 가는 증거 같아서 마음이 편치 않았고 더 자주 들여다봐야지 하고 마음을 먹었다. 오늘 창가 소파에 앉아 아버지를 마주 보노라니 그의 생각이 틀린 게 아니었다. 아버지는 빠르게 늙고 있었다. 불안하게 떨고 흔들어 대는 머리, 신경질적인 손놀림, 그 모든 것이 명확한 언어로 말하고 있었다. 얼마 안 가 아버지를 떠나보내게 되리라고.

브락만, 1961

전두측두엽 치매

치매 환자의 약 5퍼센트를 차지하는 전두측두엽 치매는 다른 치매와 달리 기억장애보다는 전두엽이나 측두엽의 위치와 관계된 증상들이 더 두드러진다. 인성 변화, 행동장애, 언어장애 등이 대표적인 증상이다. 따라서 충동적이고 공격적으로 변하며 성욕을 자제하지 못하고 인간관계에 문제를 겪는다. 또는 정반대로 만사에 무심해지고 위생을 소홀히 하며 의욕을 잃는다. 환자가 아기처럼 손에 잡히는 대로 뭐든 입으로 가져가기도 하고, 강박적으로 물건을 계속해서 다른 장소로 옮기거나 다시 정돈하기도 한다.

이 모든 증상의 공통점은 상황에 적절하지 않은 행동이라는 것이다. 환자는 적절치 못하거나 예전과 전혀 다른 행동을 한다. 그런데 이상하게도 알츠하이머병 등과는 다르게 계산은 여전히 잘한다.

전두측두엽 치매는 여러 형태가 있다. 가장 많이 알려진 것이 픽병 Pick's disease이다.

다른 형태의 치매

치매 환자의 5퍼센트 정도에서 매우 희귀한 질병 탓으로 치매가 생긴다. 예를 들어 헌팅턴병, 크로이츠펠트·야코프병, 비타민 B군의 특정 비타민을 충분히 섭취하지 않는 상태로 장기간 술을 마시는 경우에 생기는 코르사코프증후군 등이 그 원인이다.

A. 치매의 생리적 원인

중독

- 술
- 트라이클로로에틸렌
- 중금속
- 일산화탄소
- 안정제
- 수면제
- 항우울제
- 심장약
- 약물 과용
- 여러 약물의 부적절한 병합

영양 결핍

- 비타민 결핍(B1, B2, B12)
- 철 결핍

발열 질환

- 독감
- 폐렴
- 상처 감염
- 방광염

호르몬 생성 기관의 질환

- 갑상선

- 췌장(당뇨의 경우 너무 낮은 혈당의 결과로)

- 부갑상샘

- 부신피질

다른 기관의 질환

- 심장(심부전)

- 폐

- 간

감각기관의 질환

- 시각(너무 적은 자극)

- 청각(너무 적은 자극)

뇌질환이나 장애

- 매독

- 뇌염

- 뇌암

- 혈액순환 질환(뇌졸중, 뇌 석회화)

- 결핵

- 뇌진탕(몇 년 후에 일어나는 경우도 흔하다.)

- 수두증

B. 치매의 심리적 원인

- 불안(죽음이나 질병에 대한 불안)

- 우울증

- 슬픔(자식이나 배우자를 잃은 후)

- 정신적 비활동성

- 고독

C. 치매의 사회적 원인

- 환경 변화(이사, 입원)

- 사회적 지위 상실(은퇴)

- 갈등(배우자, 자녀 등과의 다툼)

- 인간관계 상실(친구나 이웃, 지인의 상실)

- 거부(주변 사람들에게 배척당함)

- 시설 입소(요양원이나 양로원 입소)

- 장기간 지속되는 스트레스

치매는 세기의 질병인가

노인 질환. 흔히 치매는 이렇게도 불린다. 대부분은 맞는 말이다. 그 말은 일부는 그렇지 않다는 뜻이다. 앞서도 언급했듯 희귀하지만 65세 이전에 시작되는 초로기 치매도 있다. 그래서 40세에서 65세 사이에서 천 명당 1명꼴로 치매에 걸린다. 나이가 들수록 환자의 숫자는 급격히 증가한다. 65세에서 70세까지는 50명에 1명꼴이고 그 이후로는 5년마다 두 배씩 증가한다. 따라서 치매는 주로 노인에게 나타나는 질병이다.

〜

로마의 시인이자 철학자인 루크레티우스는 기원전 75년경에 이렇게 말했다.

> 나중에 거친 세월의 힘이 그들의 신체를 공격하고,
> 수족이 무디어져 제대로 힘을 쓰지 못하게 된 후에
> 지력이 떨어지고 혀가 헛돌아 가며
> 마음은 갈팡질팡하고
> 이와 동시에 모든 것이 약해지고 스러진다.

《사물의 본성에 관하여》

역학疫學, epidemiology 연구 결과를 종합해 보면 전체 노인 인구의 약 6퍼센트가 중등도 또는 중증 치매를 앓는다고 결론 내릴 수 있다.

최근 들어서는 고령화로 인해 치매 환자의 숫자가 크게 늘었다. 2016년 네덜란드에선 치매가 사망 원인 1위를 차지하기도 했다. 당분간 이런 증가 추세는 지속될 것이다.* 심지어 향후 20년 동안은 환자 숫자가 두 배로 늘어날 것이다. 치매를 "세기의 질병"으로 부르는 이유도 그 때문이다.

평균 유병 기간은 10년 정도이지만 당연히 5년에 그칠 수도 있다. 물론 반대로 20년 동안 앓을 수도 있다[3].

남성보다는 여성이 더 많다

치매 환자 셋 중 둘은 여성이다. 평균적으로 여성이 남성보다 5년을 더 살고 치매의 가장 큰 위험 요인이 고령인 만큼 여성이 더 많이 치매에 걸리는 것이다. 하지만 긴 수명만으로는 여성이 치매에 더 취약한 현상이 충분히 설명되지는 않는다. 폐경 후 줄어든 에스트로겐이 이유일 수도 있다.

미국 신경학자 리사 모스코니Lisa Mosconi는 이렇게 말한다. "나 자신을 포함해서 여러 여성을 대상으로 최근에 실시한 연구 결과를 보면 에스트로겐이 여성 뇌의 노화를 막아 준다. 에스트로겐은 신경 활동을 자극하여 치매 발생과 관련된 형태의 플라크를 막아 준다. 에스트로겐 양이 줄면 뇌는 취약해진다."[4] 이런 가설은 (에스트로겐을 생산하는) 난소를 제거한 여성들이 치매에 걸릴 위험이 140퍼센트 더 높다는 학술 연

---

* 통계청이 발표한 《2021년 사망원인통계 결과》에 따르면, 치매로 인한 사망률은 인구 10만 명당 20.2명이며, 알츠하이머병은 사망 원인 순위 7위로 10년 전과 비교해 순위가 크게 상승했다.

1장 치매란 무엇인가

구 결과를 통해서도 뒷받침된다.

뒤에서 더 설명하겠지만 심부전과 치매는 주요 원인 몇 가지가 겹친다. 심장 기능이 약한 남성은 이미 중년에 심근경색(남성 사망 원인 1위)으로 사망하기 때문에 치매에 걸릴 수가 없는 것 또한 여성의 높은 비율을 설명하는 한 가지 이유일 것이다.

하지만 조금 전의 설명은 가설에 불과할 뿐, 그 이상은 아니다. 따라서 여성이 상대적으로 치매에 더 많이 걸리는 이유를 우리는 아직 명확히 알지 못한다.[*]

치매는 유전인가 아닌가

강연에 가면 가장 많이 듣는 질문이 바로 이것이다. "치매는 유전인가요?" 실제로 치매 환자 가족 중에는 자신도 조만간 치매에 걸릴지 모른다고 걱정하는 사람이 많다.

---

[*]   과거에는 여성의 사회 진출 기회나 교육 기회가 적었던 사회적 배경이 여성의 높은 치매 유병률을 설명하는 원인 중 하나로 지목되기도 했다. 현재 여성 노인이 남성 노인보다 치매 유병률이 높은 이유로 주로 연령, 사회문화적 특성, 여성 호르몬 감소, 치매 위험을 높이는 동반 질환, 뇌의 특성 차이(출산에 따른 회백질 감소 등) 등 다양한 가설이 논의되고 있다. 한국에서도 국제협력연구를 통해 2018년과 2020년, 출산 경험이 5회 이상인 여성이 알츠하이머병 치매 및 치매 발병 위험도가 높다는 연구를 발표한 바 있다(Jang H, Bae JB, Dardiotis E, et al. Differential effects of completed and incomplete pregnancies on the risk of Alzheimer disease. *Neurology*. 2018;91(7):e643-e651.; Bae JB, Lipnicki DM, Han JW, et al. Parity and the risk of incident dementia: a COSMIC study. *Epidemiology and Psychiatric Sciences*. 2020;29;e176.).

치매에 걸릴 위험을 보다 정확히 평가하기 위해 연구자들은 가족성 치매와 특발성sporadic 치매를 구분한다. "가족성"이란 한 가족의 여러 구성원이 치매를 앓는 (또는 앓았던) 경우를 말하며, "특발성"이란 가족 중에서 딱 한 사람만 치매에 걸린 경우다. 가족성 치매는 드물지만 유전이며(해당 유전자가 유전될 위험은 50퍼센트다) 주로 초로기 치매로 나타난다. 고령의 치매 환자에게 많이 보이는 특발성 치매는 유전 패턴이 명확히 확인되지 않는다. 하지만 연구자들은 특발성인 경우에도 직계 가족에게서는 발병 위험이 약간 더 높으며, 치매에 걸린 가족의 숫자가 많을수록 위험도 더 증가한다고 본다.

위험도를 계산할 때는 조심할 필요가 있다. 가족 중 80세를 넘긴 구성원 2명이 치매를 앓을 경우 가족성 치매로 보일 수 있지만 특발성 치매일 가능성도 있다. 반대로 가족 중에 치매 환자가 하나도 없지만 사실은 구성원들이 모두 70세 이전에 사망해서 치매에 걸릴 기회조차 없었을 수도 있다. 어쨌거나 가족성 형태를 제외한다면 치매의 가장 큰 위험 요인은 나이다. 앞서도 말했듯 나이와 함께 위험도 따라 커지기 때문이다.

얼마 전까지만 해도 특정 질환의 유전적 소인이 있으면 언젠가는 반드시 발병한다고 생각했다. 하지만 지금은 다르다. 이 분야를 연구하는 우생학은 유전자가 전기 스위치와 같다고 설명한다. 스위치는 일단 켜야 불이 들어온다. 켜지 않으면 아무 일도 일어나지 않는다. 달리 말하면 유전적 소인도 중요하지만 그 못지않게 환경도 중요하다는 소리다.

그러니 우리는 지금껏 생각했던 것보다 더 많은 영향력을 유전자에 끼칠 수 있는 것이다.

치매를 예방할 수 있을까[*]

"치매를 예방할 수 있을까요?" 유전 여부에 이어 두 번째로 자주 듣는 질문이다. "아니요. 안타깝지만 예방 못 합니다. 한다고 해도 별 의미가 없어요." 이 책의 이전 판만 해도 나는 이렇게 대답했다.

마지막 문장에서 짐작할 수 있듯, 지금의 나는 그때보다 조금 덜 부정적이다. 심지어 몇 가지 낙관론을 품어도 좋을 근거가 있다고 생각한다. 어쩌면 당신은 지금 이렇게 생각할지도 모르겠다. "방금 전에 향후 20년 동안 치매 환자가 두 배로 늘어난다고 해 놓고서는 무슨 낙관론?" 앞의 증가는 절대적 수치, 다시 말해 절대적 숫자가 증가한 것이다. 지난 몇 년간 (영국, 스웨덴, 덴마크, 네덜란드에서 실시한) 흥미로운 몇

---

[*] 치매는 예방할 수 있다. 의학저널 《랜싯 커미션Lancet commission》의 치매 예방과 개입 및 돌봄에 대한 2020년 보고서에서는 기존의 연구들을 종합·분석해 치매 위험 인자 12개를 발표했다. 이들 위험 인자가 조절될 경우 전체 치매의 40퍼센트가 예방 혹은 지연될 수 있다고 한다. 연령대별 위험 인자는 아래와 같다(Livingston G, Huntley J, Sommerlad A, et al. Dementia prevention, intervention, and care: 2020 report of the Lancet Commission. Lancet. 2020;396(10248):413–446.).
– 청년기(45세 미만): 낮은 교육 수준
– 중년기(45~65세): 청력 저하, 외상성 뇌손상, 고혈압, 음주, 비만
– 노년기(65세 이상): 흡연, 우울증, 사회적 고립, 신체적 비활동, 대기오염, 당뇨

가지 대규모 연구 결과는 20년 전부터 이미 각 세대별 치매 위험이 크게 줄었다고 주장한다! 절대적 증가와 대립되는 상대적 감소인 것이다! 1,500명 이상의 로테르담 주민을 15년 동안 추적 조사한 네덜란드의 연구 결과는 1990년만 해도 70~80세 노인 천 명당 거의 10명이 치매를 앓았지만 10년이 지난 2000년에는 남성의 경우 천 명당 5명, 여성의 경우 8명이 치매에 걸렸다[5]. 족히 20퍼센트에 이르는 감소 수치다! 이유는 생활 습관의 변화다.**

사람들의 생활 습관이 예전보다 건강해진 것이다. 매일 최소 30분씩 (살짝 숨이 찰 정도의) 운동을 하고, 너무 많지도 너무 적지도 않게 스트레스를 적당히 조절하며(물론 너무 오래 지속되는 스트레스는 피한다), 고혈압을 예방하고 콜레스테롤과 체중을 조절하고 담배와 과음을 피하고, 잠을 충분히 자며 긴장을 풀고 하루 일과를 규칙적으로 유지하며 인간관계를 충분히 갖는다. 중년에는 높은 콜레스테롤 수치와 체중이 위험하지만 노인이 되면 사정이 바뀐다. 상대적으로 낮은 콜레스테롤 수치와 적은 체중이 오히려 더 위험하다.

한마디로, 혈관에 좋은 것은 전부 다 뇌에도 좋고, 혈관에 나쁜 것은 (고독, 우울, 당뇨와 마찬가지로) 치매의 위험을 키운다[6]. 이런 상관관계가

** 생활 습관의 변화 외에도 이전 세대에 비해 학력 수준이 높아지고, 여성의 사회적 활동이 늘어난 것도 치매 환자 감소의 원인으로 지목되고 있다. 한국의 경우, 2016년 연구에서는 65~69세, 70~74세 노인의 유병률이 이전 연구(2008년과 2012년)에 비해 낮게 나타난 반면 75세 이상 전 연령의 노인에서는 이전 연구에 비해 높게 나타났다(출처: 《2016년 전국 치매역학조사》, 보건복지부).

1장 치매란 무엇인가

그리 놀라울 것이 없는 이유는 심장과 혈관이 뇌의 상태를 크게 좌우하기 때문이다. 심장과 혈관이 튼튼하면 뇌에 충분한 산소를 공급하고 또 노폐물도 원활하게 제거한다.

55세에서 87세까지 노인 9천 명 이상을 대상으로 실시한 최근 마스트리흐트 연구 결과는 로테르담 연구보다 더 낙관적이다[7]. 마스트리흐트 연구자들은 이른바 LIBRA지수Lifestyle for Brain Health를 개발했다. 이는 수술과 예방의 기초 자료로 활용할 수 있는 특수 스코어 모델로, 12가지 라이프스타일 요인에 기초를 두었다.

지금까지 건강하지 않게 살았던 50대와 60대는 지금부터라도 건강한 생활 습관을 유지하면 앞으로 8년 안에 치매에 걸릴 위험을 절반으로—6퍼센트에서 3퍼센트로—낮출 수 있다. 하지만 70대는 이제 와 건강하게 산다고 해도 50퍼센트의 발병 위험을 30퍼센트로밖에는 낮추지 못한다.

⌒

최대한 건강하게 사는 것 말고는 뇌를 건강하게 유지할 **다른** 방법은 없는 걸까? 없지는 않다. 예를 들어 단일 불포화지방산과 다가多價 불포화지방산(특히 오메가 3)이 함유된 식품은 치매의 위험을 낮춘다. 단일 불포화지방산은 올리브유, 견과류, 아보카도 같은 식품에 들어 있고, 다가 불포화지방산은 아마유, 호두 기름, 생선, 갑각류에 특히 많이 들어 있다. 일주일에 적어도 한 번 (연어, 고등어, 청어, 정어리 같은) 생선을 먹기만 해도 치매 위험을 낮출 수 있다[8].

항산화제, 특히 비타민 C와 비타민 E도 치매 위험을 낮추는 것 같다. 따라서 과일, 특히 베리종의 과일과 시금치, 브로콜리 같은 (초록) 채소는 뇌 건강에 유익하다. 핀란드의 한 연구는 하루 세 번 커피 한 잔씩 마시는 것도 치매 예방 효과가 있다는 결과를 발표했다[9].

또 당연히 살충제는 피하는 것이 옳다. 노동의학 연구 결과가 입증했듯 주기적으로 살충제(제초제나 곰팡이 제거제 등) 작업을 하는 사람들은 알츠하이머병이나 파킨슨병에 걸릴 위험이 높다. (직업이 원예사였던 우리 아버지는 58세 되던 해 파킨슨병에 걸렸고 이후 치매도 앓았다. 아버지를 치료했던 신경과 의사는 당시 그 두 질환 모두의 원인이 살충제라고 말했다.)

항우울제도 마찬가지다. 맨체스터 주민 5천여 명을 장기적으로 추적 조사한 대규모 연구는 항우울제가 치매 위험을 50퍼센트 높인다고 발표했다[10]. 벤조디아제핀(불안증을 치료하기 위해 흔히 사용되는 약물로 진정 작용과 근육 이완 작용이 있는 화학물질—옮긴이)도 치매 발병률을 두 배로 높이는 것으로 추정된다[11].*

강황, 야자유, 은행은 치매 위험을 낮추는 효과가 있다고 알려져 있

---

* 항우울제·벤조디아제핀·수면제와 치매와의 연관성에 대한 연구는 아직 명확한 결론이 도출된 상황은 아니다. 치매 위험이 있거나 치매의 전단계인 경도 인지 장애 상태에서 우울, 불안, 불면 등의 증상이 흔하게 나타나기 때문에, 해당 증상의 치료를 위해 사용한 항우울제, 벤조디아제핀, 수면제 등이 마치 치매를 일으킨 것처럼 해석될 우려가 있다. 또한 치료받지 않은 우울, 불안, 불면 증상 역시 치매 위험도를 높일 수 있으므로 약제 사용과 관련된 치매 위험도와 치료받지 않은 증상으로 인한 치매 위험도를 비교해 고찰할 필요도 있다. 물론 약을 불필요하게 장기적으로 과량 복용하는 것은 지양하는 편이 좋겠다.

1장 치매란 무엇인가

지만, 정작 효능을 확실히 입증한 연구 결과는 아직 나와 있지 않다.

글자 맞추기 놀이 같은 두뇌 훈련 역시 마찬가지다. 지적 활동이 치매 예방에 미치는 효과는 아직 미지수다[12]. 하지만 학습은, 특히 (정신 활동을 요하는 직업이나 취미를 은퇴 후에도 꾸준히 유지하는) 평생 학습은 적어도 한동안은 치매 예방에 큰 도움이 된다. 이는 아직 시설에 들어가지 않고 집에서 생활하는 75세의 라이프치히 노인 1,692명을 15년 동안 꾸준히 관찰한 독일의 한 연구로도 입증된다. 결과를 보면, 학습을 많이 할수록 치매 위험이 유의미하게 줄어들었다. 10년에 걸쳐 공부를 마친 경우, 즉 대학을 졸업한 경우는 치매 발병 위험이 크게 줄었다.

따라서 연구자들은 자신들의 연구 결과가 기존의 **인지예비능이론** cognitive reserve theory을 뒷받침한다고 주장했다. 인지예비능이론이란 어려서부터 두뇌를 많이 사용하면 뇌세포 결합이 촉진되므로 더 오래, 더 많이 치매를 예방할 수 있다는 내용이다[13]. 축구에 비유하자면 벤치 후보가 많으면 필드에서 뛸 선수도 많은 것이다.

이와 같이 우리가 취할 수 있는 예방 조치는 예상보다 많다. 하지만 운동이나 식생활 같은 하나의 카드에 모든 힘을 쏟아붓는 것은 합리적이지 않다. 치매 위험을 크게 줄이려면 여러 방법을 고르게 활용하는 포괄적인 조치가 필요하다. 또 최대한 일찍 시작하는 것이 좋을 것이고, 가능하다면 엄마 자궁에서부터 시작하는 것이 최대의 효과를 거둘수 있을 것이다. 그러니 임산부는 흡연과 음주를 하지 말아야 한다. 마지막으로, 건강한 신체가 치매를 완전히 막아 주지는 못하지만 더 오래 치매에 저항할 수는 있다. 높은 삶의 질을 더 오래 누릴 수 있는 것이다.

치매의 초기 신호

어머니의 치매가 어떻게 시작됐는지, 아들의 이야기를 들어 보자.

> 어머니의 치매는 상한 우유를 컵에 부어 마시는 것으로 시작되었다.
>
> 어머니는 티백 한 개를 가지고 10번을 우려 마셨다.
>
> 프라이팬에 식용유를 한번 부으면 그걸로 한 달 내내 사용했다. 계란 하나 부치거나 생선 한 토막 굽고 나서 바로 프라이팬을 씻는 건 "죄"라고 생각했다. 어머니는 말씀하셨다. "내일 또 쓸 거야."
>
> 어머니가 넘어져서 손가락을 삐었다. 다행히 부러지지는 않았다. 어머니가 쓰레기통을 과일 바구니라고 생각해서 쓰레기를 집어 입에 넣었다.
>
> 어머니가 식초로 차를 끓였다.
>
> 프레릭스, 2001

치매, 특히 알츠하이머병은 신발을 벗고 살금살금 기어 들어오는 도둑처럼 아무도 모르게 시작되기 때문에 진단을 받았을 때는 이미 병이 상당히 진행된 경우가 많다. 그러니까 환자가 벌써 상당 기간 동안 병을 앓고 있었는데도 주변에서는 전혀 몰랐다가 진단을 받고 나서야 문득 상황을 파악하게 되는 것이다. 위의 아들처럼 치매라는 소리를 듣고서야 과거의 행동이 치매의 증상이었다는 사실을 깨닫는 것이다. 치매임을 알려 줄 수 있는 18가지 초기 신호는 별도로 정리했다(51쪽 상자글을 참조할 것).

발병하기 오래전부터 치매임을 알려 주는 신호들이 있을까? 그렇다. 연구 결과를 보면 후각 감퇴도 그중 한 가지다[14]. 또 한 가지 초기 신호는 걸음걸이다. 따라서 걷기 테스트를 통해 치매의 초기 신호를 잡아낼 수 있다. 이것은 로테르담에 있는 에라스무스의학센터 연구자들이 특수 개발한 걷기 테스트의 결과를 통해 내린 결론이다. 수천 개 센서가 붙은 매트에서 일렬로 걸어 보라고 시키면 치매 위험이 높은 사람들은 걷기 패턴이 정상인과 좀 다르다. 예를 들어 발을 들기 힘들어하고 보폭이 일정하지 않으며, 종종걸음을 걷고 두 발이 땅이 붙는 시간이 길면 치매의 중요한 신호일 수 있다.

가까운 미래에는 가벼운 기억장애를 앓는 사람이 1년 안에 치매로 발전할 확률을 90~95퍼센트 확률로 진단할 수 있는 혈액검사도 개발될 수 있을 것이다. 하지만 그 방법은 알츠하이머병에만 나타나는 단백질을 검사하기 때문에 다른 형태의 치매에는 사용할 수 없다[15].

치매를 알려 주는 18가지 초기 신호

- 일상생활을 방해할 정도로 건망증이 잦아진다. 약속을 까먹고, 대화를 마칠 무렵에는 처음에 했던 이야기를 기억하지 못하며, 같은 질문을 되풀이하고, 열쇠와 지갑 등을 잃어버리며 혼자서는 더 이상 낯선 곳으로 여행을 가지 못한다.

- 사용하는 언어가 단순해지는 등 전과 달라지며, 문법적으로 옳지 않은 문장을 사용하고 적절한 단어를 떠올리지 못한다.

- 외부에서 별 사건이 생기지 않았는데도 기분이 오락가락한다. 불안해하고 우울해하며 사람을 믿지 못한다. (6주 이하의 일시적 변화는 걱정하지 않아도 된다.)

- 태도가 변한다. 사람을 피하고 질문을 회피하며 밤에 어슬렁거리고 자꾸 의존하려 한다.

- 행동을 예상할 수 없다. 어떨 때는 말을 잘 듣다가 갑자기 고집을 부리며 뭐든 다 싫다고 우긴다.

- 자발성과 독립심이 사라진다. 자꾸 불안해하고 선뜻 뭔가를 시작하지 못한다.

- 집중력이 떨어진다. 중요한 일에도 쉽게 집중하지 못하고 주변에 대한 관심이 줄어든다.

- 친구의 생일 파티를 열어 주는 일처럼 늘 해 왔지만 복잡한 일을 하기 힘들어한다.

- 외모가 달라진다. 옷을 거꾸로 입고 전혀 어울리지 않는 색깔의 옷을

입으며 신발 끈을 묶지 않고 짝짝이 신발을 신거나 옷에 음료나 음식물을 묻히고 다닌다.

- 집안일을 잘 못한다. 음식을 함부로 버리고 상한 음식을 냉장고에 넣어 두며 요리를 하지 못하고 집 안이 늘 어질러져 있다. 장을 보지 못하고 적합하지 않은 장소에 물건을 보관한다.
- 추상적 사고를 힘들어한다.
- 그래도 아직 체면은 차린다. 실수를 숨긴다.
- 사고를 자주 친다. 음식을 태워 먹고 가스 밸브를 안 잠그고 밤에도 문을 잠그지 않는다.
- 자식이나 이웃이 불안을 느끼게 된다. 경험상 같이 사는 사람보다는 외부인이 변화를 더 일찍 알아차린다.
- 익숙한 환경에서도 헷갈린다.
- 점점 자기만 생각하고 이기적으로 변한다.
- 수면 리듬이 눈에 띄게 달라진다. 이유도 없이 누워 있다.
- 옛 친구나 지인 들을 만나지 않는다.

조기 진단이 필요한 이유

여러 정황상 가족이 치매라는 의심이 들 경우 당신은 어찌하겠는가? 의사를 찾아가야 할까? 아마 당신은 "아니오"라고 내답하고 싶을 것이다. 어차피 병원에 가서 진단을 받아 본들 뭐가 달라지겠는가. 괜히 그런 말을 듣고 나면 나도 그렇고 가족도 그렇고 오히려 더 막막하지 않겠는가.

물론 인생의 주요 문제는 각자가 결정해야 한다. 치매가 의심될 때 최대한 초기 단계에서 진단을 받을지도 각자의 결정이다. 하지만 조기 진단의 필요성을 옹호하는 이유가 많은 것도 사실이다.

1. 증상의 원인이 신경퇴행성 치매가 아니라 다른 치료 가능한 뇌질환이나 신체 상태 때문일 수도 있다. 증상이 갑상선 질환이나 비타민 B12 부족, 약물중독이나 우울증 때문일 수도 있고, 그럴 경우에는 치료가 가능하다. 건망증, 불안 등 치매와 유사한 증상을 보이는 환자의 5~10퍼센트는 치료가 가능한 질환 때문인 것으로 추정된다.

2. 치매는 우울증과 수면 장애, 심한 불안 같은 다른 문제를 동반할 때가 많다. 이런 문제가 치매를 더 키운다. 따라서 이런 추가적인 문제를 치료하면 환자의 전체 상태가 개선되고 혼란도 줄어든다. 환자의 고통 감소도 질병 개선 못지않게 중요한 지점이다.

3. 앞서도 말했듯 치매에는 여러 형태가 있다. 따라서 어떤 형태인지 아는 것이 필요하다. 어떤 형태의 치매 환자에게는 효과적인 반응도 다른 형태의 치매 환자에게는 전혀 효과가 없다. 약을 처방할 때도 마찬가지다. 진행 속도를 늦추기 때문에 루이체 치매와 파킨슨병 환자에게는 유익한 약이 다른 치매 환자에게는 오히려 부작용을 일으켜 득보

다 실이 많은 경우도 있다.*

　4. 알츠하이머병 유전적 변이처럼 가족성 치매인 경우도 있지만, 대부분의 경우엔 명확한 유전 패턴이 확인되지 않는다. 남은 가족에겐 가족성인지 아닌지가 매우 중요하다. 가족성이 아니라는 소리를 듣고 나면 괜한 걱정을 덜 수 있을 것이다.

　5. 조기 진단을 받으면 환자는 앞으로의 변화를 준비하고 대처할 수 있다. 또 남은 시간 동안 자신의 병에 관해 최대한 많은 정보를 구할 수 있다. 가족 역시 환자의 행동 변화에 최대한 적절히 반응하도록 여러 조치를 취할 수가 있다. 너무 늦게 진단을 받은 가족은 대부분 후회를 한다. "진즉에 알았으면 쓸데없이 다투느라 진 빼지 않았을 텐데!" 하고 말이다.

　6. 힘들 때는 누구나 도움이 필요하다. 무슨 일인지 알면 주변 사람들도 당신에게 도움의 손길을 적극 내밀 것이다. 그럼 당신 혼자서 끙끙대며 힘든 짐을 다 짊어지지 않아도 된다. 또 문제의 원인을 설명하면 이웃도 더 너른 마음으로 이해해 줄 것이다.

　7. 확실한 진단을 받고 나면 다가올 상황에 대비하여 이런저런 결정을 내릴 수 있다. 간병이나 집안일에서부터 병원 치료를 거쳐 경제적 문제, 나아가 유언장 같은 법적인 문제에 이르기까지 대비해야 할 일

---

*　루이체 치매와 파킨슨병 환자에게 사용하는 치매 약은 리바스티그민인데, 다른 치매 환자에게 큰 부작용을 일으키는 일은 흔하지 않다. 리바스티그민과 같은 콜린에스터분해효소 억제제 계열의 치매 약이 전두측두엽 치매에서 초조 증상 등을 악화시킬 수 있는 경우를 말하는 것으로 보인다.

이 한두 가지가 아니다. 진단을 일찍 받으면 환자가 이 모든 결정 과정에 적극 동참할 수 있다.

〰️

한 노인의 일기장에서 우리는 의사에게서 치매 진단을 받던 날의 이야기를 들을 수가 있다. 그는 아내와 함께 주치의를 찾았고, 그로부터 아내에게서 알츠하이머병 초기 징후가 확인되었다는 말을 들었다.

> 어떻게 병원을 나왔는지, 어떻게 집까지 왔는지 기억이 하나도 없다. 그날의 남은 시간은 내 기억에서 삭제되었다. 아내도 그렇다고 했다.
>
> 그게 4년 전 일이다. 그날 이후 우리는 최선을 다하려 노력했다. 늘 그랬듯 앨리가 솔선수범했다. 아내는 집을 팔고 이곳으로 이사를 왔다. 유언장을 고쳐 공증을 받았다. 장례식도 다 직접 결정했고 그 모든 내용을 기록하여 내 책상 서랍 맨 아래 칸에 넣어 두었다. 지금껏 나는 한 번도 거기에 손을 댄 적이 없다. 정리가 다 끝나자 아내는 편지를 쓰기 시작했다. 친구에게, 자식에게, 형제에게, 사촌에게, 조카에게, 이웃에게. 내게도 한 통의 편지를 썼다.
>
> 마음이 동하면 나는 가끔 그 편지를 꺼내 읽는다.
>
> 스파크스, 1996

한마디로, 불안보다는 진실과 더불어 사는 편이 훨씬 낫다. 기억 감퇴와 행동장애가 무엇 때문인지 정확히 알아야만 대비를 할 수도 있다. 원인을 모르면 계속해서 머리를 쥐어뜯으며 고민할 것이다. 왜 이러지? 이러다 말까? 계속 이러면 어쩌지? 새 업무를 맡아도 되나? 진단을 받으면 관점이 생긴다. 비록 암울하다고 해도 세상을 바라보는 관점이 확립되어야 행동도 가능한 것이다.

환자에게 어떻게 알릴까

앞서도 말했듯 조기 진단의 장점 중 하나는 환자와 환자의 미래에 관한 중요한 결정에 환자 자신을 동참시킬 수 있다는 점이다.

네덜란드 작가 코스 판조메런Koos van Zomeren의 작품 《영생Het eeuwige leven》에는 이런 구절이 나온다. "뭐든 네가 아직 해결할 수 있으면 치매가 아냐. 치매라면 해결하기엔 너무 늦은 거지." 치매를 너무 늦게 발견해도 이렇게 되지만, 환자에게 너무 오래 사실을 숨겨도 이렇게 될 수 있다. 치매는 갑작스럽게 찾아오는 질병이 아니다. 치매는 어느 날 갑자기 날아와 "뼈에 박히는" 질병이 아니다. 정말 오래오래 진행되는 막연한 과정이다. 더구나 치매가 이제 막 시작된 환자는 자꾸 까먹기는 해도 아직 정신은 말짱하다. 그래서 대부분의 경우 초기 단계 환자는 아직 자신과 관련된 중요한 결정에 목소리를 낼 수 있다.

그럼에도 당신은 지금 아니라고 고개를 흔들지 모르겠다. 병을 알리는 것이 아무리 옳다고 해도 나는 절대로 할 수 없다는 마음으로 말이다. 그런 심정이 당신 혼자만의 것은 아니다.

아랫글에 등장하는 아들도 같은 딜레마에 빠져 있다.

> 10년 전 아직 팔팔하셨을 때 아버지는 장남에게 부탁을 했다. 혹시라도 노병老兵이 들거든 꼭 알려 달라고 말이다. 아들은 가벼운 마음으로 그러겠노라 약속했다. 하지만 아버지가 늙어 빠진 프리마돈나처럼 어리석고도 뻔뻔하게 자신의 가슴에 벌써 세 번이나 못을 박은 지금에는 절대로 아버지에게 사실을 말하지 못할 것이라 생각했다. 말을 해야 할 때는 할 수가 없다. 굳이 말할 필요가 없을 때에나 말을 할 수 있는 것이다.
>
> 에스테르하지, 2001

가족의 입장에선 환자에게 사실을 알리는 일이 너무 힘이 든다. 너무너무 힘이 든다. 하지만 "다행히도" 사실을 알릴 1차적 의무는 가족이 아니라 의사의 몫이다. 물론 뒤에서 살펴볼 테지만 의사라고 해서 쉬운 건 아니다.

최근까지만 해도 치매 사실을 환자에게 솔직히 알리지 않는 의사도 있다. 의사라고 해서 나쁜 소식을 전하기가 좋기만 한 것은 아니기 때문일 것이다. 물론 겉으로는 다른 이유를 들었다. 1970년대까지 "암" 환자들에게 사실을 숨겼던 이유와 같은 이유를 대면서 말이다. 진실이 오히려 환자에게 해가 되며 희망을 앗아 간다는 이유 말이다. 의사도

1장 치매란 무엇인가

소식을 듣고 환자가 울적해질까 봐 또는 화를 내거나 반발할까 봐 겁을 낸다.*

환자에게 솔직히 말해야 하는 가장 중요한 이유는, 말하지 않을 경우 환자를 어린애처럼, 미숙아처럼 취급하는 것이므로 환자 역시 그에 맞게 행동하여 실제 상태보다 더 무능해질 수 있기 때문이다[16]. 진실을 알고 나면 환자도 보다 가벼운 마음으로 도움의 손길을 받아들일 것이다. 예를 들어 운전을 그만하라는 조언에도 금방 수긍할 것이다.

또 하나 솔직히 말해야 하는 이유는, 사실을 모르면 환자가 자기가 미친 게 아닌가 하는 쓸데없는 걱정을 할 수도 있기 때문이다. 치매라는 것을 알고 나면 자신의 문제를 생물학적인 맥락에서 볼 수 있으므로 내 성격에 문제가 있는 게 아닌가 하는 쓸데없는 고민을 하지 않을 것이다.

마지막으로, 사실을 알리면 큰 비밀을 안고서 계속해서 환자 앞에서 연극을 하지 않아도 된다. 환자도 자신의 불안을 가족과 나눌 수 있고 필요하다면 전문가의 도움을 구할 수도 있다.

사실을 알리면 환자의 자율성과 "알 권리"를 충족할 수도 있다. 앞서 말했듯 환자가 자신의 미래를 함께 결정할 수 있다. 이제—마침내!—

---

* 환자의 인지 상태에 따라 진단명을 알려도 인정하지 않을 수도 있고, 환자의 정서 상태에 따라 진단명을 알았을 때 심각할 정도의 부정적인 영향을 받을 수도 있다. 환자가 진단명을 알았을 때 치료나 예후에 어떠한 영향을 끼칠지 다각도에서 고찰이 필요하다. 의사는 이러한 상황을 종합적으로 고려해 환자에게 치매 사실을 어떻게 알릴지 판단한다.

평생 꿈꾸던 휴가를 계획할 수도 있을 것이다.

조안 브래디Joan Brady의 소설《죽음은 피터팬에게서 온다Death comes from Peter Pan》에서 주치의가 63세의 작가 피터 케슬러에게 혈관성 치매 진단을 내릴 때도 이런 점을 지적했다.

"한동안은 별 변화가 없을 겁니다. 그러다가 악화될 거고요, 거기서 회복 하시면 다시 정체기가 올 겁니다. 물론 전과 같은 수준은 아닐 겁니다. 그 렇게 계속 아래로 내려가는 거지요." 그는 손으로 계단식의 내리막길을 그려 보였다. "이렇게요."

아무도 입을 열지 않았다. "얼마나요?" 피터가 물었다.

"그건 말씀드리기 힘듭니다."

"더 정확히 말해 줄 수 있으실 텐데요."

"네?"

피터에게는 냉혹하고 사악한 구석이 있었다. 그는 규칙이 자신에게도 적 용될 수 있다고 믿지 않았다. 단 하나의 규칙도 자신에게는 통하지 않을 것이라 생각했다. 그래서 누군가가 다른 주장을 하면 늘 화를 냈다.

"아직. 얼마나. 시간이. 있나요?" 그는 단어를 한 개씩 발음해서 페인턴동 물원의 동물에게 생선 조각을 던져 주듯 에지컴 박사에게 던졌다.

"사람에 따라 차이가 심합니다. 전 정말로 모릅니다." 박사가 말했다.

"선생님이 아시냐고 묻는 게 아닙니다. 적절한 추정치를 말해 달라고 요 구하는 겁니다. 그럴 능력은 있으시잖습니까."

에지컴 박사는 피터 케슬러에게는 늘 딴 환자들보다 시간을 많이 들였다. 하지만 그날은 월요일 아침이었다. 월요일은 의사들에게 고단한 날이다. 그는 팔꿈치를 받쳤다.

"그렇다면 말씀드리죠. 여행을 가고 싶으신데 거기가 잘 걸어 다녀야 하는 곳이다. 그럼 저라면 내년에 갈 겁니다. 그 후로는……" 그가 팔을 활짝 벌렸다. "음, 그 후로는 더 힘들어질 겁니다."

브래디, 1996

주치의가 치매 과정 내내 환자와 그 가족과 동행한다면 가장 바람직할 것이다. 위의 소설에서도 알 수 있듯 의사는 대부분 정보 전달에서도 중요한 역할을 맡기 때문이다.

그렇다면 치매 진단은 어떻게 내리는 걸까?

검사와 진단

진단으로 가는 첫걸음은 의사가 아니라 환자 자신이나 가족 또는 가까운 지인이 내딛어야 한다. 진단을 받으려면 일단 병원으로 가야 하니 말이다. 앞서도 계속 말했듯 이 걸음이 쉽지만은 않다. 몸에 이상이 생겨도 병원 문을 두드리기가 힘든데 하물며 정신적 문제는 더 말해 무엇하겠는가.

환자가 수치심을 느끼는 경우가 드물지 않다. 환자는 자신은 물론이고 남에게도 자신의 문제를 알리고 싶지 않다. 어쨌거나 환자는 자기 질병을 확실히 깨닫지 못한다. 더구나 치매는 매우 점진적으로 진행되기 때문에 어디서부터가 위험 지대인지를 표시하는 확실한 경계선이 없다. 나아가 통증, 열, 피로 등과 같은 신체적 고통이 없기 때문에 병원으로 나서기가 더 힘들다. 이 모든 이유로 인해 환자가 알아서 검사를 받는 경우는 그리 많지 않다.

스웨덴의 추리소설가 헨닝 망켈Henning Mankell의 한 소설에서도 그런 일이 일어난다. 쿠르트 발란데르 형사의 사무실로 늙은 아버지가 찾아온다.

"여기로 오시다니 뜻밖인데요. 경찰서에서 아버지를 뵐 줄은 몰랐어요."

"나도 뜻밖이다." 아버지가 대답했다. "꼭 올 필요 없었다면 절대 안 왔을 거다."

"무슨 일 있으세요?" 그가 물었다.

"내가 아프다." 아버지가 간단히 대답했다.

발란데르는 위장이 뭉치는 기분이었다. "왜요?" 그가 물었다.

"내가 정신을 잃고 있어." 아버지는 아랑곳하지 않고 말을 이어 갔다. "무슨 병인지는 까먹었다. 노환인데 성질이 고약해질 수도 있다더라. 진행 속도가 빠를 수도 있고."

발란데르는 무슨 말인지 알아들었다. 스베드베리의 어머니도 그 병을 앓왔던 기억이 났다. 하지만 병명은 그도 떠오르지 않았다. "어떻게 아셨어요? 병원에 가셨어요? 왜 진즉에 말씀 안 하셨어요?"

"룬드의 전문의한테 갔다 왔다. 게르트루드가 데려다줬어." 아버지가 대답했다.

아버지는 입을 다물고 커피를 마셨다. 발란데르는 무슨 말을 해야 할지 몰랐다.

망켈, 1999

진단의 시작은 환자anamnesis 및 환자 가족hetero-anamnesis과의 면담이다. 대화를 나누는 동안 의사는 환자의 행동에서 변화의 징후를 찾아내려 노력한다. 특히 건망증이 심해지지는 않았는지에 역점을 두고 환자를 살핀다.

⌒

아넬리스 놀럿Annelies Nolet의 소설 《지워진 흔적Gewiste sporen》에서는 1인칭 화자인 노부인 플뢴 프린스의 집으로 남편 프랑크가 부른 주치의가 찾아온다.

프랑크가 내 의자 뒤에 서서 내 어깨를 자기 쪽으로 끌어당긴다.

"레넵 박사님이 몇 가지 물어볼 게 있대. 괜찮지?"

"왜?"

"그냥 정기검진입니다. 금방 끝날 거예요. 프린스 부인. 제가 몇 가지 적어

두려고 해요. 태어난 날이 언제죠?"

"빌헬미날란 45번지."

"주소 말고요 생년월일이요."

"생년월일? 그게 뭔데요? 제 생각에는 올바른 질문이 아닌데요."

레넵 박사는 미소를 지으며 어깨를 으쓱한다. "성함이 어떻게 되시나요?"

"아폴로니아. 아폴로니아 프린스—페르케르크."

"주소는 알았고 이제 전화번호가 남았네요. 전화번호 아세요?"

"우리 전화번호? 프랑크, 당신이 알려 줘."

"부인께 직접 듣고 싶습니다." 레넵 박사의 저 집요한 말투! 정말로 싫다.

"우리 집 전화번호는 제가 누를 일이 없잖아요. 원래부터 몰랐어요."

"자녀분들 나이가 어떻게 되죠?"

"이리스가 첫째고 그다음이 테이스, 그다음이 로스죠."

"나이가 정확히 어떻게 되나요?"

나는 프랑크를 밀치고 달려 나간다. 침실 문을 걸어 잠그고 침대에 엎어

져서 베개로 머리통을 감싼다. 노란 점들이 눈앞에서 빙빙 맴돈다.

놀럿, 1999

주치의는 기억력 이외에도 일상생활에 필요한 일반적인 기능도 조

사하고 성격 변화와 행동 변화, 불신이나 망상 같은 정신병적 현상이

있는지도 살핀다.

모든 결과가 치매를 가리킨다고 해도 주치의가 당장 치매 진단을 내리지는 않는다. 물론 치매를 확실히 입증할 수 있는 테스트는 아직 없지만, 진단을 내리려면 일단 이런 증상을 유발할 수 있는 다른 원인들을 모두 배제해야 하기 때문이다. 따라서 주치의는 먼저 신체 검진(혈액검사와 소변검사)을 제안한다. 그런 검사들을 통해 갑상선 질환, 빈혈, 신장과 간 질환, 비타민 결핍, 염증 등 치매를 의심할 만한 증상의 원인을 찾아낼 수 있다.*

파킨슨병, 뇌졸중, 뇌암이 의심될 경우엔 신경과 진료를 권할 것이다. 신경과에서 컴퓨터단층촬영CT이나 자기공명영상MRI으로 두뇌 촬영을 해 보면 암이나 뇌졸중에서 나타나는 뇌 변화를 확인할 수 있다. 알츠하이머병과 혈관성 치매도 뇌 촬영을 통해 확인이 가능하다.

이 모든 검사 결과를 모아 보면 90퍼센트 정도에서 의심했던 치매가 확인된다. 이제 주치의는 환자와 가족에게 치매일 가능성이 매우 높다

---

* 환자 및 보호자를 통한 병력 청취 및 구조화된 면담을 통해 환자의 인지기능 저하 및 그로 인한 일상생활 능력 저하 정도를 판단한 후, 환자의 인지기능 저하가 환자의 연령, 성별, 학력 대비 비정상 수준인지를 신경심리검사(신경인지검사)를 통해 확인한다. 이와 같은 면담 및 신경심리검사를 통해 치매나 경도 인지 장애를 진단할 수 있다. 그 다음 단계로, 치매나 경도 인지 장애를 일으키는 원인을 확인하기 위해 뇌 MRI나 아밀로이드 양전자방출단층촬영positron emission tomography, PET 등의 뇌영상 검사, 혈액 검사, 유전자 검사, 뇌파 검사 등을 진행한다. CT나 MRI 등은 특정한 진료과에서만 시행할 수 있는 검사는 아니나, 치매 클리닉은 대개 정신건강의학과와 신경과에 많은 편이다. 국내 치매안심센터에서 시행되는 치매조기검진사업 역시 유사한 절차로 진행된다. 간이선별검사를 통해 인지 저하가 의심될 경우(선별검사), 신경인지검사를 통해 인지 정상/경도 인지 장애/치매 여부를 감별하고(진단검사), 치매로 판단된 경우 원인 감별을 위한 뇌 영상 촬영, 혈액검사 등을 진행한다(감별검사). 관련된 자료는 공공보건포털(https://www.g-health.kr/portal/bbs/selectBoardArticle.do?bbsId=U00322&nttId=381838&menuNo=200581&lang=&searchCndSj=&searchCndCt=&searchWrd=&pageIndex=1&vType=Z6)에서 확인할 수 있다.

는 말을 전해야 한다. ("매우 높다"는 표현을 쓰는 이유는 뇌 조직을 한 조각 떼어 현미경으로 검사하지 않는 이상은 100퍼센트 확실하게 진단을 내릴 수 없기 때문이다. 그건 당연히 환자가 사망한 이후에나 가능한 일이다.)

진단을 받고 나면 많은 환자가 치매로 인해 삶의 질이 얼마나 나빠질지 궁금해한다. 하지만 그 질문에는 확실한 대답을 해 줄 수 없다. 치매 노인들의 말을 직접 담은 한 책의 서문에서 요양 병원 의사인 베르트 카이저르는 이렇게 말한다. "치매의 고통이 그리 나쁘지 않다고 주장하는 사람도, 치매가 지옥이라고 생각하는 사람도 똑같이 이 책에서 자신들의 생각을 입증할 온갖 증거를 발견하게 될 것입니다."

병이 진행될수록 삶의 질도 떨어진다고 보는 것이 통념이다. 하지만 우리 예상만큼 그렇지는 않다는 사실은 199명의 환자를 대상으로 실시한 장기 연구 결과가 입증한다[17]. 중증 치매 환자도 삶의 질이 높을 수 있고, 반대로 경증인데도 삶의 질이 크게 떨어질 수 있다. 따라서 개별 경우에서 삶의 질을 이야기하기란 쉬운 일이 아니다. 누가 봐도 치매로 인해 괴로워하는 환자도 있지만 병이 많이 진행되었음에도 행복한 인상을 풍기는 환자도 많다.

앞서 언급한 책에서는 치매로 인해 얼마 전에 요양 병원에 들어왔지만 행복한 축에 끼는 한 여성이 이런 말을 한다.

내가 결혼을 세 번 했다고? 아냐…… 난 아무것도 모르겠어. 당신은 알아? 어떻게 그러지! 침대에서 세 번이나 다른 남자하고 잔다고. 그럴 리가 없어!

응, 이제는 결혼 안 할 거야. 결혼하면 속박되잖아. 별로야. 같이 자야 하고. 이젠 그런 거 싫어. 귀찮아. 안 할 거야……

하기 싫어…… 그런 놈하고…… 잠자리. 싫어. 안 해! 이대로가 좋아. 메브라우, 난 지금 이대로가 좋아. 조용히 숨만 쉬면서 아무것도 안 해도 되잖아. 만족해. 가끔씩 담배 한 대 피고…… 술 한 잔…….

· 판 델프트, 2006

네덜란드 여성 작가 브레혜 블레이커르Bregje Bleeker는 치매 엄마와 함께한 시절을 기록한 자전적 소설 《에바Eva》에서 이렇게 말한다. "제일 중요한 건 병이 아니라 병을 대하는 방식이야."

약은 효과가 있을까

의사에게서 "알츠하이머병입니다" 또는 "치매입니다"라는 진단을 들은 대부분의 환자는 제일 먼저 이런 의문이 들 것이다. "고칠 방법이 있을까?" 그 말은 곧 "약이 있나?"라는 뜻이다.

약학의 현 수준은 치매 어머니를 둔 한 아들이 일기장에 기록한 전문가와의 대화 내용에서 잘 알 수 있다.

8월 22일. 포르타 박사님이 어머니의 몸과 마음을 살필 방법을 적은 목록을 건네며 집 안에서 바꿔서 할 이런저런 사항들을 알려 주셨다. 치료법에 대해서는 알츠하이머병 치료에 쓰이는 약은 기본적으로 네 가지가 있지만 특별히 효과적이지는 않고 기껏해야 증상을 완화하는 정도라고 말씀하셨다. 두 가지는 나도 이미 테스트를 해 봤다. 엑셀론(리바스티그민)과 레미닐(갈란타민, 원래 갈란투스와 수선화 눈에서 채취했다)이다. 이 두 약품은 신경전달물질인 아세틸콜린을 변화시킨다. 하지만 질병 그 자체는 치료할 수 없는 데다가 부작용이 심하다. 구역감, 구토, 위경련, 두통, 설사, 어지럼증, 피로, 불면증, 식욕부진……

<u>모러, 2006</u>

앞서 상표를 언급한 두 가지 약품, 엑셀론과 레미닐은 이른바 콜린에스테라아제 억제제cholinesterase inhibitor로 정신 기능의 개선을 목표로 한다. 위의 아들이 아직 시험을 해 보지 않은 세 번째 약품 (작용 물질 도네페질을 함유한) 아리셉트와 마찬가지로 이 약품들은 치매 환자의 5~10퍼센트에서 병의 진행을 아주 살짝 늦추며, 그마저 그 효과가 약 9개월이라는 짧은 기간에 한정된다[18] *

---

* 　국내에서 처방 가능한 치매 약은 크게 두 가지 성분, 네 가지 약으로 분류된다.
　　1) 콜린에스테라아제 억제제(성분명): 도네페질, 리바스티그민, 갈란타민(약품명)
　　2) NMDA 수용체 대항제N-Methyl D-Aspartate(NMDA) Receptor Antagonist (성분명): 메만틴(약품명)
　　중등도 이상의 치매에서는 1)과 2) 약제의 병합 처방이 가능하다.

　　　　　　　　　　　　　　　　　　　1장 치매란 무엇인가

"아주 살짝"이란 무슨 뜻일까. 인지 기능이 70점 만점에 2.7퍼센트 개선된 정도다[19]. 하지만 임상에서 유의미한 기준이 되려면 최소 4점에는 도달해야 한다. 또 확인된 최소 효과의 일부 또는 전부가 콜린에스테라아제 억제제의 심한 부작용으로 인한 왜곡 때문일지 몰라서 필수적인 블라인드 테스트를 중단했다는 사실도 염두에 두어야 한다[20].

이 모든 연구가 약품을 생산하는 제약 회사에서 돈을 댔다는 사실 역시 큰 희망을 주지 못한다. 제조사에 매우 불리한 연구 결과는 제조사가 힘을 써서 전문 잡지에 아예 싣지 않거나, 설령 싣는다고 해도 결과를 순화한다는 사실은 공공연한 비밀이다.

앞서 언급한 약품들은 모두가 복용을 중단할 수밖에 없을 정도로 부작용이 심각할 수 있다는 점을 제외하고도 또 다른 단점이 있다.* 치매 환자가 자신의 정신력 감퇴를 더 아프게 의식하게 된다는 것이다. 따라서 코크란(Cochrane, 보건 의료의 의사 결정에 필요한 근거를 체계적으로 제공하여 근거 중심 의학을 지향하는 비영리 민간단체—옮긴이)의 최신 연구 결과가 입증하듯 이들 약품은 환자의 삶의 질에 전혀 (긍정적) 효과를 미치지 못한다[21].**

---

* 복용을 중단할 수밖에 없을 정도로 심한 부작용이 나타나는 경우는 흔하지 않다.

** 저자가 치매의 약물치료에 대해서 다소 회의적인 입장을 보이고 있으나, 이는 현재 치매 치료제가 질병의 진행을 완전히 멈추거나, 인지 기능을 정상으로 돌릴 수 없다는 점 때문인 것 같다. 조기에 치매 진단을 받고 투약을 시작한 경우와 비약물적인 노력을 병행한 경우에는 분명히 질병의 진행이 지연된다. 그 지연된 시간만큼 환자가 상대적으로 양호한 상태를 유지할 수 있는 시간이 늘어나며, 이는 곧 환자 및 보호자의 삶의 질 향상, 돌봄 비용 감소 등에 영향을 미친다. 따라서 치매의 조기 진단과 조기 치료는 매우 중요하다.

콜린에스테라아제 억제제는 초기에서 중기 단계의 치매에 효과가 매우 적고, 영국국립보건임상연구원은 혈관성 치매 환자에게는 복용하지 말 것을 권한다.

또 약품을 처방받으려면 몸이 건강해야 하고 환자가 규칙적으로 복용할 능력이 있어야 한다.

앞서 언급한 약품들이 1990년대 말에 상용화된 이후 미미한 효과에도 불구하고 사용이 급증한 이유는 두 가지다. 제일 중요한 첫 번째 이유는 제약 회사의 엄청난 로비다. 이들 기업이 거대 예산의 상당 부분을 연구 대신 마케팅과 판매 촉진에 투자하기 때문이다. 두 번째 이유는 치매가 무력감과 절망감을 불러일으켜 "치료 효과 환상"에 취약하게 만든다는 점이다. 당연히 제약 회사는 이 점을 이용한다. 환자와 가족뿐 아니라 의사도 그런 비극적인 질병을 손 놓고 가만히 바라볼 수만은 없는 노릇이므로 치매를 치료하거나 적어도 진행을 늦출 수 있는 약이 존재하기를 갈망한다. 그래서 효과에 관계없이 제공되는 모든 치료 수단을 덥석 받아들게 되는 것이다.

"치료 효과 환상의 메커니즘이 사람들을 무비판적으로 만든다." 네덜란드 보건부에게 전달한 네덜란드보건위원회의 건의서에는 이런 구절이 들어 있다.

치매에 관한 몇 가지 중요한 사실

- 치매는 여러 형태가 있다. 가장 흔한 발병 형태는 알츠하이머병이다.

- 알츠하이머병은 50세 이하의 젊은 사람에게서도 발병할 수 있다. 물론 매우 드물다.

- 치매는 주로 고령자에게서 발병한다.

- 알츠하이머병의 원인은 지금껏 밝혀지지 않았다.

- 서구 사회에선 알츠하이머병이 중요한 사망 원인 중 하나다.

- 알츠하이머병이 한 가지 질병인지는 불확실하다. 알츠하이머병이 여러 원인에서 유발된 여러 질병의 총칭이라는 단서가 있다.

- 대부분의 알츠하이머병 환자는 집에서 간병을 받는다.

- 알츠하이머병의 중요한 특징은 날로 심해지는 기억 감퇴 초기 단계에서는 조금 전의 경험과 사건을 잊어버리지만 후기 단계로 가면 병이 시작되기 전에 일어났던 사건들도 기억하지 못한다. 가장 오래된 기억이 가장 오래 남는다.

- 알츠하이머병 환자도 감정은 잃지 않는다.

- 알츠하이머병은 유전병이 아니다. 하지만 젊은 나이에 발병하거나 알츠하이머병 발병 유전자 돌연변이가 있는 경우는 예외다.

- 살아생전에 받은 "알츠하이머병" 진단은 100퍼센트 확실하지 않다. 환자가 사망한 후 뇌 조직을 검사해 봐야 완벽한 진단을 내릴 수 있다.

- 알츠하이머병은 예방할 수 없다. 건강한 생활 습관도 기억력 훈련도 병을 막을 수는 없다.

- 하지만 건강한 생활 습관이 발병을 늦출 수는 있다.

- 부모가 65세 이상인 성인 3명 중 1명은 조만간 치매 부모를 간병하게 될 것이다.

2

기억장애

: 첫 번째 치매 법칙

노벨상을 수상한 캐나다 작가 앨리스 먼로Alice Munro의 소설 〈곰이 산을 넘어왔다The Bear Came Over the Mountain〉에서 주인공 피오나는 날로 떨어지는 기억력 때문에 문제를 겪는다. 그녀는 50년을 함께 산 남편 그랜트의 짐을 덜어 주려고 요양원 입소를 결심한다. 하지만 그곳으로 가는 길에 남편은 또 한번 과연 이게 잘하는 짓인지 고민에 빠지게 된다.

12월에는 아무도 들이지 않는 것이 규칙이었다. 연말연시에는 마음이 너무 울적해지기 때문이었다. 그래서 그들은 1월의 어느 날에 차로 25분 거리인 그 길을 나섰다. 고속도로로 접어들기 전에 국도가 늪지대를 지나가는데, 지금은 완전 꽝꽝 얼어 있었다. 물가의 참나무와 단풍나무가 반짝이는 흰 눈에 격자 그림자를 던졌다.

피오나가 말했다. "아, 생각나?"

그랜트가 말했다. "나도 방금 그 생각했어."

"그때는 달이 환했지." 그녀가 말했다.

그녀는 보름달이 환한 밤에 검게 줄무늬 그림자가 진 눈 위에서 스키를 타던 그날 이야기를 하고 있었다. 한겨울에만 들어갈 수 있는 이 장소에서 말이다. 추위로 나뭇가지가 부러지던 소리도 들었다. 그걸 완전 정확히, 저렇게 생생하게 기억하는데 그녀의 상태가 정말로 그렇게 나쁠 수 있는 걸까?

그는 핸들을 돌려 집으로 돌아가지 않으려고 안간힘을 썼다.

먼로, 2008

아내를 요양원으로 보내는 것이 잘하는 짓일까? 그랜트는 자문한다. 피오나는 자주 헷갈리고 지금 사는 집에 이사 온 지 12년이나 지났다는 사실도 까먹고 서랍 안에 뭐가 들어 있는지 기억을 못 해서 부엌 서랍마다 그 안에 든 물건의 이름―식기, 식탁보, 칼―을 적은 스티커를 붙여 놓았다. 하지만 오래전 둘이서 함께 스키를 타던 그날을 정확히 기억한다. 정말 이상하다. 그렇다. 치매는 수수께끼 같은 질병이다!

두 가지 사례가 더 있다. 치매 환자는 집에 있으면서도 집에 가고 싶어 한다. 또 인형을 갖고 놀면서도 어린애처럼 취급하면 기분 나빠한다. 어떻게 그럴 수 있을까.

어쩌면 이런 표현이 더 옳을 것이다. 치매는 **겉보기에만** 수수께끼 같은 병이다. 치매 뒤편에는 분명한 논리가 숨어 있으니 말이다. 앞서 설명한 대로[22] 치매의 증상은 몇 가지 심리학 지식과 결합된 두 가지 단순한 법칙이면 충분히 이해할 수 있다.

첫 번째 법칙은 초기 단계의 치매를 설명하며, 두 번째 법칙은 후기 단계의 치매에 해당된다. 이들 두 법칙은 주로 알츠하이머병에 직용되며, 정도가 약간 덜하기는 하지만 다른 형태의 치매에도 적용된다. 하지만 잊지 말아야 하는 사실은 모든 치매 환자가 다 다르며, 알츠하이머병 환자도 마찬가지다. 두 법칙은 치매 환자의 많은 행동 방식을 이해하도록 도와주지만 다행스럽게도 인간은 심리 법칙에 맞게 행동하는 경우가 드물다. 한마디로 정리하면 두 법칙은 틀을 짜 주는 역할을 할 뿐, 그 안에서는 온갖 변이, 심지어 전혀 "법칙에 맞지 않은" 행동도 가능한 것이다.

정상 기억은 어떻게 작동하는가

첫 번째 치매 법칙, 다시 말해 초기 치매의 법칙을 이해하려면 먼저 정상 기억의 작동 방식을 알 필요가 있다.

일반적으로 인간의 기억은 두 종류로 나뉜다. 단기 기억과 장기 기억이 그것이다(그림 1을 참조할 것). 특정 시점에 우리가 (오감을 통해) 듣고 보고 냄새 맡고 맛보고 느낀 모든 것은 일단 단기 기억으로 들어간다. 이 두뇌의 작은 앞방에서 이들 정보가 머무는 시간은 기껏해야 20~30초다. 그러니까 그 30초 동안에 우리 두뇌가 이 정보들을 두고서 선별 작업을 벌이는 것이다.

우리 두뇌는 중요 정보에만 관심을 기울이기 때문에 나머지는 삭제해 버린다. 선별된 이 중요 정보들은 더 오랜 보존을 위해 장기 기억으

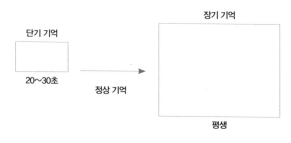

그림1 **정상 기억**

로 옮겨진다. 우리가 흔히 "기억"이라 부르는 그 큰 저장고로 이송되는 것이다. 이 큰 저장고의 장점은 일단 그곳으로 들어온 정보는 평생 보존된다는 점이다. 단기 기억을 장기 기억으로 옮기는 과정은 저절로 이루어지는 것이 아니어서 노력을 요한다. 우리가 그 정보에 관심을 기울이고 정보를 반복해서 기억하거나 먼저 저장된 정보와 결합해야 한다. 정서를 건드리는 정보는 보존이 더 수월하다.

기억장애의 여러 증상들

기억의 작동 방식을 알아보았으니 이제는 첫 번째 치매 법칙을 설명할 수 있겠다. 치매(특히 알츠하이머병)에 걸린 환자는 **더 이상 단기 기억 정보를 장기 기억으로 옮길 수 없다.** 기억에 장애가 생기는 것이다. 그래서 30초 전에 일어난 일도 기억하지 못한다.

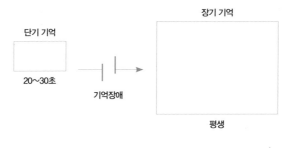

그림 2 **기억장애**

인간은 절대, 법칙대로 행동하는 존재가 아니기 때문에 이 경우에도 예외는 있다. 다양한 감정을 정보가 불러내는 경우에는 치매 환자라 해도 기억할 수 있다. 주치의가 집에 와서 환자가 있는 자리에서 요양원이나 요양 병원 이야기를 나눌 경우, 그 대화가 너무나도 많은 감정을 불러일으킬 것이기에 환자도 기억을 할 수 있다. 계속 반복되는 일역시 기억할 가능성(물론 가능성 그 이상은 아니다!)이 있다.

어머니를 요양 병원에 모신 한 아들의 이야기를 들어 보자. 어머니는 옆방 할머니가 넘어져서 다친 일을 또렷이 기억한다.

"나가서 좀 걷자."

복도를 걸어가던 어머니가 어떤 방의 문을 가리켰다.

"이 방 여자가 넘어졌어. 엄청나게 아픈가 봐. 밤마다 침대에 누워서 울어. 그 소리에 잠이 깨면 그 방에 가서 옆에 같이 있어 줘. 도움이 되는지는 모르겠지만 너무 가슴이 아파. 좀 있으면 간호사가 달려오니까 나는 다시 내 방으로 오는데 조금 있으면 또 울어. 너무 안됐어."

우리는 밖으로 나갔다.

"여기 누워 있었어." 어머니가 말했다.

밖으로 나갈 때마다 어머니는 넘어진 할머니를 목격했던 그 자리를 지나

갔다. 그래서 그 기억이 머리에 남았다. 어머니 머리에선 망각의 눈이 내

렸다. 나는 최선을 다해 넉가래로 눈을 치웠고, 다행인지 너무 많이 지나

다녀서 아예 눈이 쌓이지 않은 자리도 있었다.

티메르, 2016

초기 치매 현상은 쉽게 설명할 수 있다.

치매의 첫 증상 중 하나는 시간 감각의 상실이다. 환자는 시간 감각
에 문제를 겪기 때문에 계속해서 묻는다. "지금 몇 시야?", "오늘 며칠
이야?" 시간은 멈추지 않는다. 변화는 시간의 본질적 특성이다. 그런데
초기 치매 환자는 변화를 기억에 자리매김할 수 없기 때문에 시간이
수수께끼 같아진다.

시간 감각을 잃어버린 아버지와 아들의 대화를 들어 보자. 아버지에
게 아들은 대놓고 시간 감각을 잃었다고 말한다.

아버지를 안아 들며 물었다. "오늘이 무슨 날인지 아세요?"

치매의 모든 것

"크리스마스야?" 아버지가 되물었다.

"신년이에요. 아버지 머리가 정상이 아니에요."

"진짜로?"

"네."

"네 머리도 정상은 아니구나. 나 안 미쳤다."

바커르, 2006

길을 잃는다

치매가 시작되면 시간 감각뿐 아니라 공간 감각에도 문제가 생긴다. 그래서 치매 환자는 모르는 곳에 가면 금방 길을 잃는다. 정상인은 관광지에 가서 볼거리를 구경하고 나서도 자기 차를 금방 찾는다. 차를 세울 때는 교회나 도로명, 광장, 기념물처럼 기준점을 정해 기억해 둔다. 하지만 치매 환자는 그 기준점을 떠올리지 못하기 때문에 돌아오는 길을 찾지 못한다. 잘 아는 장소에서도 조금만 변화가 생기면 헷갈린다. 예를 들어 평소 가던 마트에서도 진열대가 달라지면 길을 잃고 헤맨다.

계속 같은 질문을 한다

초기 치매 환자는 계속 같은 질문을 던져 주변 사람을 괴롭힌다. 방금 물어 놓고도 상대의 대답은 물론이고 자신이 질문을 했다는 사실조차 기억하지 못하기 때문이다.

또 치매 환자는 했던 말을 하고 또 한다. 말을 해 놓고도 금방 그 사실을 까먹어 버린다. 행동도 말도 기억에 남아 있지 않다. 아예 흔적도 없이 사라져 버린다.

파스코의 장인도 마찬가지다. 딸 로제의 돌잔치 동안 파스코의 아내 엘리는 자기 아버지와 짧게 통화를 하고는 이마를 찌푸리며 다시 식탁에 앉는다.

"왜 그래?" 그가 물었다.

"몰라. 아빠야. 로제 돌 축하한다고."

"근데?"

"두 번째야. 아침에 엄마하고 통화할 때 아빠하고도 전화했거든."

"손녀가 너무 좋아서 축하를 또 하고 싶으신가 보지. 그게 뭐 어때서?"

"전화를 두 번이나 해 주셔서 고맙다고 하니까 아빠가 당황하시는 것 같았거든. 그러자 엄마가 전화를 받았어."

"로제 돌 축하한다고 하셔?"

"아니." 엘리가 당황해서 말했다. "신경 쓰지 말라고. 앞으로 아빠가 더 정신이 없어질 테니까."

"똑똑하신 분이셔, 당신 어머니."

"당신이야 한 다리 건너니까 쉽지." 엘리가 아니꼽다는 듯 대답하더니 걱정스레 덧붙였다. "2년 전부터 아빠가 예전 같지 않아."

힐, 1987

치매 환자의 가족은 계속 똑같은 질문만 하고, 계속 똑같은 이야기만 하는 것 말고도 또 다른 이유에서 환자와의 대화를 힘들어한다. "내가 하는 말을 아예 안 들어요. 내가 말하고 있는데 갑자기 딴 이야기를 꺼내요."

하지만 환자의 입장에선 달리 도리가 없다. 30초만 지나도 왜 대화를 나누고 있었는지, 방금 전에 무슨 말을 주고받았는지 전혀 기억이 나지 않기 때문이다. 그래서 한참 전부터 보던 영화를 방금 전에 처음 본 사람처럼 열심히 들여다본다. 치매 환자가 책이나 신문에 흥미를 잃는 것도 같은 이유다.

방금 전에 일어난 일을 까먹는다

치매 환자의 뇌는 정보를 저장할 수 없기 때문에 옆에서 최근 사건 이야기를 나누고 있어도 끼어들 수가 없다.

71세의 일본 사업가 오가타 신고도 마찬가지다.

"음. 왜 있잖아……."

이럴 때 신고는 적당한 단어도 떠오르지 않았다.

"요전에 그만둔 가정부 이름이 뭐라고 했더라?"

"가요 말씀이세요?"

"가요, 맞다. 언제 나갔지?"

"저번 주 목요일요. 닷새 전이네요."

"닷새 전? 불과 닷새 전에 나간 가정부 얼굴이랑 차림새가 벌써 가물거리니. 큰일이다 안 그러냐?"

[…]

가요가 반년이나 자기 집에 살았는데도 현관에서 배웅하던 그 모습 하나 간신히 기억한다고 생각하니 신고는 생이 달아나는 느낌이었다.

가와바타, 1996

새로운 것을 배우지 못한다

가족의 불만은 더 있다. 치매 환자는 기억장애로 인해 새로운 것을 배울 수가 없다. 10번 똑같은 것을 설명해 줘도 계속 못 알아들을 확률이 높다.

한 남자의 기억에 남은 할아버지(트라자누)의 모습은 이러하다.

치매가 찾아왔을 때는 100세가 가까운 무렵이었다. 할아버지는 스웨이드 침대에 이불로 몸을 돌돌 말고 누워서 오줌을 쌌고 발가락을 꼼지락 거리다가 깜빡 잠이 들었다. 그러다 갑자기 화들짝 놀라 잠에서 깨서는 소리를 질렀다. "제르마나 여사님?"

아버지는 읽던 책―《카롤루스대제》―을 내려놓고 담배통을 열고 해먹에서 내려와 짜증 묻은 목소리로 소리쳤다. "왜요?"

"애야, 엄마 어디 갔니? 벌써 한 시간이나 불렀어."

"엄마 돌아가셨잖아요."

"뭐라고?" 할아버지는 놀라 소리치며 거의 안 보이는 눈을 활짝 떴다.

"언제?"

카밀로 페레이라 다 실바(화자의 아버지이자 할아버지 트라자누의 아들—지은이)는 짜증을 냈다. "진정하세요. 작년에 돌아가셨어요."

"그렇게 오래됐는데! 왜 아무도 나한테 말을 안 해 주는 거냐!" 할아버지가 소리쳤다. 그러더니 금방 다시 자기 발가락을 갖고 놀다가 잠에 빠져들었다.

15분 후 할아버지가 다시 외쳤다. "제르마나 여사님!"

라모스, 1978

물건을 두고 잊어버린다

대규모 망각과 더불어 대규모 수색 작업도 시작된다. 치매 환자는 계속해서 자기 물건을 옮긴다. 그래 놓고 어디다 두었는지 까먹어 버린다. 이 시기 환자는 예전보다 더 자기 소유물을 소중히 생각하므로 당연히 전보다 더 정성껏 물건을 챙긴다. 그래서 대부분의 시간을 찾는 데 보낼 수밖에 없다.

환자 중에는 자기 기억에 문제가 있다는 사실을 정확히 아는 경우도 있다.

한 노인이 집안일을 도와주는 먼로 부인에게 이렇게 말한다.

먼로 부인, 이미 눈치채셨겠지만 나이를 너무 많이 먹다 보니 기억력도 좋지 않아요. 늘 물건을 잃어버립니다. 담배, 지팡이, 어떨 땐 구두도 어디 갔는지 없어요. 호주머니에는 왜 거기 있는지 모를 물건이 들어 있고요. 재미나기도 하지만 겁도 나요.

퀼린, 2005

(새로운) 사람을 알아보지 못한다

치매 환자는 얼마 전에 처음 만난 사람들을 잘 알아보지 못하고, 아예 기억하지 못할 때도 많다. 얼마 전에 일어난 사건도 역시 기억하지 못한다.

심지어 사랑하는 사람이 얼마 전에 세상을 떠났다는 사실도 모를 때가 많다.

밤에 돌아다닌다

제일 괴로운 치매 증상 중 하나가 밤에 돌아다니는 것이다. 이것 역시 기억장애로 인한 경우가 많다. 정상인은 밤에 어떤 이유로─이상한 소리가 난다든지 악몽을 꾼다든지 몸이 불편하든지 해서─잠이 깨면 시계를 보고 나서 다시 잠을 청하려 애쓴다. 소변이 마려워 깼다면 화장실에 갔다가 다시 잠자리에 든다. "일어나기엔 아직 너무 일러"라고 판단하기 때문이다.

하지만 치매 환자는 밤에 목이 마르거나 소변이 마려워서 깨더라도 다시 잠자리에 눕지 않을 가능성이 높다. 침실을 나온 지 30초가 지나면 조금 전에 잠을 잤다는 사실을 잊어버리기 때문이다. 혹시 기억을 한다고 해도 낮에 깜빡깜빡 잤기 때문에 잠이 오지 않는다. 그래서 일단 아침을 먹어야겠다고 생각한다. 그런데 사방이 너무 조용하니까 라디오를 켠다. 그 소리에 식구나 이웃이 잠을 깬다. 특히 환자가 귀가 어두워 라디오 소리를 크게 틀면 주변 사람들이 그 소리에 놀라 잠을 설치게 된다.

환자가 혼자 살 경우엔 심한 불안을 느끼거나 패닉 상태가 될 수도 있다. 그래서 집을 뛰쳐나와 안전한 곳을 찾아 헤매는 것이다.

레즈비언 커플 다이애나와 치매 환자인 콘스턴스에게도 어느 날 밤 그런 일이 일어난다.

다이애나가 눈을 떴을 때는 아직 어두웠다. 옆에 콘스턴스가 없었다. 욕실 문 밑으로 불빛이 새어 나오지 않았다. 다이애나는 스탠드를 켰다. 그녀가 콘스턴스에게 입히려고 놓아둔 옷, 메모가 적힌 보드는 그대로 책상에 놓여 있었다. 목이 마르거나 배가 고파 아래층으로 내려갔을까? 다이애나는 얼른 움직일 수가 없었다. 침대에서 내려와 가운을 찾으면서는 말을 안 듣는 삭신을 욕했고, 천천히 계단을 내려올 때는 발이 엄청 아픈 신발을 욕했다. 아무 데서도 불빛이 보이지 않았다. 방마다 불을 켜 봐도 텅 비어 있었다. 뒷문이 열려 있었고 부엌이 엄청 추웠다. 다이애나는 외등을 켰지만 외등 불빛은 뒤 베란다와 정원으로 이어지는 계단밖에는 비추지 못했다. 콘스턴스가 어두운 정원에서 일을 하려고 하지는 않을 것이다. 차고에 자동차가 서 있었다. 콘스턴스가 거기에 있을까? 대체 언제 나간 걸까?

다이애나는 헐떡이며 집으로 들어와 허둥지둥 옷을 입었다. 신음 섞인 훌쩍임이 어딘가 밖에서 들리는 것 같았다. 너무 겁이 나서 이성이 멎어 버린 듯했다. 기껏해야 20분 정도 찾아다니면 될 것이다. 그래도 못 찾으면 경찰에 신고할 것이다. 경찰 다음에는 병원에 신고할 테고. 콘스턴스는 제정신이 아니니 집 주소를 모를 것이다. 지갑이나 가져갔나? 부엌으로 달려가서 확인을 해 봤다. 지갑은 늘 두던 찬장 위에 놓여 있었다. 신분증도 없다. 다이애나가 아니라 다른 사람이 찾게 되면 아마 안 따라가려고 발버둥칠 것이다.

왜 마음을 단단히 먹고서 문마다 안쪽에 자물쇠를 채우지 않았을까? 집을 감옥으로 만들고 싶지 않았다. 콘스턴스는 같이 장을 보러 갔을 때 몇 번 남의 가게로 들어간 것을 빼고는 한 번도 달아난 적이 없었다. 콘스턴스는 자기 구역의 경계를 아는 짐승 같았다. 그걸 믿다니 너무 멍청했다.

뢸러, 1989

한밤의 배회에는 기억장애가 큰 몫을 차지하지만 그것 말고도 원인은 또 있다. 네덜란드 뇌 과학자 디크 스바프Dick Swaab는 1990년대 초에 뇌의 생물학적 시계가 치매 초기 단계에서 이미 파괴된다는 사실을 발견했다. 그래서 치매 환자는 자신의 내면 시계를 믿을 수 없고, 그 결과 시간에 관해서는 "이중으로 방향을 상실하게" 되는 것이다.

미래가 사라진다

"과거로만 향하는 기억은 가난하구나." 루이스 캐럴의 《거울 나라의 앨리스》에서 여왕이 말했다. 기억은 과거로 가는 문이기도 하지만 미래로 향하는 문이기도 하다. 기억은 우리 행동의 스케줄 달력으로 기능하기도 한다. 우리는 그곳에다 계획과 중요한 약속을 적어 둔다. 이 기억이 안전한 장기 기억의 항구에 도달하지 못한다면 미래 역시도 엉망진창이 되고 만다.

치매 환자는 자발성을 잃고 순간의 충동과 영감에 매몰된다. 그러기에 치매는 가까운 과거는 물론이고 미래까지 파괴하는 안타까운 질병이다. 신경생리학적 원인에도 책임이 있다. 치매는 가장 먼저 전두엽을 망가뜨린다. 이 뇌 부위는 계획을 세우고 더 나아가 미래를 상상하는 능력을 선사한다[23].

미래를 잃는 것이 나쁜 일일까? 젊은 핀란드 여성 작가 리카 풀키넨 Riikka Pullkinen은 《불안한 여자Die Ruhelose》에서 이 질문에 대답한다. 길을 잃고 헤매던 알츠하이머병 환자 남편을 길에서 발견한 젊은 남성에게 환자의 아내는 이렇게 고백한다.

그녀가 조심스럽게 입을 열었다. "제일 가슴 아팠을 때는 아주 특정한 것을 기억하지 못했을 때예요. 하지만 모든 것을 기억하지 못한다는 것이 과연 그렇게 나쁜 일일까요? 망각은 해방을 선사해요. 축복일 때도 있지요. 그게 망각으로만 그친다면요. 남편은 기억만 멈춘 게 아니라 의욕도 멈추었어요. 아무것도 하고 싶어 하지 않는다는 게 제일 가슴 아파요."

풀키넨, 2014

복잡한 능력을 상실한다

이란 출신의 한 남성이 치매를 앓는 자기 어머니의 이야기를 들려준다.

예전에 온 식구 살림을 할 때 어머니는 최고의 페르시아 음식을 해 주셨다. "이젠 음식 못 해. 수천 번이나 했던 음식인데 어떤 재료를 쓸지 모르시는 거지. 그래서 부엌을 피해 다니셔." 누이가 말했다.

압돌라, 2018

어머니가 음식을 못 하게 되면서 그제야 어머니가 예전과 달라졌다고 느끼는 자식들이 많다. 또 한창 일할 젊은 나이에 발병한 치매 환자들은 자꾸 실수를 해서 동료와 상사에게 야단을 맞는 것이 치매의 징조인 경우가 많다.

둘 다, 즉 음식을 못 하는 것도, 일을 하다 실수하는 것도 기억장애 때문이다. 이쯤에서 당신은 항의할지도 모르겠다. "하지만 요리도 일도 치매에 걸리기 이전부터 하던 능력이지 않습니까. 치매의 첫 번째 법칙대로라면 그런 능력은 그대로 남아 있어야죠." 하지만 방금 전 딩신은 기억장애는 최근의 과거에만 구멍을 내는 게 아니라는 구절을 읽었을 것이다.

치매는 가까운 미래에도 큰 구멍을 뚫는다. 그래서 환자는 계획을 세우는 데 문제를 겪게 된다. 요리도 일도 대부분은 새로운 정보를 저장하고 계획을 실행하는 능력을 요하는 활동이다. 예를 들어 간단하게 상을 차린다고 가정해 보자. 감자를 볶고 브로콜리를 데치고 고기를 굽는다. 그러려면 세 재료의 조리 시간이 다르다는 사실을 알아야 하고 혹시 전화가 오거나 초인종이 울리거나 갑자기 다른 생각이 들어도 정신을 거기에 팔아서는 안 된다. 또 불에 올린 냄비를 언제 내려야 할지도 기억하고 있어야 한다.

아래의 초기 치매 여성 환자도 이런 이유에서 요리가 날로 힘들어진다고 말한다.

처음에는 규모를 줄였다. 팬을 동시에 두 개 이상 쓰지 않는 방식으로. 그래도 나 혼자 끓여 먹을 정도는 준비할 수 있었다. 그런데 뚜껑을 덮으면 안에 뭐가 들어 있는지 알 도리가 있나. 결국 음식이 팬에 까맣게 눌어붙는 적은 한두 번이 아니었고 그걸 긁어내는 것을 포기한 후에도 화재 경보음이 울렸다.

미첼, 2019

기억장애는 조리 준비나 장보기도 훼방을 놓는다. 장을 보려면 장보기 목록을 적어야 하고 그걸 안 까먹고 가져가야 하며 마트 안에서 길을 찾아야 하고 달라진 결제 방법을 익혀야 한다. 기억장애가 있으면 그 모든 일을 척척 해낼 수가 없다.

기억장애의 간접적 결과들: 실수와 실패에 예민하다

치매 환자는 기억장애로 인해 자주 실수를 저지르고 어찌할 바를 모르기 때문에 날이 갈수록 무력감도 더해진다.

치매 환자의 행동을 이해하기 위해 잠시 상상의 나래를 펼쳐 보자. 하는 일마다 우리가 바라는 것과는 또는 우리가 늘 하던 것과는 전혀 다르게 진행되고, 어찌해야 할지 모르겠으며, 물건이 늘 있던 자리에 없고, 몇 시인지, 며칠인지 계속 묻거나 다른 사람의 반응을 보고 대충 짐작해야 하며, 걸핏하면 실수를 저지르고, 요리나 장보기 같은 익숙한 활동에도 어려움을 겪는다. 하루에도 몇 번씩 실수를 하고 뭘 해도 엉망이 된다면 당신은 기분이 어떨 것 같은가? 지금까지 잘 처리하던 일을 갑자기 못 하게 된다면 당신은 어떤 반응을 보일 것 같은가?

아마 다들 어떤 대답이 나올지 잘 알 것이다. 사람마다 실수와 실패에 반응하는 방식이 있다. 치매 환자라고 해서 다르지 않다. 실수에 대한 사람들의 반응이 가지각색이듯 치매 환자의 반응도 실로 다양하다.

실수와 실패에 대응하는 이런 다양한 반응을 나는 기억장애의 간접적 결과라고 부른다.

사람을 피하고 무기력해진다

이런 간접적 결과 중 하나는 집에만 있으려고 하고 친하지 않은 사람과는 접촉을 피하는 현상이다. 익숙한 환경은 실수와 실패의 가능성을 줄인다. 환자는 실수하지 않기 위해 예전보다 훨씬 활동을 자제한다. 물론 뭘 계획해 놓고도 금방 도로 까먹어 버리니, 그 역시 사람을 피하게 되는 또 한 가지 이유다.

이스라엘 작가 아모스 오즈Amos Oz는 자전적 소설《사랑과 어둠의 이야기》에서 어머니의 할아버지를 통해 이런 현상을 설명한다.

쉰 살 무렵이 되자 에프라임 무스만은 인상적인 노인이 되었지만 이미 살짝 정신이 오락가락했다. 점점 더 하느님의 사람과 하느님 자체를 구분하지 못하게 된 것이다. 그래서 마음을 읽어 내고 예언을 하고 설교를 하고 해몽을 하고 면죄부를 내리고 은총과 자비를 베풀었다. 아침부터 밤까지 제분소 사무실에 앉아 차를 마시며 자비를 선사했다. 그것 말고는 하루 종일 거의 하는 일이 없었다.

[…]

다행히도 그의 아들 나프탈리 헤르츠는 아버지를 너무도 사랑했으므로 아버지를 못마땅하게 여기지 않고 모든 것을 다 용서했으며 아버지가 계

산을 헷갈리거나 말도 하지 않고 사무실 금고를 열어 지폐 몇 장을 빼내

가도 모르는 척했다. 아버지는 자기가 무슨 하시디즘 민담에 나오는 하

느님이라도 된 듯 그 지폐를 고마워하는 가난한 사람들에게 나눠 주었다.

물론 그 전에 꼭 그들에게 예언과 설교를 해 주는 것도 잊지 않았다.

노인은 하루 종일 아들의 제분소 사무실에 앉아서 창밖을 내다보며 정신

없이 돌아가는 제분소와 일꾼들이 일하는 모습을 그윽한 눈으로 바라보

았다.

오즈, 2004

소설의 노인은 아무것도 하지 않지만 그래도 아직 다른 사람들의 반
응을 보면서 만족감을 느낄 수는 있다. 하지만 아마 무력감은 더 심해
질 것이다. 한 인간에게서 에너지가 빠져나가 버려 더 이상 아무것도
할 수 없는 모습을 곁에서 지켜보기란 참으로 괴로운 일이다.

연구 결과를 보면 치매 환자 가족은 그런 식의 무기력을 치매의 가
장 나쁜 결과로 받아들였다[24]. 달리 말하면 환자의 수동성이 가족에겐
가장 힘든 일이다.

우울하다

앞서 인용한 소설의 할아버지는 아무것도 하지 않는 자신의 상태를
별로 괴로워하지 않는다. 하지만 대부분의 환자는 자신이 무엇이든 해
서 유익한 사람이라는 기분을 느끼고 싶어 한다. 안타깝게도 일은 생

각대로 풀리지 않는다. 기억이 점점 더 사라지면서 환자들은 예전에 잘하던 일도 할 수 없게 되고 뭘 하려고 했는지도 자꾸만 까먹어 버린다. 그래서 기분이 울적해진다. 거기에다 자신이 정상이 아니라는 인식은 마음 저 깊은 곳에 생채기를 낸다. 자신의 존재 저 아래에서 언제 터질지 모를 시한폭탄이 째깍거린다. 당연히 사는 게 아무 의미 없다고 생각되는 시기가 찾아올 것이다.

케스터르 프레릭스의 소설 《왕의 소원Koningswens》에서 빅스의 아버지는 주치의에게 이렇게 말한다.

빅스의 아버지가 초조한 기색을 보이는 의사에게 설명했다. "자기는 사는 게 지겹다고 하더라고요. 더 살 필요가 없다고요. 그게 시작이었죠…….
하루하루가 아무 목표도 없어요. 아침에 일어나면 하루를 어떻게 보내야할지 모르는 거죠. '이 텅 빈 집에서 더 뭘 해야 하지?' 그렇게 묻습니다.
아침 9시밖에 안 되었다고요! 이제 하루가 막 시작되는 시간인데 말이죠.
아내는 정말이지 아무것도 하지 않습니다. '귀찮아.' 이 말을 입에 달고 삽니다. 미장원도 안 가고 샤워도 안 하고 이도 안 닦습니다. 머리를 빗지도 않습니다. 머리를 어떻게 만지는지 까먹어 버렸어요."

"병상의 징후 중 하나입니다." 의사가 […] 가려고 했다. 진료 시간이 시작된 것이다.

프레릭스, 2001

의사의 말이 맞다. 연구 결과를 보면 치매 환자의 30~50퍼센트는 우울증을 겪는다. 우울증 비율이 6~7퍼센트에 불과한 일반 노인들보다 훨씬 높은 수치다.

못 믿는다

불신은 심해지는 자신의 치매 증상에 대한 환자의 잦은 반응이다. 실수를 해서 옆에서 탓을 하면 환자는 그야말로 미친 사람처럼 날뛴다. "나는 느리지만 분명 망각의 늪으로 빠져들어 두 번 다시 나오지 못할 것이다." 이 참혹한 진실을 받아들이고 자신을 믿지 말아야 할 텐데 환자는 그 대신 **남** 탓이라는 대안을 "택한다". 자신의 실수를 남에게 투영하는 것이다. 특히 일생을 기억과 이성에 의지하며 살았는데 이제 더는 자신을 믿을 수 없게 된 지식인의 경우 불신이 치매의 가시적인 첫 신호일 때도 많다.

어머니 때문에 힘든 딸의 이야기를 들어 보자.

뭔가 이상하다는 첫 경고를 우리는 도우미 아주머니에게서 들었다. 어머니가 전화를 걸어서 집 열쇠를 가져오라고 명령했다는 것이다. 그것도 당장 말이다. 어머니는 말투도 사납고 퉁명스러운 데다 자기 할 말만 하고는 상대의 대답을 기다리지도 않고 바로 전화를 끊어 버렸다고 했다. "왜 아주머니한테 열쇠 달라고 하셨어요?" 다음번에 엄마 집에 갔을 때 슬쩍 지나가는 말로 물었다.

이상하게도 엄마는 어떻게 알았는지 묻지 않았다.

"싫어서, 누가 내 집 열쇠를 들고 다니는 게 싫어."

"아주머니는 괜찮잖아요. 벌써 20년째 오시는 분인데."

"맞아. 그래도 결혼을 했잖아. 그 남편은 내가 모르는 사람이야. 아들도 오토바이를 탄다고 하고. 사람 일은 모르는 거니까……."

퀼스, 2003

남을 못 믿는 사람의 기본 생각은 이렇다. "내가 실수를 한 게 아니라 남이 몰래 나를 골탕 먹이려고 내 탓을 한다." 불신의 대상은 거의가 가까운 사람들이다. 배우자, 간병하는 딸, 간병인, 요양 보호사, 간호사 등이다.

공격적으로 변한다

건망증이 심해진 어머니를 요양 병원에 모신 딸의 이야기다.

어느 날 요양 병원 원장이 전화를 걸었다. "어머님 여기 못 모시겠습니다. 쌈닭이 되셨어요."

"네? 진짜요?"

"네. 진짜요! 다른 환자 분을 폭행했습니다. 처음엔 욕만 하시더니 이젠 때리기까지 하시네요. 어머님께서 라돈 부인을 엄청 두드려 팼습니다."

라돈 부인은 나도 뵌 적이 있다. 피부색이 검어서 그게 어머니 마음에 안 들었던 것이다. 어머니가 그 부인을 깜둥이라고, 더러운 년이라고 욕했다는 것이다.

나는 어이가 없었다. 어머니는 단호하고 고집이 세기는 하지만 늘 자상하고 다정한 분이셨다. 말을 하다가 인종차별 이야기가 나오거나 그런 글을 읽으면 인종차별을 비판하셨다.

물론 나는 어머니하고 그 문제를 이야기해 보려 했다. 하지만 어머니는 무슨 말인지 알아듣지 못했다.

슈미트, 1993

분노는 실망감에 대한 가장 흔한 인간의 반응이다. 따라서 치매 환자가 공격적인 태도를 보이는 건 그리 놀랄 일이 아니다. 험한 말로만 끝나는 경우도 있지만 위의 사례처럼 환자가 실제로 폭력을 행사할 수도 있다.

버리지 않고 모은다

실망과 실존적 공포에 대처하는 또 한 가지 반응은 식품이나 물건을 버리지 않고 모으는 것이다. 환자는 쇠락해 가는 자신의 모습에 두려움을 느끼기 때문에 앞으로 닥칠 어려운 시간에 나름대로 대비한다.

의사한테서 어머니의 병명을 들은 딸(루스)은 며칠 후 이런 일을 겪는다.

아침에 루스가 콘플레이크를 찾으려고 싱크대 장을 열었다. 거기에 사용한 종이 냅킨이 차곡차곡 접혀서 쌓여 있었다. 수백 장이었다. 이번에는 냉장고를 열었다. 검은색과 초록색 죽이 담긴 플라스틱 통, 음식 찌꺼기가 담긴 상자, 오렌지 껍질, 메론 껍질, 오래전에 녹은 냉동식품이 가득했다. […] 루스는 속이 울렁거렸다. 불과 일주일 만에 이걸 다 모은 걸까?

탄, 2001

수집은 기억장애의 직접적 결과일 수 있다. 치매 환자는 뭘 샀는지 모른다. 하지만 다가올 재앙에 대한 심리적 반응일 수도 있다. 또 전체를 조망하기가 날로 힘들어지기 때문에 물건 버리기가 쉽지 않다. 그래서 환자가 보는 앞에서 환자의 물건을 버리면 격렬한 저항에 부딪칠 수 있다.

치매를 앓는 어머니(모모코)가 열심히 종이를 들여다보고 있는 모습을 딸이 목격한다.

모모코가 종이 한 장을 치켜들고 손가락으로 톡톡 쳤다. "내가 이걸 냈나? 기억이 안 나네."

나는 종이를 뺏었다. 이번에도 또 그 빌어먹을 가스·전기 계산서였다. 나는 그 종이를 그녀의 얼굴 앞에 대고 이리저리 흔들었다.

"지난 거예요. 벌써 말했잖아요. 3년 전 거야. 날짜를 봐요."

그녀가 잔뜩 긴장한 표정으로 작은 글자를 노려보았다. "오늘이 며칠이

지?"(일본에서 미국으로 이민을 온 모모코는 영어를 제대로 배운 적이 없다
—지은이)

"아휴 엄마! 버려!" 나는 계산서를 찢어서 쓰레기통에 버렸다.

"안 돼!" 엄마가 소리쳤다. "버리지 마! 나중에 쓸 일이 있을지도 모르잖
아!" 엄마는 허리를 굽혀 종잇조각을 휴지통에서 꺼내서는 책상에 펴 놓
고 힘껏 문질러 폈다.

오제키, 2003

우리도 해외에 가면 여권이 있는지, 지갑이 있는지 하루에도 몇 번
씩 챙긴다. 낯선 환경에선 이런 물건들이 안전을 상징한다. 그러니 날
로 생경해져 가는 환경에서 치매 환자들이 돈에 집착하는 것도 그리
이상한 일이 아닌 것이다.

핑계와 변명이 는다

실수를 하고 싶은 사람은 없다. 그 실수를 솔직히 인정하고 싶은 사
람은 더더욱 없다. 치매 환자는 체면을 지키기 위해 거짓말과 핑계, 딴
소리, 능청의 달인이 된다. 아침에 뭐 먹었냐고 물어보면 이렇게 대답
한다. "늘 먹는 거 먹었지", "네가 언제부터 내 아침에 그리 관심이 많았
냐?"

치매에 걸렸던 네덜란드 작가 헤라르트 레버Gerard Reve는 TV 다큐멘
터리에 출연하여 예전에 수도원에서 지냈던 것이 가톨릭으로 개종한

계기였냐는 질문을 받았다. 불안한 기색이 역력해진 그는 이렇게 대답한다. "그럴 수도 있죠." 그러더니 활짝 웃으며 이렇게 덧붙였다. "어딘가에서 시작됐겠죠. 그렇지 않아요?"

러시아 작가 톨스토이 역시 말년에 심각한 건망증에 걸렸지만 위대한 작가답게 끝까지 순발력은 잃지 않았다. 톨스토이의 마지막 비서 불가코프는 비서로 일한 지 닷새째 되던 날 그와 이런 대화를 나눴다. 참고로, 톨스토이는 침대에 누운 채로 비서를 맞았다.

톨스토이는 흰 셔츠를 입고 이불을 덮고 있었다. 베개를 층층이 쌓아 높게 벴고 머리맡 작은 탁자에는 등이 켜져 있었다.

"어서 오게. 이리 앉아." 그가 침대 옆 팔걸이의자를 가리켰다.

"몸은 좀 어떠세요, 레오 니콜라예비치?"

"괜찮아."

"과로하셨어요. 일을 너무 많이 하십니다."

"아냐. 과로가 아냐. 그냥 내가 늙어서 그렇지……. 근데 자네가 어제도 나한테 왔었나? 아닌가? 내 생각에는, 그래…… 아, 이런, 당연한 걸 물었네! 자네를 보니 좋군. 늘 참 좋아…… 내 친구들 이름은 전부 B로 시작되거든, 불가코프, 불리긴, 불랑제……."

"비류코프." 내가 거들었다.

"그래, 그래."

"체르코프……."

"맞아. 체르코프도 B로 시작하면 좋았을 텐데." 레오 니콜라예비치가 미소를 지으며 말했다.

불가코프, 1976

톨스토이가 말을 하면서 미소 지은 것으로 보아 그는 상대의 속임수를 이미 알고 있었다. 또 그는 비서가 자신을 생각해서 지어낸 과로라는 핑곗거리를 받아들이지 않았다. 대부분의 치매 환자와 달리 핑계를 대고 싶지 않았던 것이다.

의존하고 요구한다

자신의 실수를 숨기기 위해 치매 환자가 이용하는 또 다른 전략이 책임 "전가"다. 자신이 해야 할 일, 자신의 책임을 타인, 특히 배우자나 딸, 아들, 며느리, 사위에게 미룬다. 날로 낯설어지는 삶의 풍경에서 제일 중요한 가족은 포기할 수 없는 안내자가 된다. 환자는 헤매지 않으려고 그 가족을 아이처럼 졸졸 따라다닌다. 그 가족이 없으면 생활이 불가능하다는 것을 알기에 그 사람을 완전히 독차지하려고 애쓰며, 그 방법도 대부분 불쾌하기 짝이 없다.

거침이 없다

치매 환자는 누가 중요한 사람인지 알고 그 사람을 절대 잃지 않으려 한다. 따라서 그런 자신이 뭔가 정상이 아니라는 기분이 마음 지 깊은 곳에서 늘 요동친다. 당연히 마음이 편치 않을 것이고 늘 불안할 것이다. 앞서 실망과 실패에 대한 사람들의 반응을 언급한 적이 있다. 거기서 한 걸음 더 나아가 만약 큰 재앙이 벌어진다면 우리는 과연 어떤 반응을 보일까? 그 문제를 다루기 전에 잠깐 동물의 세상으로 소풍을 떠나 보기로 한다.

"돼지는 두 가지 종류가 있다." 5년 전에 신문에서 이런 글을 읽은 적이 있다. 바헤닝언농업대학 연구자들이 실험을 통해 발견한 사실이었다. 돼지들을 바닥에 누인 후 바로 서지 못하게 꽁꽁 묶었다. 그러자 한 무리는 그 불쾌한 자세를 해결하고자 완전히 지쳐 탈진할 때까지 격렬히 저항했다. 하지만 다른 무리는 이내 포기하고 상황을 받아들였다.

이런 비유를 드는 건 좀 과한 짓이다. 하지만 고단한 운명과 맞닥뜨린 인간에게서도 앞의 두 가지 반응 방식을 볼 수 있다. 한쪽은 오래오래 격렬하게 저항하지만 다른 쪽은 금방 항복한다. 첫 번째 집단은 공격과 불신으로 기울 것이고, 두 번째 집단은 우울과 무기력, 순종으로 기울 것이다.

각 반응은 환자의 기질, 성격, 인성에서 나온다. 치매가 찾아오기 전에 실패에 저항하던 사람이라면 이제부터도 그런 방식으로 대응할 것이다. 불행을 타인의 탓이라 미루던 사람은 치매에 걸린 뒤에도 똑같아서 실수를 저지르고 나서 오히려 남에게 화를 낼 것이다. 심리노인學psychogerontology과의 내 스승이신 무니흐스Munnichs 교수는 농담 반, 진담 반으로 인간의 성격 발달을 이렇게 정리했다. "사람은 나이가 들어도 변치 않아. 오히려 더 나빠지지."

물론 그렇게 간단한 문제는 아니다. 특히 노인의 경우는 더욱 그렇다. 흐려지는 정신에 대한 반응은 그 사람의 성격뿐 아니라 그 순간의 뇌 손상 정도에 따라서도 달라지기 때문이다. 예를 들어 오스트레일리아 연구자들은 전두엽이 손상된 노인은 충동을 잘 억제하지 못한다는 사실을 발견했다[25]. 그래서 예전 같으면 "들어 본 적 없다"는 걸 알아서 아무 말 안 했을 일에도 자꾸만 참견을 한다.

작가 바버라 바인Barbara Vine(루스 렌델Ruth Rendell이라는 이름으로도 소설을 썼다)은 오스트레일리아 연구자들보다도 앞서 그 사실을 알고 있었다. 그녀의 추리소설에서 간병인은 이런 생각을 한다.

젊을 때나 조금 나이가 들었지만 아직 완전히 늙지는 않았을 때는 감정을 숨긴다. 누가 늦게 오거나 일찍 자리를 뜨거나 말을 딴 데로 돌리거나 지루한 표정을 지어도 미소를 지으며 괜찮은 척한다. 아이들은 그렇지 않다. 토라지고 짜증을 내고 길길이 날뛴다. 그러니 어린애처럼 짜증을 내고 화를 내면 그 사람은 진짜로 늙은 것이다.

바인, 1997

치매가 찾아오면 전두엽이 정상인보다 더 심하게 망가지기 때문에 치매 환자는 완전히 이성을 잃을 수 있다. 자제시켜 주던 브레이크가

망가지는 것이다.

많은 사람이 "나이가 들수록 더 나빠지지만", 헤라르트 레버와 평생을 함께한 파트너 욥 스하프트하위전Joop Schafthuizen의 증언대로 정반대인 경우도 있을 수 있다.

> 알츠하이머병의 경우 시작 시점을 정확히 정하기가 힘들다. 치매는 정말로 나쁜 병이다. 처음에는 이상할 정도로 온순해진다. 그래서 예전 같으면 제법 심하게 다투었을 일에서도 그와 싸우기가 점점 더 힘들어졌다.
>
> 메이어르, 2004

가장 사랑하고 가장 친숙한 것을 잃어 가다

병이 진전될 것이라는 두려움은 신체적 불안과 신경질적인 행동으로도 표현된다. 많은 환자가 초조하게 서성이거나 가만히 의자에 앉아 있지를 못해 엉덩이를 들썩이고 과하게 먹고 마시거나 담배를 마구 피워 대거나 거꾸로 아무것도 먹지 않으려고 한다.*

이 모든 심리적 반응은 앞서 언급했듯 치매 환자에게만 국한되는 것이 아니고 치매 환자만의 특징도 아니다. 상실, 심리적 고통이나 불안

---

* 이는 심리적 반응으로만 설명할 수는 없으며, 뇌기능 저하와 관련해 나타날 수 있는 증상들이다.

을 맞닥뜨린 "정상인"에게도 흔히 볼 수 있는 증상들이다. 이런 의미에서 볼 때 치매 환자의 심리적 기능은 결코 "이상한" 것이 아니라 매우 정상적이다. 특히나 이들 환자가 비정상적일 정도로 엄청난 상실을 마주한 사람이라는 사실을 생각한다면 더욱 그러하다. 그들은 가진 것 중 가장 사랑하고 가장 친숙한 것을 잃어 가고 있다. 바로 자신의 이성을 잃고 있는 것이다!

앞서 설명한 반응 방식 중에서 한 가지만이 아니라 여러 가지를 동시에 보이는 환자도 적지 않다. 예를 들어 분노와 우울증이 번갈아 가면서 나타나기도 하고, 물건을 모으면서 불안에 떠는 환자도 있으며, 의존적이고 수동적으로 변해 밥 먹고 담배 피우는 것 말고는 아무것도 안 하려는 환자도 있다.

초기 치매 환자가 불안과 두려움에 반응하는 방식은 건강한 우리와 다를 바 없다. 다른 행동 역시도 우리와 별반 다르지 않다. 우리도 낯선 곳에선 길을 잃고 자주 열쇠를 잃어버리며 약속을 까먹는다. 실패했을 때는 공격적으로 변하거나 울적해진다. 우리가 잘못을 해 놓고도 우리 죄를 깨닫지 못한 채 남을 불신하고 탓한다. 차이가 있다면 건강한 우리에겐 그런 실수가 가끔씩 일어나는 일이지만 치매 환자에겐 계속 되풀이되는 일상사라는 점이다.

기억장애의 결과

직접적 결과[*]

- 모르는 환경에서 방향감각을 잃는다.
- 시간 감각을 잃는다.
- 계속 같은 질문을 한다.
- 계속 같은 말을 한다.
- 이 말을 하다가 저 말을 하다가 두서가 없다.
- 방금 전의 일을 까먹는다.
- 밤에 일어나 서성댄다.
- 새로운 것을 배우지 못한다.
- 물건을 잃어버린다(옮긴다).
- 방향감각을 상실한다.
- 새로운 사람을 알아보지 못한다.
- 약속을 잊는다.
- 기억력이 필요한 일(예를 들어 요리)을 못 한다.

간접적 결과

- 사람을 피한다.

---

[*] 기억저하와 직접적인 인과관계가 없는 증상들도 다수 포함되어 있으나, 기억장애에 동반되어 나타날 수 있는 다른 인지 영역의 증상들로 이해할 수 있다.

- 자발성을 잃는다.
- 체면치레를 위해 거짓말을 하고 핑계를 둘러댄다.
- 자꾸 잊는다는 사실을 부인한다.
- 의존하고, 심할 때는 요구한다.
- 우울하다.
- 사람을 믿지 못한다.
- 공격적으로 변한다.
- 행동에 거침이 없다.
- 물건을 모은다.
- 불안해서 가만히 있지 못하고 서성댄다.
- 지나치게 먹고 마시고 담배를 피운다.

3

기억상실

: 두 번째 치매 법칙

60세의 한 여성이 남편과 이런 이야기를 나눈다.

"우리가 서로 못 알아보면? 당신이 날 잊거나 내가 당신을 잊으면?" 내가 묻는다. 우리는 입을 다문다. 그렇게 한동안 말이 없다.

"그렇지 않아. 그럴 리 없어. 이렇게나 오래 같이 살았는데……." 당신이 말한다.

"그럴 수 있어. 어떤지 봤잖아." 내가 고집을 부린다. "오랜 세월 함께 살았지만 유령처럼 망각의 병이 찾아오면 당신의 삶은 미끄러지고 당신은 서서히 휩쓸려 흘러가 썰물을 만난 물이 바다로 돌아가듯 다시 가라앉고 말거야. 결혼도, 직장도, 아이도 없어. 아니, 부모님이 무덤에서 나와 부활하시고 당신은 다시 어린애처럼 작아질 거야. 과거가 현재가 되고 사랑이 사라지고 그 대신 당신은 어린아이가 되는 거지. 마치……."

그래 마치…… 지금 내가 그런 것처럼. 그는 그녀를 보살피고 그녀를 씻긴다. 설거지도 한다. 용변 보는 그녀를 도와준다. 그래도 그녀는 자주 오줌을 싼다. "아, 괜찮아. 우리 아기." 그럼 그는 이렇게 말하고 명랑한 표정으로 그녀를 씻긴다. 감사의 인사는커녕 걸쭉한 욕이 돌아오지만 그래도 아직은 그렇게 할 수 있다. 결혼은 다 큰 여자와 했는데 이제는 나오는 대로 지껄여 대는 아이를 보살핀다. "자기도 어쩔 수 없는 걸." 그는 그렇게 말한다. 그가 아네커를 너무너무 사랑한다는 걸 나는 안다. 하지만 아네커는 이제 그를 모른다. 어떻게 그렇게 살 수 있을까? 당신은 둘인데 반쪽이 사라져 버렸다. 사랑하는 여인은 당신과 작별했다. 당신이 없는 젊은 시절로 돌아가 버렸다.

얀선, 2005

첫 번째 법칙만으로는 중등도 또는 중증 치매를 설명하기엔 역부족이다. 그래서 두 번째 법칙을 알아야 한다.

기억상실: 사라지는 일기장

치매의 두 번째 법칙을 설명하기 위해서도 먼저 정상 기억에 대해 이야기를 해야 한다.

우리의 장기 기억은 일기장이 빼곡한 큰 도서관과 같다(그림 3 참조). 영국 작가 오스카 와일드Oscar Wilde는 이렇게 표현했다. "기억은 우리가 늘 갖고 다니는 일기장이다." 기억력이 왕성한 사람은 기억할 가치가 있는 모든 일을 일기장에 기록한다. 2004년에 세상을 뜬 네덜란드 기자이자 작가인 빌럼 올트만스Willem Oltmans는 40년 동안 무려 25만 쪽의

1. 정상인 77세 노인의 기억:
   평생의 기억이 저장된 일기장이 고스란히 보관되어 있다.

나이

2. 치매에 걸린 77세 노인의 기억:
   지난 17년의 기억이 삭제되었다. 일기장이 나중 것부터 차례로 쓰러진다.

나이

3. 77세 중증 치매 환자의 기억:
   어린 시절의 기억만 남아 있다.

나이

그림 3 **기억 감퇴(알츠하이머병의 장기 기억상실)**

일기를 썼다고 한다. 하루에 거의 18쪽꼴이다.

우리 모두는 자신도 모르는 사이에 올트만스도 저리 가라 할 정도로 엄청난 양의 기록을 매일 남긴다. 우리의 일기장에는 이런저런 이유로 기록할 만하다 생각되는 모든 일이 적혀 있다. 편도선 수술, 동생의 탄생, 부모님과 선생님께 배운 예의범절, 할머니와 재미나게 놀았던 시간, 할아버지의 죽음, 처음 학교 가던 날, 초등학교 수학 수업, 역사 지식, 살면서 맡았던 온갖 냄새, 사랑의 모험, 감동적인 대화나 만남, 수많은 크고 작은 성공과 실패, 아이들의 탄생……. 우리는 수천 권의 일기장을 빼곡 채운다. 그리고 기억에서 불러내고픈 순간을 빠르게 찾기 위해 그 일기장을 연도에 따라 잘 분류하여 정돈해 둔다. 그렇게 해 두면 필요한 것이 있을 때마다 빠르게 찾을 수가 있다.

치매가 진행되면 이런 사정이 변한다. 두 번째 치매 법칙이 발효되어 장기 기억마저 사라지는 것이다. 그런데 그 방법이 매우 특별하다. 치매의 기억 감퇴는 뒤에서 앞으로 향한다. 먼저 치매가 시작되기 1년 전의 일기장이 사라지고, 이어 그 이전 몇 년의 일기장이 사라지는 식으로 기억상실이 차츰차츰 앞으로 나아간다. 치매가 많이 진행되면 다섯 살까지의 일기만 남는다. 그러다 마지막 단계에선 이 일기장마저 사라진다. 그 직후 환자는 사망한다.

치매 환자가 방금 전 일은 기억 못 하면서도 어릴 적 일은 놀랍도록 생생하게 기억하는 이유가 바로 이 때문이다.

사라지는 일기장의 비유는 중증 치매 환자의 많은 행동 방식을 이해하기 쉽게 설명한다. 기억이 감퇴되기에 환자는 지난 10~20년 동안 출시된 최신 기기를 이용할 줄 모른다. 전자레인지에 음식을 데워 먹을 줄 모르고 휴대전화로 통화를 할 수 없으며 리모컨으로 TV를 켜지 못하고 식기세척기를 쓸 줄 모른다. 이 모든 기계의 사용 설명서가 머리에서 지워져 버렸기 때문이다. 대신 과거의 습관으로 되돌아가서 커피 머신을 두고도 주전자에 물을 끓여 가루 커피를 타서 마신다. 또 청소기를 쓸 줄 몰라 비로 쓸고 걸레로 닦는다.

다시 출근하고 다시 육아를 하고, 심지어 다시 결혼하려고 한다

기억이 사라지면서 인류대사의 추억도 함께 삭제된다. 그래서 예를 들어 자신이 은퇴했다는 사실을 까먹고 출근하려고 준비한다.

여성의 경우 아이들이 다 자라 독립했다는 사실을 까먹는다. 그래서 아이들을 챙겨야 한다고 생각한다. "애들이 학교에서 올 시간이야. 간식 챙겨야지!" 또는 이렇게 묻는다. "근데 애들이 어디 갔어?" 심지어 아기를 키우는 중이라고 생각할 수도 있다. 나도 그런 여성을 본 적이 있다. 그 여성을 그로부터 몇 달 뒤에 만났더니 기억 감퇴가 더 진행되어 자기가 지금 임신 중이라고 말했다.

모로코 작가 타하르 벤 젤룬Tahar Ben Yelloun은 감동적인 자전적 소설 《옘마, 나의 어머니, 나의 아이Yemma. Meine Mutter, mein Kind》에서 결혼식 날까지 기억이 후퇴한 어머니 이야기를 들려준다.

"……목욕용품 챙겨서 목욕탕 가자. 내일 나 결혼해. 어서, 어서, 시간 없어. 엄마는 너무 바쁘고 사촌들도 예식에 오려고 목욕탕에 갔어. 내일 나 결혼해. 무서워. 남편이 누군지 모르거든. 키가 크고 잘생겼을까? 작고 못

생겼을까? 이가 다 있을까? 날 마음에 들어 할까?"

젤룬, 2009

친한 사람을 못 알아본다

어느 날엔 자기 배우자도 알아보지 못한다. 결혼식을 하고 연애하던 시절의 일기장이 사라져 버렸기 때문이다.

아들이 치매에 걸린 어머니에게 얼마 전에 돌아가신 아버지 사진을 보여 준다.

> 과일 껍질 사이에서 사진을 집어 어머니에게 내민다. "아빠예요. 아세요?"
>
> "아, 누구야?" 어머니가 말한다.
>
> "아빠라고요. 페르디난트."
>
> "페르디난트. 착한 사람." 어머니가 생각에 잠겨 사진을 쓰다듬는다.

판 데어 루, 2018

죽은 사람을 깨운다

상실을 "보상하기" 위해 오래전에 세상을 떠난 사람도 다시 "깨워 불러낸다." 주로 환자의 인생에서 중요한 자리를 차지했던 사람들이다. 대부분은 부모님이다.

치매에 걸린 어머니가 딸 토스에게 자기 엄마 소식을 묻는다.

"토스, 우리 어머니는 잘 계셔?" 엄마가 또 시작이다.

"엄마, 돌아가셨잖아요."

"죽어? 난 까맣게 몰랐다." 엄마가 놀라서 말한다.

"엄마도 그 자리에 있었으면서."

"아냐! 왜 아무도 나한테 말을 안 해 줘?"

"엄마가 잊어버린 거야. 벌써 25년 전 일인데. 할머니가 아직 살아 계셨으면 114살이야." 나는 지쳐서 대답한다.

니테를링크, 2014

사람을 헷갈린다

기억력이 떨어지고 환자가 점점 더 과거로 돌아가면 현재의 사람을 과거의 사람으로 착각하는 일도 생긴다. 그래서 치매를 앓는 할아버지가 마흔 살의 딸을 보고 자기 아내라고 생각한다. 특히 딸이 엄마를 많이 닮았고 기억 속 아내와 비슷한 연령대라면 더 자주 착각을 일으킨다. 할머니의 경우 아들을 남편이라고 착각할 수 있다.

심지어 자기 자식을 아버지나 어머니로 착각하기도 한다.

알츠하이머병으로 인해 오래오래 천천히 기억을 잃어 가는 동안 어머니는 남동생을 아버지라고 생각했다. 당신한테 그만큼 나이를 먹은 아들이 있다는 것을 기억하지 못하게 된 것이다. 아마 당신한테 아들이 있다는 것조차도 기억을 못 했을 것이다. 하지만 아버지가 있었다는 사실은 제법 오래 기억했다. 남동생의 얼굴이 손상된 어머니의 뇌에서 익숙한 것이라는 종소리를 울렸던 것이다.

해리스, 2007

자신도 못 알아본다

치매 환자는 다른 사람을 못 알아보는 수준에서 멈추지 않는다. 언젠가는 자신의 인생사에도 엄청나게 큰 구멍이 생겨서 자기 자신마저 알아보지 못하게 된다. 그럼 자신도 낯선 사람이 된다. 당연히 자기 나이가 얼마인지도 모른다.

아들과 여든 살 치매 노모와의 대화를 들어 보자.

너 몇 살이냐?

무슨 소리예요?

흠, 보자. 스물, 서른.

아뇨, 어머니, 저 마흔다섯이에요!

네가 벌써 마흔다섯이라고!

네, 어머니는 몇 살인 것 같아요?

글쎄, 나도 마흔인가, 한 서른.

틀렸어요. 어머니는 여든이에요.

내가 벌써 여든이라고?

네, 어머니! 어머니하고 내가 동갑일 수는 없죠!

그렇지. 난 네 엄마니까!

그러니까요.

넌 내 자식이고.

네.

네가 없었으면 어쩔 뻔했니!

아드미랄, 1981

기억이 사라지면서 환자는 젊어진다. 자신이 어떤 사람이 돼 버렸는지 알지 못한다. 그래서 거울에 비친 자신을 보고도 자신인 줄 모른다. 카를도 그렇다.

일어나 문 쪽으로 걸어가다가 거울에 비친 한 남자를 보았다. 그 남자가 누군지 알 수가 없었다. 철학자처럼 큰 귀에 토실토실하고 육중한 귀 볼이 달린 낯선 남자였다. 남자의 아랫입술이 아래로 살짝 쳐져 있었다. 나머지 얼굴 윤곽은 흐릿했다. 늙은이도 젊은이도 아니었고 그렇다고 완전 노인도 아니었다. 남자가 저 멀리 있는 건지 바로 앞에 있는 건지도 제대로 알 수 없었지만 흰색 타일과 테라초 바닥으로 미루어 욕실에 있는 것만은 확실했다. 그 남자가 그를 멀건 눈으로 쳐다보며 팔로 이상한 동작을 취했다.

"꺼져, 재수 없는 놈!" 그가 어른에게 욕하는 아이처럼 소리를 질렀다. "여기서 뭐하는 거야!" 카를은 주먹으로 그를 위협했다. 남자도 따라 위협하며 주먹을 쥐고 그를 흉내 냈다.

토림, 2007

그리고 마침내 환자는 자신이 누구인지조차 모르는 상태에 이를 수도 있다. 그래서 가브리엘 가르시아 마르케스의 《콜레라 시대의 사랑》에서처럼 이렇게 묻기도 한다. "자, 말해 봐……, 내가 누구지?"

역할이 바뀐다

환자가 과거로 돌아간 데다 혼자서는 생활하기 힘든 상황이 되면서 역할도 바뀐다. 이런 현상은 부부 관계에서 가장 먼저 나타나서, 그 전까지 집안을 진두지휘하던 가장도 치매가 찾아오면 배우자에게 그 가장의 역할을 넘길 수밖에 없다.

역할이 바뀐 부모님을 옆에서 지켜본 아들의 고백이다.

늘 가장의 역할을, 결정권자이자 철없는 아내의 어른 보호자 역할을 고집하던 아버지가 이제는 아이처럼 행동했다. 그럴 일이 아닌데도 감정을 폭발하던 어머니는 간데없고 아버지가 불쑥불쑥 화를 냈다. 어릴 적 나랑 남동생을 시내로 끌고 다니던 어머니는 이제 아버지를 끌고 시내를 돌아다녔다. 한 걸음 한 걸음 어머니가 아버지의 지휘자 역할을 떠안았다. 어머니에겐 아버지의 "긴 병"이 한편으로는 고단한 짐이자 실망이었지만 또 한편으로는 지금껏 펼치지 못했던 자율성을 마음껏 발휘할 수 있는 기회였고 몇 가지 아주 오래된 셈을 치를 수도 있는 기회였다.

프란전, 2002

집에 가고 싶어 하고 주변 환경을 알아보지 못한다

아는 사람을 못 알아보고 죽은 사람이 죽은 줄도 모르고 자신도 못 알아보는 등 사람을 헷갈리는 증상과 나란히 익숙한 장소도 헷갈린다. 환자는 이제 자기가 사는 곳이 어디인지 모른다. 요양 병원에서 오래 지낸 노인들이 그곳으로 오기 전에 살았던 집으로 돌아가고 싶어 하는 것은 우리도 이해가 되지만 줄곧 자기 집에서 살던 사람들도 집에 가고 싶다고 말한다. 그들이 가고 싶은 곳은 부모님 집이다.

이란 출신의 네덜란드 작가 카더르 압돌라Kader Abdolah는 치매에 걸린 어머니를 두바이에서 찾아낸 뒤 몇몇 상인과 대화를 나누면서 자신이 그곳에 온 이유를 들려주었다. 그러자 한 상인이 이런 이야기를 한다.

우리 삼촌도 그랬어요. 처음에는 그래도 그렇게 심하지는 않았죠. 그런데 어느 날 갑자기 삼촌이 집을 나가 버렸어요. 메카가 아니라 자기 고향으로 간 거예요. 처음에는 가족들이 몰라서 안 찾았어요. 어디 잠깐 뭐 사러 갔나 그렇게 생각했던 거죠. 그런데 삼촌이 집으로 오는 길을 잃어버렸어요. 경찰이 주소를 물었더니 15년 전 테헤란으로 오기 전에 살았던 그 마을 자기 부모님 집 주소를 댔다는 거예요.

압돌라, 2017

3장 기억상실: 두 번째 치매 법칙

심지어 부모님 집에서 평생을 살았던 노인도 "집에" 가고 싶다는 충동에 사로잡힐 수 있다.

이것은 마음이 불안하다는 표현이기도 하지만 기억장애로 인한 또한 가지 이유가 있다. 다들 경험이 있을 것이다. 어릴 적에 이사했다가 세월이 많이 흐른 후에 다시 그 집에 가 보면 기억하던 집과 많이 다르다. 네댓 살의 아이는 어른과는 다른 관점으로 세상을 보기 때문이다. 아이의 눈에는 모든 것이 더 커 보이기 마련이다. 따라서 자기가 태어나 자란 집에서 계속 살았다고 해도 지금 사는 집이 어릴 적 살던 그 집은 아니므로 환자는 계속 집에 가고 싶어 하는 것이다.

자기 집을 못 알아보는 또 다른 이유는 인테리어가 바뀌었기 때문일 수도 있다. 하지만 그보다 더 중요한 것은 지금 사는 집에는 부모님이 없다는 것이다. 부모님이 안 계신 집을 어떻게 부모님 집이라고 부를 수 있겠는가.

집에 가고 싶어 하지 않는 치매 환자—그런 경우도 있다—는 이런 원초적 욕구에 시달리지 않는다. 이미 집에 와 있다고 생각하기 때문이다. 지금의 집이나 현재 거주지를 과거의 집이나 거주지라고 생각하는 것이다.

암스테르담의 가정형 요양원에서 일하는 보너 역시 치매 환자인 니우클랍 부인에게서 그런 모습을 발견한다.

가끔 산책도 하시냐고 물었다. 그녀는 길이 미끄럽거나 비가 오면 밖에 안 나간다고 대답했다. 그럴 마음이 안 생긴다고 말이다. 그러더니 바깥을 가리켰다. 저 멀리 안 보이는 곳을 가리키며 있지도 않은 길을 설명했다. 어쨌거나 암스테르담에는 그런 길이 없었다. 배수로가 있고 길이 있고 길 모퉁이를 돌면 미용실이 나오는데, 그녀는 연신 알아듣지 못할 단어 하나를 말했다. 노이스힌? 나는 무슨 말인지 알아들을 수가 없었다. 그녀는 초조한 기색으로 웃음을 지으며 교회와 시장 이야기를 꺼냈다. "똑바로 가요. 계속 직진하면 한쪽에는 제과점이 있고 반대쪽에는 정육점이 있고 그 중간에 공동묘지가 있거든. 거기서 반 시간 걸으면 노이스힌이야. 우리는 늘 거기로 갔어. 시장에. 이름이 뭐냐면." "노이스힌요?" "맞아! 노이스힌! 위아래. 노이스힌이 뭔지 알아요?" "죄송하지만 모르겠어요. 적어 주실 수 있으세요? 제가 지도에서 찾아볼게요."

손이 떨렸지만 그녀는 집중하여 예쁜 글씨체로 규정집에 "노이힝"이라고 적었다. 그제야 나는 깨달았다. 노이힝은 그녀가 어릴 적 살던 바일러 근처의 소도시가 분명했다. "그러니까 여기 아래로 내려가서 건물 오른쪽으로 꺾어서 계속 걸어가면 미용실이 나오고 그다음에 교회와 시장을 지나면 노이힝이 나온다는 말씀이세요?" "맞아!" 그녀의 목소리에서 살짝 조바심이 느껴졌다. 그녀는 부활절 달걀을 하나 집더니 보너의 손에 입을 맞추었다. "한 시간 걸어야 해. 한 시간! 아니면 에르딩에 갔지, 거긴 그렇게 멀지 않거든. 에르딩 알아요?" "아니요." "하긴, 거기도 특별한 곳은 아니니까. 어디 살아요?" 나는 눈을 치켜떴다. "여기 암스테르담에 삽니다. 할머니도 여기 사시잖아요."

그녀의 상체가 앞으로 쏠렸다. "에? 여기!?" "네, 진짜로요. 암스테르담에 살아요. 여기가 암스테르담이잖아요. 할머니하고 저, 우리가 사는 도시." "에? 이게? 아니. 내 말은 진짜 도시, 그…… 음……." 그녀는 단어를 찾으려 애썼다. "물가에, 아, 이름이 뭐지……." "시내요?" 나는 되는 대로 아무 말이나 던져 보았다. "맞아! 시내. 거기도 있지. 아니, 그거 말고 그 도시 이름이…… 내 말은 수도야. 수도. 진짜 도시, 그 물가에…… 그…… 왜 그 있잖아." "암스텔요?" "아니, 아니, 몰라? 그 물. 생각이 안 나네." 나는 어쩔 줄 모르고 가만히 입을 다물었다. 니우클랍 부인은 안개 탓에 잿빛으로 흐려진 지평선을 바라보았다. "암스테르담은 아주 중요한 도시야. 수도지. 맞아, 그건 예전에 학교에서 배웠어. 제일 중요한 도시. 암스테르담…… 슈프레 강변! 맞아 그거야. 슈프레 강변의 암스테르담. 네덜란드의 수도야."

솔직히 말하면 나는 슈프레라는 이름을 한 번도 들어본 적이 없었다. 집에 와서 지도를 들여다보았더니 베를린에 있는 강이었다. 나는 강줄기를 따라가 보았다. 나중에 실제로 바이에른에서 노이힝이라는 이름의 장소를 발견했다. 거기서 한 시간 거리의 동네 이름은 찾을 수 없었다. 내가 가진 그 지도가 일반 가정용 지도 중에서는 최고 품질이었는데도 말이다. 아마도 그녀의 고향은 바이에른에 있는 황량한 작은 마을이었던 것 같았다.

발런스, 2004

예의를 모른다

기억이 사라지면 인격도 무너진다. 살아오는 동안 몸에 익혔던 나름의 행동 패턴이, 생각과 감정과 행동을 단단히 묶어 주던 끈이 뚝 끊어진다. 그래서 치매 환자 가족의 입에선 이런 말이 자주 튀어나온다. "사람이 변해도 너무 변했어. 완전 딴 사람이야."

특히 사람들이 있는 자리에서 어떻게 해야 하는지에 대한 인식이 사라진다. 올바른 태도에 대한 기억이 사라지기 때문에 예의도 사라진다. 치매 환자들은 다른 사람이 옆에 있어도 방귀를 뀌고 트림을 하고 쩝쩝거리며 음식을 먹고 아무 데서나 오줌을 싸고 생판 처음 보는 사람에게 손 인사를 건넨다.

심지어 아래 치매 환자 아들의 이야기처럼 더 심한 일도 일어날 수 있다.

> 그런데 우리 아버지가, 어디 흠잡을 데라고는 없던 신사였던 분이…… 알츠하이머병을 앓더니만 화장실에서 똥을 손에 담아 와서는 인심 좋게 나눠 주셨죠.
>
> 하르트, 2003

소통에 문제가 생긴다

기억상실은 소통 능력도 떨어뜨린다. 언어 기억은 뇌의 한 장소에만 저장되는 것이 아니고 수백 군데에 나누어 저장된다. 그런 이유로 소통 능력의 상실은 매우 천천히 진행된다. 첫 번째 신호는 단어를 자주 까먹는 것이다(실어증). "그게 뭐지?" 환자 입에서 점점 더 자주 이 말이 튀어나온다.

적절한 단어를 떠올리지 못하기 때문에 대화가 정상인보다 더 오래 걸리고 더 힘들어진다. 대부분 옆 사람이 듣기엔 **너무** 느리고 고되다. 당연히 가족이나 간병인은 이런 느리고 힘든 대화를 기피하게 될 것이다. 특히 치매 마지막 단계가 되면 제아무리 간병에 최선을 다하던 가족이나 요양 보호사도 환자와 거의 대화를 할 수 없게 된다. 환자가 쓸 수 있는 단어가 어린아이 수준으로 떨어지면서 몇 개 남지 않기 때문이다. 갓 말을 배우기 시작한 아이처럼 상대가 한 말만 따라 하는 환자도 적지 않다. 그러다 결국엔 전혀 말을 할 수 없게 된다. 정신과 용어로 '무언증 또는 함구증에 걸리는 것(mutistic, 말을 하지 않는)'이다. 그 단계 이전의 환자가 어릴 적 쓰던 언어를 다시 사용하는 경우도 많다.

아멜리아의 할머니 역시 젊을 때 스웨덴에서 영국으로 이민을 갔는데 치매에 걸리자 요양 병원에 들어가서 다시 스웨덴 말을 하기 시작한다.

다그마르(아멜리아의 어머니—지은이)와 아멜리아가 오후에 요양 병원에 가자 간호사들이 인사를 하면서 고개를 절레절레 저었다. 간호사 윌리엄스는 이 사이로 숨을 빨아들여 스으 소리를 내면서 할머니가 완전히 뒤죽박죽이라고 말했다.

"무슨 못 알아들을 외국어를 막 중얼거리시다가……."

"스웨덴어예요." 아멜리아가 말했다.

"그랬다가 다시 영어로 하시고, 우리가 통 알아들을 수가 없네요."

코볼트, 2004

말기 환자가 과거의 언어를 다시 사용하는 현상은 비단 이민자에 국한되지 않는다. 어렸을 때 시골에 살아서 사투리를 쓰다가 표준어를 사용하는 곳으로 이사 온 사람의 경우 어릴 때처럼 다시 사투리를 사용하게 된다.

이성과 지적 능력이 사라진다

기억에 큰 구멍이 나면 지성과 이성에도 그에 따라 구멍이 뚫린다. 기억과 이성은 동전의 양면이다. 중증 치매 환자는 간단한 문제도 혼자 해결하지 못하며 상황을 올바르게 판단할 수도 없다.

헤라르트 레버의 단편소설 〈우리 할아버지의 마지막 날들De laatste jaren van mijn grootvader〉은 이런 말로 시작된다. "할머니가 돌아가시자 부모님은 할아버지를 우리 집으로 모셔 왔다."

전쟁이 터지고 암스테르담 스히폴 공항에 폭격이 시작된 그날 아침에도 할아버지는 편안하게 잠을 주무셨다. 흥분과 충격으로 뒤범벅된 날이었지만 할아버지는 상황 파악을 하지 못했다. 이튿날 아침 우리는 공습경보 때문에 새벽 5시부터 현관에 모여서 벌벌 떨고 있었다. 5시 45분에 할아버지가 방에서 나오셨다. 흰머리가 사방으로 뻗쳤고 떨리는 손으로 요강을 들고서 거기 앉아 있는 우리를 보더니 "여기서 뭣들 해?"라고 더듬더듬 묻고는 느긋하게 정원으로 나가셨다. 엄마가 걱정을 했지만 아빠가 말씀하셨다. "여든일곱 노인한테 무슨 일이 생기겠어?" 할아버지는 이미 생의 대부분을 사셨다는 뜻이었을 것이다.

저녁에 집에 돌아온 할아버지가 이상한 이야기를 들려주셨다. 다위벤드 레흐트에 갔는데 갑자기 두두두두 소리가 났다고 했다. 사람들이 전부 달리기 시작해서 집으로 도망을 쳤다. 생판 처음 보는 사람들이 할아버지를 잡아끌고 가서는 어떤 집으로 데려갔다. "의자를 주더라고." 할아버지가 의기양양하게 말했다. "마실 것을 주면서 절대 나가지 못하게 했어!" 그러더니 다시 두두두두! 소리가 들렸고 나가도 된다고 했단다. "그게 너무 높이 떠 있어서 나쁜 짓을 할 수 없을 거야!" 할아버지는 순박한 고향 사투리로 그렇게 덧붙였다.

레버, 1979

이 사례가 보여 주듯 논리적인 결론이 유아적 사고로 대체된다. '비행기가 하늘 높이 떠 있으니까 아무 짓도 못할 것이다.' 위의 할아버지는 그렇게 생각한다. 환자는 중력 법칙 같은 간단한 것도 이해하지 못하며 인과적 사고도 불가능해진다. 치매 환자가 겨울에 외투와 장갑 없이 밖으로 나가는 이유는 잊어버렸기 때문이 아니라 따뜻한 옷의 필

요성을 이해하지 못하기 때문이다. 심지어 불과 위험의 인과관계조차
파악하지 못한다.

한 중년 남성이 아들에게 보낸 편지에서 언급한 할머니의 모습도 이
와 다르지 않다.

> 할머니는 팔걸이의자를 벽난로 옆에 바짝 붙여 놓고 거기 앉아 아침부터
> 저녁까지 꼼짝도 하지 않고 멍하니 앞만 쳐다보았단다. 겨울에도 단 한 번
> 도 허리를 굽혀 장작을 밀어 넣거나 새 장작을 불에 올려놓은 적이 없었지.
> 한번은 우리 아버지가 장에 다녀왔는데 벽난로에서 불붙은 장작이 굴러
> 서 나무 바닥에 불이 붙었는데도 할머니는 무심한 눈으로 쳐다보기만 하
> 고 있었다는 거야.
>
> 시메논, 1993

이성이 약해지면 농담도 알아듣지 못한다. 농담을 알아들으려면 연
상을 하거나 한 가지 일을 두 가지 측면에서 볼 수 있어야 한다.

혼자서는 생활을 할 수 없다

기억상실이 진행될수록 환자의 생각은 더 어린아이 같아진다. 당연
히 온갖 결과가 생겨난다.

환자는 자기 입장밖에는 생각할 수가 없다. 주변에서 누가 울거나
소리를 지르면 싫어하면서도 자신이 똑같은 행동을 할 때 다른 사람이

싫어할 것이라는 인식이 없다. 달리 말하면 질병에 대한 인식은 있지만 자기 질병에 대한 통찰은 없는 것이다.

정상적인 사고와 논리가 불가능하다는 점보다 더 눈에 띄는 특징은 도움이 절실해진다는 것이다. 치매 환자는 자기 돌봄에 필요한 모든 활동을 망각하는데, 재미있게도 그 순서가 어릴 적 그 활동을 배운 역순이다.

치매 초기 단계에는 가족의 도움과 감시가 있으면 어느 정도 자기 관리를 할 수 있지만 병이 더 진행되면 옆에서 도와주지 않으면 전혀 자기 관리를 할 수 없다. 그러니까 옷을 입고 벗는 것도 옆에서 도와줘야 하고 씻는 것도 다 옆에서 해 줘야 한다. 마지막 단계에는 일어나지도 못하고 하루 종일 누워서 간병을 받아야 한다. 식사도 도움이 필요하며 결국엔 음식을 인지하지도 못한다. 튜브로 영양을 공급해야 하는 경우까지 생길 수 있다.

환자 아들의 이야기를 들어 보자.

지금 우리 어머니는 오직 다이어트에만 집착하는 사람 같은 모습이다. 어찌나 말랐는지 덜거덕거리는 꼭두각시 인형이다. 특수 효과로 움직이는 인형. 누런 피부는 헐렁헐렁해서 그 안에 사람이 하나 들어가고도 남을 것이다. 말라깽이 인형 손이 이불을 오가며 쉬지 않고 보풀을 뜯는다. 쪼그라든 머리통은 입에 문 빨대 구멍만 하다.

필타니위니크, 2002

지금 어머니 맨시니 여사는 요양 병원에 누워 있다. 아들은 불안해서 마침 복도를 지나가던 의사를 붙들고 물어본다. 왜 저렇게 어머니가 마르는지.

의사가 대답한다. "맨시니 여사는 튜브로 영양 공급을 해야 해요. 배는 고픈데 그게 뭔지를 모르시는 거죠. 그래서 식사를 하시지 않거든요."

팔라니위니크, 2002

의사가 설명한 이유 말고도 마지막 단계의 치매 환자가 먹지 않는 이유는 음식을 음식으로 인식하지 못하기 때문이다. 하지만 젖병처럼 생긴 병에 액체를 넣어서 주면 다시 빨아 먹을 수 있다. (놀랍지만 기억이 소실되는 순서가 역순이라는 사실을 생각하면 사실 그리 놀라운 일도 아니다. 이 단계에는 찾고 잡고 빠는 반사 반응이 되돌아오기 때문에 환자의 그 반응을 활용할 수 있다[26].)

물론 다행히도 많은 치매 환자가 그 정도까지 퇴행하지는 않는다. 그 이전에 폐렴 같은 급성질환으로 사망하기 때문이다. 하지만 환자가 쓸쓸한 종말에 이르기까지 그 기나긴 길을 끝까지 걸어갈 경우, 가족은 그 과정을 속수무책으로 지켜볼 수밖에 없다. 환자의 몰골은 튜브와 주사로 인해 더 말이 아니다. 게다가 당연히 그런 조치가 환자에게도 편할 리 없다.

한 아들이 치매에 걸린 어머니의 마지막 며칠을 기록한 글이다.

깡마른 관절에 붙은 그 손이 정말로 느릿느릿 코를 향해 올라간다. 수 초, 수십 초가 걸린다. 나는 가만히 지켜본다. 한 30초쯤 지난 후 손이 튜브 가까이 다가가면 나의 단조로운 메시지가 다시 울린다.

"엄마 안 돼."

엄마는 살짝 고개를 끄덕이고 손을 다시 침대 시트로 내려놓는다.

처음에는 내가 엄마의 손을 잡아 살짝 침대 시트로 되돌려 놓아 주었다.

"튜브 빼면 안 돼요." 이 말을 덧붙이면서 말이다.

그러다 이 말만 하게 되었다. "엄마 안 돼."

마지막엔 아무 말도 하지 않고 지켜만 보았다. 엄마의 손은 코 가까이 가서 머뭇대다가 동작을 멈추고 다시 침대로 내려온다.

마치르, 2001

기억상실의 결과들

- 커피 타기, 청소기 돌리기, 운전하기 등 실질적인 일상 활동 능력이 상실된다.
- 어린 시절이나 훗날의 기억이 사라진다. (예를 들어 자신이 은퇴를 했다는 사실을 잊어버린다.)
- 대인 관계 능력, 예의범절을 까먹는다.
- 단어를 떠올리지 못하고 언어를 상실한다(실어증).
- 아는 사람을 못 알아본다. 자식과 배우자도 못 알아본다. 죽은 사람이 죽었다는 것도 모른다. "죽은 사람을 깨워 살리는 셈이다."

- 자기 돌봄 능력을 상실한다. 씻고 옷 갈아입고 이 닦고 화장실에 가는 것도 못 한다.
- 지적 능력을 잃는다.

복합적 원인이 작용하는 경우

앞서 두 가지 치매 법칙을 설명하면서 나는 그 법칙으로 치매 환자의 거의 모든 행동을 설명할 수 있다고 말했다. 그 생각에는 변함이 없지만 몇 마디만 더 덧붙이고자 한다.

많은 행동 방식에서 그 두 법칙이 작동하고 심지어 서로를 강화한다. 게다가 두 법칙은 대부분 행동의 유일한 원인이나 이유가 아니다. 그 사실은 아래 질문을 바탕으로 설명해 보겠다. 치매를 주제로 강연을 하던 중에 누군가 이런 질문을 했다. "어머님이 세 달 전부터 요양원에 계시는데 가서 보면 환자 분들이 정말 군것질을 많이 하세요. 왜 그런 건가요?"

일단은 첫 번째 치매 법칙, 즉 기억장애 법칙과 관련이 있다. 치매 환자는 뭘 먹고도 조금 지나면 기억을 못 하기 때문에 금방 다시 과자나 사탕을 집어 든다. 또 기억이 사라지면 우리 뇌는 자제력을 잃고 양심의 가책도 줄어든다. 게다가 어릴 적에 먹었던 단것은 항상 만족감과 행복감을 불러왔다. 이 연상은 두 번째 요인, 즉 진화론적 이유로 인해 강화된다. 진화론적으로 아이들은 단것(엄마 젖)을 좋아한다. 단것과 지방은 성장에 꼭 필요하다. 물론 치매 환자는 더 이상의 성장이 필요하지 않지만 과거로 돌아간 환자의 뇌는 해묵은 자동 장치를 다시 가동시킨다.

앞서도 말했듯 후각과 미각의 퇴행은 치매의 초기 증상 중 하나다. 치매 초기 여성 환자의 말을 들어 보자.

> 미뢰도 좋아하는 음식을 잊는다. 어제는 버섯을 먹었다. 맛은 똑같은데 예전 같은 즐거움이 없었다. 다른 음식처럼 그저 그런 맛이었다. 뇌만 가물가물해지는 게 아니라 다른 세포 속 기억도 흐려지는 것 같다. 이제는 먹는 즐거움이 사라져 버렸다.
>
> 미첼, 2019

그래도 뭐든 맛을 느껴 보고 싶기에 치매 환자는 설탕처럼 더 강렬한 맛을 찾아 나선다.

영양을 섭취하고자 하는 기본 욕구도 군것질을 많이 하는 또 한 가지 이유다. 치매 환자는 (두 가지 치매 법칙의 결과로 인해) 요리를 할 수 없기 때문에 보다 간편한 방식의 식생활을 택한다. 그게 바로 군것질이다. 요양원에 입소한 환자의 경우 이미 집에 있을 때부터 군것질을 시작했을 가능성이 있다.

또 한 가지 이유는 우리도 잘 아는 음식의 위로다. 우리는 스트레스를 잊으려고 군것질을 한다. 치매 환자 역시 각종 능력이 감퇴되는 병증으로 인해 스트레스를 받는다.

지루함도 군것질의 이유일 수 있다. 치매에 걸리면 할 수 있는 것이 줄어들기 때문에 빈 시간이 많아져서 따분함을 많이 느낀다.

오랫동안 당분을 너무 많이 섭취하면 설탕에 중독된다. 이제 달리 어쩔 수가 없다. 설탕이 점점 더 삶을 지배한다. 가장 짧지만 내가 보기엔 가장 정확한 중독의 정의는 이렇다. 특정 수단으로 인해 유발되고 유지되는 행동.

군것질처럼 대부분의 치매 증상에 두 가지 치매 법칙 이외의 다른 여러 가지 원인이 있을 수 있다. 앞서 설명했던 **밤에 돌아다니는 증상**역시도 기억장애가 유일한 원인이 아니라 치매 초기 단계에 환자의 생물학적 시계가 고장 나기 때문이기도 하다. 그 밖에도 이런저런 이유를 더 댈 수 있다. 예를 들어 치매 환자는 낮에 자주 존다(할 일이 없기 때문이기도 하다). 또 전전두피질이 약화되어 자제력이 떨어지기 때문에 밤에 일단 눈을 뜨면 잠이 들 때까지 잠자리에 누워 가만히 있을 수가 없다.

결론적으로 두 가지 치매 법칙은 거의 모든 치매 환자의 행동을 이해하는 데 도움이 되지만 각각의 증상에선 다른 원인도 함께 작용한다.

4

잃지 않는 것

치매에 걸려도 인간의 몇 가지 능력은 끝까지 살아남거나 아주 늦게까지 유지된다. 인간을 인간으로 만드는 능력, 우리 삶을 가치 있게 만드는 것, 바로 우리의 감정, 바람, 욕망이다.

사라지지 않는 이런 능력이야말로 우리가 치매 환자를 대할 때 중요하게 생각해야 할 지점이다.

감정의 책: 인간을 인간으로 만드는 것

58세 여성이 치매 진단을 받고 나서 일을 그만두기로 마음먹는다. 그녀는 직원들을 모아 놓고 그 사실을 알린다. 그 자리에서 그녀는 치매란 폭풍 같아서 한 사람의 인생사를 기록한 모든 일기장을 책장에서 쓸어 버린다고 설명한다. 그럴 수 있는 건 환자의 책장이 대량생산된 튼튼하지 못한 책장이기 때문이다. 그녀의 말을 더 들어 보자.

뇌에는 두 번째 부분이 더 있습니다. 두 번째 책장인 셈이지요. 첫 번째 책장보다 덜 허술한 이 두 번째 책장은 튼튼합니다. 바로 이것이 감정의 책장입니다. 두 가지 버전, 즉 진단을 받기 전과 받은 후의 우리 인격이 충돌하는 두 개의 지질구조판인 양, 치매가 그 책장을 마구 뒤흔들어도 이 두 번째 책장은 더 튼튼하고 더 활기가 넘치기에 거기에 꽂힌 책들도 더 오래 그곳에 남아 있습니다. 친구나 가족이 왔다 갔다는 사실은 잊을지 모릅니다. 그 일기장이 이성의 책장에서 뚝 떨어져 버리기 때문이지요. 그래도 그들과 함께 있을 때 느낀 사랑과 행복과 위안의 감정은 사라지지 않습니다. 함께 뭘 했는지, 무슨 말을 했는지, 심지어 그들이 다녀갔다는 사실조차 잊을 수 있어도 함께 있을 때 느낀 든든하고 푸근한 마음은 잊지 않습니다.

그러니 치매 환자가 기억을 못 하는 것 같아도 계속 들여다보세요.

미첼, 2019♦

치매는 특히 뇌의 바깥 부위, 즉 대뇌피질에서 난동을 피운다. 그곳

♦ 이 글을 쓴 이는 영국알츠하이머병협회가 설립하고 현재 250만 명의 회원을 거느린 치매 단체 '치매의 친구들Dementia Friends'에서 적극적으로 활동하는 회원이다. 이 단체의 목표는 상호 지원과 정보 교환이다. 2005년 중반부터 '치매의 친구들'은 치매 홍보 자료에 위의 책장 비유를 활용하고 있다. 2005년 2월에 나의 책 《치매의 명백한 단순성》의 영어판이 출간되었고 거기에서 나는 치매 증상을 설명하기 위해 이 비유를 활용했다. 영국 심리학자 젬마 존스Gemma Jones가 내가 쓴 이 비유를 채택해 '치매의 친구들' 홍보에 사용했는데, 안타깝게도 출처를 밝히지 않았다. 그래서 한편으로는 속이 상하지만 또 한편으로는 으쓱하기도 했다. 내 비유가 유용하다는 최종 확인인 셈이니 말이다. 그녀는 내가 쓴 비유를 살짝 바꾸어서 한 사람의 인생사를 기록한 일기장을 폭풍이 불어와 책장에서 쓸어 냈다고 표현했다. 그럴 수 있는 이유는 그 일기장이 튼튼하지 않은 책장에 꽂혀 있기 때문이다. 반대로 감정의 일기장은 폭풍도 견디는 튼튼한 책장에 꽂혀 있으므로 제자리에 오래 오래 남아 있다.

은 사고 능력이 자리한 곳이다.* 진화의 더 초기 단계에 탄생해서 뇌의 더 깊은 곳에 자리한 부위는 아무리 치매가 공략을 해도 전혀 다치지 않거나 오래 버틸 수 있다. 그곳이 바로 우리의 감정이 자리한 곳이다.

감정은 오래 유지될뿐더러 기억과 이성의 상실을 보상하기 위해 오히려 더 기능이 좋아지는 것 같다. 치매 환자의 감정이 더 강렬해지는 이유가 바로 그것이다. 긍정적으로 보면 더 강렬하게 세상을 즐기고 사랑을 표현하고 자부심과 열광을 느낄 수 있어 좋지만, 부정적으로 보면 불신, 분노, 공격성, 불안(실패의 두려움), 실망 같은 감정을 더 빨리, 더 격하게 느낀다. 또 이런 더 강렬한 감정은 치매 환자가 우울증에 특히 취약한 이유이기도 하다.

이와 같이 치매 환자도 우리하고 똑같은 감정을 느낀다. 심장은 치매에 걸리지 않는다. 달라진 것은 이 감정을 표현하는 방식이다. 자제를 못 하고 거르지 못하고 섬세하지 못하다. 또 울거나 화를 내어 감정을 표현한다. 치매 환자의 눈물과 고함은 슬픔과 화를 표현하는 것일 수도 있지만 불안과 고통, 고독을 의미할 수도 있다. 따라서 치매 환자가 슬퍼하거나 화를 낼 때는 환자의 말을 곧이곧대로 받아들일 것이 아니라 환자의 메시지 뒤에 숨은 감정을 읽어야 한다. 우는 아기를 달래는 엄마처럼 퍼즐을 짜 맞추어야 한다. 배가 고픈 건가? 피곤한가?

---

* 치매는 그 종류에 따라 피질형 치매, 피질하 치매, 혼합형 치매로 나누어진다. 치매 중 가장 높은 비율을 차지하는 알츠하이머병 치매는 대표적인 피질형 치매이다.

4장 잊지 않는 것

어디 아프나? 배가 아플까? 겁이 나나? 놀랐을까?

이처럼 감정의 언어로 환자와 소통하는 방법에 대해서는 뒤에서 더 자세히 설명할 것이다.

'경험하는 나'와 '기억하는 나'

한 번도 생각해 보지 않았을 수 있지만 '나'는 두 가지 종류가 있다. '경험하는 나'와 '기억하는 나'다[27]. 이 두 가지를 정확히 알면 치매 환자를 대할 때 큰 도움이 된다.

당신은 어떤 타입인가? 여행 내내 카메라를 손에서 놓지 않는, 하루 종일 사진만 찍어 대는 타입인가? 나중에 집에 돌아와서 친구들에게 찍은 사진을 자랑하거나 훗날 늙어서 사진을 보며 추억에 잠길 자신을 떠올리면서 말이다. 아니면 사진 따위는 생각지 않고 온전히 순간을 즐기는 타입인가?

후자라면 '경험하는 나'가 우세한 사람이다. 지금 여기(지금으로부터 3초 전까지)를 사는 사람이다. 반대로 '기억하는 나'는 뒤를 돌아보며 과거를 떠올릴 수 있다. 한쪽은 경험하는 타입이고 다른 쪽은 기억하는 타입이다. 뇌가 정상적으로 작동하는 동안에는 우리는 이 두 가지 능력을 다 갖추고 있다.

앞서 두 가지 치매 법칙을 배웠으니 이제 내 입에서 어떤 말이 나올지 다들 짐작할 수 있을 것이다. 치매는 '기억하는 나'를 서서히 쫓아낸다. 그래도 다행히 '경험하는 나'는 남아 있다. '경험하는 나'로 향하는 문, 오감은 활발히 살아 움직인다.

건강한 뇌는 과거의 경험을 기억·고민·분석하여 현재의 경험을 해석한다. 따라서 우리는 우리의 기분을 조절할 수 있다. 심지어 기분을 망치지 않으려고 기분 전환이 될 만한 생각을 찾아내기도 한다. '사춘기 아들놈이 나한테 욕을 한다. 뭐 어쩌겠어. 저 나이 때는 다 그렇지. 나도 그랬으니까.'

그런데 '기억하는 나'가 고장이 나면 자기 기분을 조절하는 능력도 따라 떨어진다. 기분은 주변 환경, 특히 주변 사람에 따라 심하게 흔들린다. 그 말은 다른 사람의 부정적 감정에 더 많은 영향을 받게 된다는 뜻이다. 누군가 옆에서 화내거나 긴장하거나 당황하면 우리 기분도 그 방향으로 움직일 위험이 높은 것이다. 물론 남의 긍정적인 기분 역시 우리에게 전염될 수 있다.

직관

직관은 무언가를 고민 없이 빠르게 이해하고 해석하는 능력이다. 그래서 직관적 판단은 근거를 댈 수 없을 때가 많다. '그냥 느낌이 그래.' 우리는 이렇게 말한다. 직관은 인간 종의 가장 오래되고 가장 원시적인 능력 중 하나다. 빠른 판단력은 단시간 안에 오감을 활용하여 정보를 과거의 경험과 결합한다. 이성은 세세한 부분에 관심을 갖지만 직관은 전체 이미지에 집중한다. 우리가 무슨 냄새를 맡거나 소리를 듣고서 화들짝 놀라는 것은 직관 덕분이며, 그 냄새와 소리가 어디서 왔고 어느 정도 조심해야 하는지 알아내는 것은 이성의 몫이다.

치매에 걸려도 직관은 거의 마지막까지 남아 있다. 그래서 치매 환자도 상대의 마음을 잘 읽는다. 지식의 자리가 직관적 느낌으로 대체된다. 상대가 불안하거나 화를 내거나 슬프거나 무관심하면 환자는 금방 느낀다. 어떨 때는 주변 사람의 감정을 포착하는 고성능 안테나가 달려 있는 게 아닐까 싶다. 덕분에 환자는 병이 진행되어도 아주 오랫동안 주변 사람의 감정을 해독할 수 있다. 언어는 사라지지만 비언어적 표현을 근거로 사람을 판단할 수 있기 때문이다. 이른바 **마음이론** theory of mind, 즉 상대가 특정 상황에서 무엇을 느끼고 경험하는지 상상할 수 있는 일반적인 인간의 능력은 오래도록 유지되는 것이다[28].

우리 어머니도 알츠하이머병을 앓았지만 마지막 순간까지 당신이 치매라는 사실을 부인했다. 주변 모든 사람이 치매였다. 어머니만 빼고. 뒤에서 나는 그 이유를 설명할 것이다. 하지만 어머니도 직감적으로는 당신의 뇌가 정상이 아니라는 사실을 느꼈다. 그래서 입버릇처럼 "내가 알아"라는 말을 달고 살았을 뿐 아니라 치매가 시작된 지 5년 후에는 내게 이런 가르침을 남기셨다.

사람이 나이가 들면 애가 된단다. 애들은 많이 보살펴 줘야 하잖아. 노인들도 그래. 말 못 하는 애한테도 말을 자꾸 걸어 줘야 하듯이 노인도 못 알아듣는 것 같아도 자꾸 말을 붙여야 해. 그렇게 안 하면 외로움을 타거든. 우리 아버지도 마지막에는 아무것도 몰랐지만 나는 그냥 하던 대로 계속 대화를 나눴어. 아버지가 좋아하셨지. 혼자인 걸 좋아할 사람은 없어. 남편도 치매가 완전 심했을 때도 나는 계속 말을 걸었어. 내가 가는 곳(어머니는 일주일에 세 번 주간보호센터에 다니셨다)에도 아무것도 모르는 사람이 많은데 그 사람들한테도 나는 막 말을 붙여.

어머니가 왜 이런 말씀을 내게 하셨을까? 당신에게도 언젠가 당신의 아버지와 남편처럼 치매가 심해질 시간이 올 것이고, 그때도 자식들이 계속 당신께 말을 걸어 주었으면 좋겠다는 뜻을 전하고 싶었던 것 같다. 하지만 어머니의 직관이 어머니에게 당신의 메시지를 설득력 있는 이야기로 포장하라고 시켰을 것이다. 간접적이지만 들으면 금방 이해할 수 있는 그런 이야기로 말이다. 어쩌면 어머니는 당신의 메시지가 너무도 감동적이어서 내가 잊지 않으려고 어머니 말씀을 글자 한 자 안 틀리게 적어 둘 것이라는 사실까지도 아셨을 것이다.

자존감과 정체성

아래는 생의 마지막을 요양원에서 보낸 한 스코틀랜드 할머니가 적은 글이다. 할머니가 돌아가신 후에 간병인이 발견했다.

간병인 선생, 어디를 보시는가? 어디를 봐?

나를 보며 무슨 생각을 하시는가?

정신이 온전치 않고,

성질 고약하고 눈이 멍한 한심한 노인네?

밥을 질질 흘리고

자네가 뭘 하는지 신경도 안 쓰는 것 같은 노인네?

자네 눈에 비친 내가 그런가? 자네가 생각하는 나는 그런가?

눈을 크게 뜨고 날 보게!

내가 누군지 들려줄 테니.

여기서 긴긴 하루 내내 하릴없이 앉아 있는 나.

어머니 아버지,

언니 오빠와 서로를 아끼던

열 살의 나.

미래의 행복을 꿈꾸며

발에 날개를 단 열여섯 살 소녀.

스무 살 되던 해 결혼을 해서 이내 아이를 낳았지.

아이들은 금세 자라 제 갈 길을 가고

50년 동안 쉬지 않고 아이들이 태어나 내 품에 앉았지.

남편이 죽고 그 고통은 깊어.

지금 나는 늙은 할머니,

가혹한 자연의 장난감.

몸은 무너지고 기운은 없고 꼴은 추레해졌지.

하지만 이 몸에는 여전히 젊은 처녀가 살고 있네.

나는 아직도 다 알아.

기쁨과 고통은 나의 일부야.

그러니 눈을 뜨게나.

그럼 한심한 노인네가 안 보일 테니.

여길 봐…… 나를 봐!

솔직해져 보자. 딴 사람들이 나를 어떻게 생각하는지 신경 쓰이지 않는가? 당신을 친절한 사람이라고, 또는 이기적이거나, 똑똑하다고, 또는 멍청하다고 생각할지 궁금하지 않은가? 남의 생각에 아무 관심이 없는 사람은 극소수에 불과하다. 거의 모든 사람은 자신의 정체성을 비싼 다이아몬드처럼 소중히 품고 다닌다. 그래서 누군가 우리를 관찰하고 있다는 느낌이 들 때면 늘 (보통은 의식하지 못한 채) 묻게 된다. 저 사람이 날 어떻게 생각할까?

사람의 마음은 양파와 같다. 그 양파를 한 겹 한 겹 벗기면 결국 마지막에는 자존심이 남는다. 여러 문화권에서 복수를 허락하여 자기 손으로 명예를 지킬 권리를 주는 것도 다 이유가 있는 것이다.

치매 환자에게도 남의 생각은 중요하다. 그들 역시 체면을 구기고 싶지 않다. 그런데 치매가 자꾸만 정체성을 속이고 실수하게 만든다. 어떨 것 같은가? 독일 작가 부르크하르트 슈피넨Burkhard Spinnen은 치매 어머니를 다룬 한 소설에서 그 질문을 던지고 스스로 답을 찾으려 노력한다.

일어난 일을 '보통의' 건망증으로는 더 이상 설명할 수 없게 된다면 어찌하겠는가? 물건이 사라지고 그게 어디 있는지조차 알지 못하게 된다면? 간단한 계산인데도 할 때마다 다른 결과가 나오다가 결국 숫자가 완전히 의미를 잃게 된다면? 전화번호를 실수 없이 한 번에 누를 수 없게 된다면? 몇 번이나 확인한 날짜를 또 까먹는다면? '보통의' 건망증이 아니라 질병이라는 사실을 언젠가 스스로 확인하고 친척에게 알리고 가족과 의사의 도움을 청하게 된다면?

그러는 사람들도 있을 것이다. 하지만 보통은 그렇지 않다. 대부분의 사람은 당시의 우리 어머니처럼 행동할 것이다. 어쩌면 어머니는 병이라는 사실조차 몰랐을지 모른다. 어쩌면 일상의 혼란과 과부하를 속이고 감추고 둘러대는 데에 너무 과도하게 집중했는지 모른다. 지금 와서 돌아보니 당시 어머니의 삶은 본질적으로 자기 약점과의 싸움이었다. 특히 자기 약점을 온 세상 앞에서, 무엇보다 가족에게 숨기려는 노력이었다. 어쩌면 삶 그 자체보다도 외면하려는 발버둥 탓에 더 힘이 많이 들었을 것이다.

슈피넨, 2016

2장에서도 이미 언급했듯 치매 환자들은 자신의 증상을 속이기 위해서라면 실로 대단한 창의력을 발휘할 수 있다. 거짓말과 핑계와 둘러대는 말과 뻔한 대답이 가득 든 커다란 상자를 숨겨 둔 게 아닐까 의심스러울 지경이다.

아래 소설에 등장하는 아내 역시 치매 남편의 "이야기 지어내는 솜씨"가 너무도 감쪽같아서 절로 한숨이 난다.

친구들이 찾아왔다. 친구들을 다시 본 남편은 신바람이 나서 명랑하게 미래의 프로젝트와 중요한 전화 통화 내용, 자기 업적을 다룬 책, 화랑의 전시회 이야기를 늘어놓았다. 생각에 난 구멍들을 폭탄처럼 퍼부은 되풀이로 메웠다. 신경학자들은 이를 두고 이야기 지어내기라고 부른다. 남편은 비틀거리는 꼴을 보이지 않으려고 소파에서 일어나지 않았다. 친구들이 가고 나자 남편이 계속 물었다. "누가 왔었어?"

당황스럽게도 많은 친구가 그의 말을 믿었을 뿐 아니라 아무런 눈치도 채지 못했다. 그들은 나중에 나한테 전화를 걸어서 남편이 완전 정상이라고 말했다. 그렇게 말하는 그들의 목소리에는 살짝 책망의 말투가 실렸다. 마치 내가 남편의 상태를 부풀리기라도 한다는 듯, 내가 뭔지는 모르지만 앙큼한 이유에서 남편의 병을 지어내기라도 한다는 듯.

예닝스, 2004

이 사례에서 알 수 있듯 환자의 그런 '괜찮은 척'은 정말이지 짜증스럽다. 하지만 그걸 인간의 일반적이고 건강한 특성이라고 생각해 주면 훨씬 편안한 마음으로 보아 넘길 수 있다. 우리라고 뭐가 다를까. 우리도 자꾸 까먹고 계속 실수를 저지른다면 아마 환자들과 똑같은 반응을 보일 것이다.

즐길 수 있다

어머니가 언젠가 이런 말씀을 하셨다. "난 너보다 잘 즐기는 사람을 본 적이 없다." 물론 좀 과장이기는 하지만 사실 나는 많은 것을 즐길 줄 안다. 바흐의 칸타타, 톨스토이와 도스토옙스키의 소설, 우리 집 정원의 과실수, 아침에 마시는 첫 커피……. 목록은 끝없이 이어질 수 있다.

어머니는 12명의 아이를 낳았다. 나는 평생 어머니가 의자나 소파에 앉아 쉬는 모습을 본 적이 없다. 식사 시간에도 어머니는 음식을 푸고 나르느라 늘 분주했다. 어머니에겐 즐길 시간이 거의 없었다.

치매에 걸리자 달라졌다. 어머니는 나도 저리 가라 할 정도로 한껏 세상만사를 즐기셨다.

예를 들어 매일 우리 집 잔디밭에 날아와서 먹이를 찾는 참새도 어머니의 즐길 거리였다. "휘프야, 이리 와서 좀 봐!" 만면에 희색이 가득한 채로 어머니는 30분 동안이나 참새를 지켜보았다. 낮에 주간보호센터에 가면 식탁에 흩어진 빵 부스러기나 과자 부스러기를 모아 비닐봉지에 담아 왔다. 참새한테 주기 위해서였다.

어머니는 또 매일 찾아오는 두 손자와의 만남을 즐겼다. 바로 옆에 사는 막냇동생의 아이들이었다.

아름다움은 영혼의 양식이다. 어머니는 이 양식이 치매 환자에게도, 어쩌면 건강한 사람보다 더 잘 통한다는 사실을 몸소 보여 주셨다.

요양원에서 들려온 이야기 한 자락도 마찬가지 소식을 전한다.

체 여사는 1년에 두 번 파티를 연다. 생일마다 파티를 열고, 이번 겨울도 무사히 났다는 뜻에서 봄에 하루 날을 잡아서 파티를 연다.

체 여사는 1887년 11월 2일에 태어났다. 이곳 보이켄부르크에서만 벌써 18년째 살고 계신다. 이곳 사람들은 다들 그녀를 사랑한다.

여사는 지금도 기운이 넘치신다! 물론 치매를 앓고 있지만 그것만 빼면 청년보다 더 건강하시다. 약도 전혀 안 드신다.

아직도 노래를 부르신다. 긴 시를 읊어 대는 날은 드물어지고 있다. 그걸 보면 기억이 사라진다는 걸 알 수 있다.

그래도 누구보다 좋고 나쁜 걸 잘 표현한다. 휠체어가 흔들릴 정도로 크게 웃을 수도 있다. 마음에 안 들면 거만하게 째려볼 수도 있다. 투덜대고. 손을 들어 때린다. 욕도 한다!

아직 맛있는 것도 잘 아신다. 설탕 친 딸기. 푸딩. 초콜릿. 그래서 그녀가 피곤해서 하루 종일 침대에 누워 있을 때면 모두가 어떻게든 잘해 주려고 애를 쓴다.

단것. 단것과 쓰담쓰담, 그것의 효과가 제일 오래간다. 하긴 모든 사람이 다 그럴 것이다. 그렇게 해 주면 체 여사는 킥킥 웃고 좋아서 얼굴―큰 베개에 파묻힌 쪼그만 얼굴─이 빨개지면서 화답의 키스를 해 주신다.

거의 매주 아들이 찾아온다. 아들이 벌써 78세다. 어머니가 이제는 자기가 와도 모르는 것 같다며 아들은 걱정을 한다. 날이 갈수록 예전 어머니 모습이 사라지고 있다고. 그래도 아직 살아 계시니 얼마나 다행인가.

판 조메런, 1993

자기 인생을 주도하려 한다

제일 듣기 싫은 말이 무엇일까? 아마 "이래라저래라" 하는 지시와 명령일 것이다. 대부분의 사람은 그런 말을 들으면 반감이 생긴다.

남이 시키는 일을 하기 싫은 이유는 자기 인생은 자기가 주도하고 싶기 때문이다. 이런 마음은 아주 어릴 적부터 시작된다. 돌이 채 안 지난 아기도 혼자 숟가락을 쥘 수 있으면 엄마 아빠가 먹여 주는 음식을 절대 안 받아먹는다. 자기 혼자서 먹으려고 한다. 뭐든 혼자서 하려는 이런 인간의 특성은 죽는 순간까지도 사라지지 않고 남아 있다.

또 하나, 아주 어릴 때부터 키워 온 인간만의 특성은 강요에 대한 저항이다. 우리가 상대의 명령을 고분고분 따르는 이유는 벌이 무섭거나 보상이 달콤하기 때문이다. 그렇지 않다면 우리는 상대의 명령을 무시하고 자신의 목표를 추구한다. 치매로 인해 상벌에 대한 의식이 사라지면 강요에 저항하는 원초적 충동을 억누를 장치가 고장 난다. 그래서 강요가 절대로 안 통한다. 오히려 강요하면 역효과가 난다.

치매 환자 아내를 둔 남편의 말을 들어 보자.

내가 메시지를 분명하게 전달하려고 노력하면 할수록 아내는 점점 더 불안해진다. 내가 자기한테서 뭔가를 원한다. 그게 뭘까? 아내는 일어나서 지저분한 침실을 걸어 나가서는 실내화, 은박지로 싼 오래된 초콜릿, 신문지를 바닥에서 주워 들고 돌아온다. 그걸 전부 나한테 내민다. 나는 싫다고 하면서 다시 한번 말한다. "침대! 침대! 침대로 들어오라고!" 나는 표정과 말투를 의사처럼 하려고 애쓴다. 실패다. 아내는 눈에 띄게 슬프고 주눅 든 표정으로 다시 침대 모서리에 걸터앉는다. 그리고 아! 쭈글쭈글 주름진 아내의 발이 얼마나 추워 보이는지!

경험으로 나는 안다. 아내를 일으켜 침대로 들여놓아도 아무 소용이 없다는 것을. 아내는 억지로 모양을 잡아 놓은 고집 센 식물처럼 다시 일어나 앉을 것이다. 아무리 '엄하지만 다정하게' 해도 강요는 절대 안 통한다. 나는 침대 다른 쪽에 베개를 받치고 똑바로 앉아 우울하게 타자기를 노려본다. 갑자기 귀에 내 말이 들린다. 여전히 의사의 표정과 의사의 말투를 흉내 내며 최대한 또렷하게(볼륨 5로) 말하는 내 목소리가 들린다. "우린 망했어. 망했어!" 그 말을 나는 계속 되풀이한다. 의사도 잊어버리고 점점 더 연극 투로, 자기 연민에 푹 빠져서…….

아이리스가 한결 편안한 표정으로 생각에 잠겼다가 조심히 침대로 들어가 눕는다.

그러니까 나는 뭘 원했던가? 그렇다면 왜 그걸 말하지 않았을까?

바일레이, 2000

　　　　　　　　　　　　　　　　　　　4장 잃지 않는 것

치매 환자는 세상 모든 사람이 그러하듯 자율을 원한다. 삶의 주도권을 오래전에 잃고 남의 도움에 의지하는 신세가 되었지만 삶을 자기 뜻대로 살고 싶어 한다.

물론 '세상 모든 사람'이라는 표현은 너무 엄격하다. 이 세상에 똑같은 사람은 없으니 치매 환자라고 해서 모두가 똑같지는 않을 것이다. 자기 뜻대로 사는 게 행복한 환자도 있을 테지만 반대로 그것이 큰 짐으로 다가오는 환자도 있을 것이다. 아마 그런 사람은 과거에도 대신 다 맡아서 처리해 주는 배우자를 선택했을 것이다. 그런 의존적 성격을 가진 사람에겐 간병이 벌이나 고통이 아니라 추운 날의 따뜻한 목욕물같이 느껴질 것이다.

요양 병원에 입소한 후 어머니의 인생이 행복으로 바뀌었다는 한 아들의 이야기를 들어 보자.

그 순간부터 어머니는 하루 종일 돌봄을 받았다. 그것이야말로 어머니가 평생 동안 바라던 것이었다. 어쨌거나 어른이 된 후에는, 결혼을 한 후에는 어머니는 늘 누군가의 보살핌을 원했다. 이제 어머니는 저녁 반찬은 뭘 해야 할지 고민할 필요가 없었고 온갖 선택지 중에서 하나를 선택해야 할 필요도 없었다.

판 에선, 2018

활동을 멈추지 않는다

우연히 치매 할머니를 만난 한 청년이 할머니를 집으로 데려다주면서 느낀 소감이다.

> 할머니는 힘들여 일하지만 아무 결과도 없는 그런 사람의 동작이었다. 물건을 여기서 저기로 옮기고 열심히 들었다 다시 내려놓아서 엄청 분주해 보였지만 사실 달라진 것은 하나도 없었다.
>
> 마히, 1989

인간은 가치 있는 존재가 되고 싶어 한다. 그리고 그 욕구를 충족하기 위해 남에게 유익한 일을 하려 한다. (심리학자 매슬로 에이브러햄Maslow Abraham는 이를 자아실현의 욕구라 부르며 인간 욕구의 제일 꼭대기 자리에 놓았다.) 무위와 행복이 동행하는 경우는 거의 없고, 이는 치매 환자라고 해서 다르지 않다. "남자에게서 일을 뺏으면 미친다." 어떤 소설에서 읽은 구절이다.

치매 환자는 남녀를 불문하고 은퇴 후 인생을 즐기는 노인하고는 전혀 다르다. 그래서 의미 있는 일을 하고 싶다는 의지를 말이나 행동으로 계속 표현한다. 장을 보고, (어떨 땐 하루에도 몇 번씩) 방을 치우고, 물건을 옮겼다가 다시 찾아 헤매고 안절부절 왔다 갔다 하고 식탁을 닦고 옷을 정리한다.

이 사람들의 입장에서 생각해 보라. 하루 종일 아무 일 없이 보내야 한다면 기분이 어떨 것 같은가? 아무에게도 도움이 안 된다는 기분이 든다면 우리는 어떤 반응을 보일 것 같은가? 과연 마음이 마냥 편할 수 있을까.

안전과 존중을 바란다

매슬로는 최초로 인간의 욕구를 정리한 사람으로 유명하다. 그의 이론에 따르면 생리적(자고 먹고 마시고 배설하는) 욕구가 가장 아래에 있고 그 바로 위가 안전에 대한 욕구다.

우리 뇌는 천성적으로 불안이 심하다. 1초에 다섯 번씩 주변을 살피며 질문을 던진다. 여기는 안전한가? 무의식적으로 진행되는 이런 과정은 진화를 거치는 동안 우리의 생존을 보장했고, 지금도 모든 접촉, 모든 대화에서 활발히 일어난다.

우리는 쉬지 않고 살피며 확인한다. 상대와 함께 있어도 안전하다고 느낄 수 있는지, 무엇보다 상대가 우리를 존중하는지 연신 살핀다. 치매 환자도 우리만큼, 아니 어쩌면 우리보다 더 많이 살피고 확인한다. 상황을 통찰할 수 있는 능력이 떨어지기 때문이다. 우리 뇌는 상황이 안전한지 판단하기 위해 다음 네 가지 메커니즘을 구비하고 있다[29].

상황 판단

- 미래 행위 평가: 뇌가 질문을 던진다. 이제 곧 무슨 일이 일어날지 나는 아는가? 안다면 그 상황은 안전하다. 그렇지 않다면 뇌는 위험에 대비한다.

  → 예를 들어 치매 환자는 누군가 사전에 말도 없이 자신을 휠체어에 태워 욕실이나 화장실로 데려가면 안전하지 않다고 느낀다.

- 존중: 뇌는 대화 상대가 누구 편인지 알고자 한다.

  → 누군가 치매 환자의 말을 반박하거나 환자의 실수를 대놓고 지적하면 환자는 안전하지 않다고 느낀다.

- 서열: 상대가 나보다 위에 있는가, 아래에 있는가? 상대가 나보다 더 중요한 사람인가? 서열이 더 높은가?

  → 치매 환자에게 잘난 척하고 거만하게 굴면 환자는 안전하지 않다고 느낀다.

- 자율성의 정도: (어떤 문제, 어떤 상황에서) 내가 함께 결정할 수 있는가 아닌가?

  → 따라서 치매 환자에겐 항상 선택의 가능성을 제공해야 한다. "커피? 차?", "오늘 파란 옷 입을까요? 검정 옷 입을까요?"

환자가 긴장을 풀고 안전하다고 느끼기를 바란다면 위의 네 가지를 최대한 고려해야 한다. 사례에서도 알 수 있듯 매우 간단하며, 사실상 보통의 인간관계에서도 지켜야 마땅한 것들이다.

함부로 대해도, 사람 취급을 안 해도 치매 환자는 모를 것이라 생각하면 큰 오산이다. 치매 환자는 그런 대접에 크게 마음을 다친다. 어쩌면 정상인보다 더 상처받을지도 모른다. 이 사실은 치매 환자 16명을 촬영한 3백여 편의 영상을 분석한 최근의 네덜란드 연구 결과(〈치매 일기 연구Dementie Dagboeken Onderzoek〉)에서도 입증되었다[30]. 치매 환자는 가장 먼저, 그리고 무엇보다도—그러니까 흐려지는 자신의 정신보다도 더!—"남의 시선" 때문에 괴로워한다. 자신을 인정하고 사람으로 대접하는 안전한 환경을 갈망하지만 그들에게 돌아오는 것은 이등 국민 취급하는 주변의 따가운 시선이다.

그러기에 러시아 대문호 도스토옙스키가 자전적 소설《죽음의 집의 기록》에서 죄수에 대해 쓴 글은 어디로 보나 치매 환자에게도 똑같이 해당되는 내용인 것이다.

어디서나 아랫사람은 일체의 거만한 멸시와 변덕에 화가 나는 법이다. 예를 들어 죄수를 잘 보살펴 주고 항상 규정에 따라 대우해 주면 만사형통이라고 믿는 사람이 많다. 하지만 그건 착각이다. 어떤 사람이건, 얼마나 굴종적이건 세상 모든 사람은 인간으로서의 존엄성을 요구한다. 죄수는 자기가 죄수인 줄 안다. 권리를 박탈당했다는 것도 안다. 간수보다 낮은 자신의 지위도 안다. 하지만 그 어떤 낙인도, 수갑도 그가 인간임을 잊게 만들 수는 없다. 사실상 그는 인간이기에 그에 맞게 인간으로 대접해야 한다. 인간으로 대접하면 신의 모상이 오래전에 빛을 잃은 사람들도 다시 인간으로 돌아올 수 있다. 사실 그런 '불행한 자들'일수록 가장 인간적으로 대접해야 한다. 그들에게는 그것이 구원이요 기쁨이다.

도스토옙스키, 1994

소속감과 사랑받고 싶은 욕구

앞서도 말했듯 매슬로는 처음으로 인간 욕구에 순위를 매긴 사람이다. 생리적 욕구(식욕, 수면욕)와 안전에 대한 욕구가 충족되면 인간은 소속감과 사랑을 갈망한다.

헝가리 작가 샨도르 마라이Sándor Márai는 이렇게 표현한다. "모든 인간은 쓸모 있다는 기분을 느끼고 싶어 한다." 우리 인간은 소중한 사람들과 하나가 되고 싶어 하고 그들에게 인정받고 싶어 한다. 치매는 기억을 갉아먹지만 하나가 되고 싶고 인정받고 싶다는 욕구는 사라지지 않는다. 한마디로 사랑 없이 살 수 있는 인간은 없는 것이다.

손녀(엘리제)가 할머니와 이런 대화를 나눈다.

엄마가 '안 좋은 시기'라고 부르는 시간이 약 일주일가량 이어졌다.

전부 다 잊어버리지는 않았어도, 우리가 누구인지는 알았어도 할머니는 슬퍼하거나 울었다. 심지어 다시 죽고 싶다는 말도 하셨다. 죽어서 할아버지한테 가고 싶다고 말이다.

"할머니, 그런 말씀은 하지 마세요." 그 말을 한 백 번쯤 듣고 나자 나는 할머니에게 간청했다.

4장 잊지 않는 것

"엘리제야 너무 외롭다. 더 사는 게 무슨 의미가 있겠니?" 할머니는 흔들의자에 앉아 말했다.

"할머니가 왜 외로워요." 나는 할머니에게 다가가 할머니를 끌어안았다. 그리고 할머니 품에 머리를 내려놓았다. "할머니, 저도 있고 조딘도 있고 엄마도 있잖아요. 또 매기 이모도 있고요. 할머니가 오래오래 사셨으면 좋겠어요." 할머니는 정말로 이상할 때가 많았지만 할머니를 잃어버린다는 생각은 도저히 할 수가 없었다. 할머니가 가까이 계셔서 너무 좋았다. 할머니를 사랑하는 게 좋았다.

"내가 다 잊어버려도? 내가 다 잊어버려도 내가 있는 게 좋아?"

나는 깜짝 놀랐다. 할머니가 아는 줄 몰랐다. 나는 할머니 눈을 똑바로 쳐다보았다.

"내가 시간도 기억도 다 잃어버렸다는 거 안다. 머릿속에서 이상한 일이 일어나고 있다는 건 진즉에 알았어."

"네, 할머니가 무엇을 잊어버려도 할머니가 곁에 계셨으면 좋겠어요." 나는 다시 할머니 품에 머리를 내려놓았다. 몇 초 후 할머니가 내 머리카락을 쓰다듬었다. 손가락이 내 머리를 가볍게 톡톡 두드렸다.

"사랑해. 무슨 일이 있어도 널 사랑한다. 내가 잊어버려도 넌 날 기억해야 해. 내가 잊어버려도 그건 잊지 말거라."

나는 머리를 그대로 둔 채 고개를 끄덕였다. 눈에서 눈물이 솟구쳤다. 그리고 이 순간을 절대 잊지 않으리라 맹세했다.

윌리엄스, 2001

치매의 모든 것

능력 기억: 손과 발이 기억하는 것

2장에서 우리는 기억이 두 가지로 이루어진다는 사실을 배웠다. 단기 기억과 장기 기억이다. 기억은 이렇듯 기간에 따른 구분 이외에도 저장된 내용의 종류에 따라 구분되기도 한다. 이 경우 기억은 세 가지 종류 또는 형태로 나뉠 수 있다.

- 사실 기억
- 리듬 기억
- 능력 기억

사실 기억이란 우리가 기억할 수 있는 모든 지식을 말한다. 흔히 우리가 기억이라고 말할 때는 바로 이 기억을 일컫는다. 진화사적으로 볼 때 이 기억은 가장 나중에 생겨났으므로 다치기도 가장 쉽다. 따라서 치매는 사실 기억을 가장 먼저, 가장 많이 공격한다.

리듬 기억은 이름에서도 짐작할 수 있듯 음악이나 운율처럼 리듬을 타는 기억을 말한다. 이에 대해서는 다음에서 자세히 알아볼 것이다.

능력 기억은 우리가 살아오면서 습득한 능력을 말한다. 대표적인 것이 걷기, 자전거 타기, 숟가락으로 밥 떠먹기, 물 잔에 물 따라 마시기, 손 씻기, 이 닦기, 화장실 가는 길 찾기 등 우리가 습관적으로 실행에 옮기는 행동이다. 어떻게 하는지 설명할 수도 없는 그런 능력도 많다.

배우는 데 한참 걸리는 것들도 있지만 이런 행동들은 일단 한번 배우고 나면 그다음엔 자동적으로 진행된다. 이렇듯 능력 기억은 일정 정도 우리 근육에 자리매김한 기억이므로 가장 튼튼한 종류의 기억이다.

우리가 평생 발휘해 온 재능 역시 오래도록 기억에 남는다. 물론 큰 계획이 필요 없는 '손과 발의 기억', 다시 말해 능력 기억을 이용해 펼쳐 낼 수 있는 그런 능력이어야 한다. 대표적인 것이 춤과 그림이다.

그림의 사례는 네덜란드 작가 퇸 더프리스Theun de Vries의 전기 소설 《렘브란트Rembrandt》에서 찾을 수 있다. 소설에서 유명 화가 렘브란트는 인생 말미에 치매에 걸렸지만 아들 티튀스와 약혼녀 막달레나의 그림을 그릴 수 있다.

가을에 티튀스와 막달레나가 같이 렘브란트의 작업장에 찾아갔다. 화가는 그림을 그리지 않고서 창가에 앉아 있었다. 그들이 들어서자 그가 고개를 들어 그들을 쳐다보았다. 처음에는 못 알아보는 것 같았다. 하지만 잠시 후에 그가 자리에서 일어나며 어린아이 같은 편안한 웃음으로 그들을 맞이했다.

티튀스가 막달레나를 팔로 안아 아버지에게 데려갔다.

"아버지, 저희 둘 그려 주세요. 저희 약혼했어요." 그가 말했다. 렘브란트가 다시 미소를 지었다. 굼뜨게 일어난 그가 티튀스에게로 걸어갔다. 그러고는 처음으로 막달레나 쪽으로 고개를 돌렸다. 뭔가를 찾는 눈빛으로 그가 이마를 찌푸렸다. 보아하니 고민을 하는 것 같다. 그녀가 그에게 여윈 손을 내밀었다.

"저예요. 렘브란트 아저씨. 막달레나⋯⋯."

화가는 갑자기 기억이 난 것 같았다. 그가 흡족한 듯 웅얼거렸다. 그러고
는 티튀스를 쳐다보았다. 즐거운 비밀을 아들과 나누는 사람처럼 그의 눈
이 반짝였다.

"아버지, 저희 그려 주세요." 티튀스가 다시 졸랐다. 티튀스는 렘브란트를
이젤 뒤편으로 끌고 가 아버지를 도와주기 시작했다.

[⋯]

그들은 세 시간째 앉아 있었다. 점점 피곤해졌고 몸이 뻣뻣해졌다. 렘브란
트가 갑자기 벌떡 일어나 붓을 던졌다. 그가 허둥지둥 두 사람한테 달려
가 그들을 끌고 그림 앞으로 데려갔다. 두 사람은 놀란 눈으로 젖은 캔버
스를 보다가 서로 눈을 맞추었다.

[⋯]

티튀스는 감동에 겨워 아버지를 쳐다보았다. 아버지는 구부정한 자세로
살짝 미소를 머금은 채 감탄하는 그들을 보고 있었다. 아버지는 아이 같
고 노쇠했으며 주변에서 무슨 일이 일어나는지도 몰랐지만 남녀가 꿈꾸
는 영원한 신부와 영원한 신랑을 그렸다. 그 싱싱한 처음의 친밀감을, 서
로를 향해 머뭇대는 그 친밀감을 그림에 담아낸 것이다.

더 프리스, 1999

치매가 많이 진행되어도 능력은 그대로라는 것을 보여 주는 또 하나

의 멋진 사례는 헨닝 망켈의 추리소설《얼굴 없는 살인자》다. 형사 뤼드베리는 (질식사의 흉기일지도 모를) 낡은 매듭에 대해 뭔가 알아낼 수 있을까 하여 치매에 걸린 늙은 돛 장인을 찾아간다.

"그 늙은 돛쟁이 집에 네 시간이나 있었는데 정말이지 악취가 상상 이상이었지." 뤼드베리가 얼굴을 찌푸렸다. "노인네가 구십이 가까운 데다 완전 노망이 났어. 어찌나 정신이 오락가락하는지 날 자기 아들인 줄 알더라니까. 나중에 이웃 사람들한테 물어보니 그 아들은 30년 전에 죽었다고 하던데. 그래도 올가미와 매듭은 기가 막히게 잘 알더라고. 그 집에서 나오려고 보니까 내가 무려 네 시간이나 거기 있었지 뭐야. 그 밧줄 끝자락이 선물이야."

"그래, 뭐 좀 알아내셨어요?"

"그 노인이 올가미를 보더니 매듭이 너무 밉다는 거야. 하지만 그 미운 매듭에 대해 이야기를 하기까지 장장 세 시간이나 걸렸어. 노인네가 자꾸 잠이 드는 바람에."

뤼드베리는 밧줄 끝자락을 다시 비닐봉지에 집어넣고는 말을 이었다. "갑자기 노인이 배 타던 시절 이야기를 꺼내는 거야. 아르헨티나에서 이런 매듭을 본 적이 있다고. 아르헨티나 선원들이 개 목줄로 쓰려고 이런 매듭을 만든다고 말이야."

망켈, 2001

사실 기억이 사라질수록 능력 기억의 중요성은 더 부각된다. 하지만 능력 기억은 환경에 조그마한 변화만 생겨도 문제를 겪을 수 있다. 치매 환자가 익숙한 집을 떠나 요양원에 입소하면 화장실을 찾기까지 한참이 걸린다. 그나마 찾을 수 있다면 말이다. 낡은 전자레인지를 사용법이 다른 새것으로 바꾸면 무용지물이 되고 만다. 따라서 능력 기억을 최대한 오래 유지시키려면 환경을 최대한 바꾸지 말고 그대로 유지해야 한다.

리듬 기억: 음악이 불러오는 감정

리듬 기억은 사실 기억보다 오래 유지된다. 리듬 기억을 활용할 줄 아는 한 목사의 이야기를 들어 보자.

> "그분 댁에 가면 항상 같이 노래를 부릅니다. 다 잊었지만 유치원에서 배운 노래는 안 잊어서 지금도 부를 수 있으시거든요. '온갖 새가 날아왔네. 온갖 새, 온갖…….'"
>
> 하르트, 2004

리듬 기억은 진화의 관점에서 볼 때 사실 기억과 능력 기억 중간에 자리한다. 아이를 키우는 엄마 아빠나 선생님은 본능적으로 그 사실을 깨닫는다. 자고로 부모들은 리듬 기억의 힘을 이용해 자식들에게 온갖 것을 가르쳤다. 어릴 적 박수를 치며 박수 리듬에 맞춰 숫자를 외우고 글자를 익히던 기억을 떠올려 보라. 앞을 볼 수 없던 호머가 《일리아스》와 《오디세이아》를 외워 낭송할 수 있었던 것도 다 운율의 리듬 덕분이다.

미국알츠하이머재단은 노래만 제공하는 인터넷 사이트를 운영한다. "음악을 제대로 활용하면 기분을 풀고 스트레스로 인한 불안을 해소하며 긍정적 상호작용을 촉진하고 이성의 작동 방식에 긍정적 영향을 줄 수 있다"는 이유에서다.

신체와 정신이 음악을 정확히 어떻게 처리하는지는 아직 다 밝혀지지 않았다. 지금 우리가 아는 것은 소리를 처리하는 뇌 부위와 감정을 담당하는 부위가 서로 강하게 연결되어 있다는 사실이다. 따라서 음악은 큰 감정을 금방 불러일으킬 수 있다. 유명한 신경학자 올리버 색스는 이런 이유에서 다른 모든 것이 실패해도 음악은 "남아 있는 자아"와 삶의 감정을 다시 불러낼 수 있다고 주장한다. 그의 책 《뮤지코필리아: 뇌와 음악에 관한 이야기》에서 색스는 10년 동안 요양원과 병원에서 일했던 한 오스트레일리아 음악 치료사의 말을 인용한다.

"처음에는 내가 사람들에게 여흥을 제공한다고 생각했다. 하지만 요즘은 내 활동이 그들에게 기억의 병따개로 쓰인다는 걸 안다. 각 개인에게 무엇이 계기가 될지는 예측할 수 없지만 대부분은 누구에게나 계기가 있고,

그때 일어나는 일을 관찰할 때면 내 뇌의 일부는 너무 어이가 없어 기가 막혀 한다. [···] 내가 하는 일이 가져온 결과 중 제일 좋은 것은 요양 보호사들이 문득 자신이 돌보는 환자를 지금과는 전혀 다른 눈으로 보게 된다는 것이다. 그냥 환자가 아니라 과거가 있는, 즐겁고 행복했던 과거가 있는 인간으로 보게 되는 것이다."

색스, 2009

5

치매 환자의 마음속 들여다 보기

: 단계별 경험

치매 환자를 마주하면 누구나 궁금증이 생긴다. 대체 환자는 무슨 생각을 하고 어떤 감정을 느끼는 걸까? 아무것도 기억이 안 나고 옷에 오줌을 싸면서도 왜 그들은 절규하지 않는 걸까?

사랑하는 사람이 무슨 생각을 하는지는 누구나 궁금하다. 특히 사랑에 빠진 연인이라면 그 궁금증이 집착으로까지 발전할 수 있다. 사랑하는 사람의 이성과 정신이 멀쩡하다면 완벽하게는 모른다고 해도 어느 정도는 그의 기분과 생각을 짐작할 수 있을 것이다. 아니 어쩌면 짐작할 수 있다고 우리가 **생각한다**는 표현이 더 정확할 것이다. 러시아에는 이런 속담이 있다. "타인의 영혼은 커다란 암흑이다."

이 장에서는 문학작품을 통해 치매 환자가 무슨 생각을 하고 어떤 기분을 느끼는지 짐작해 보려 한다. 이 책에서 인용한 작품만 보아도 알 수 있듯 이미 수많은 작가가 치매 환자의 마음속으로 들어가 보려 노력했다. 환자의 경험 세계를 그리기 위해 환자와 입장을 바꾸어 생각해 보기도 했고 환자의 행동을 세심하게 묘사하기도 했다. 행동은 눈에 보이는 사고와 행동의 결과이니만큼 정확한 행동 관찰을 통해서도 그들의 생각과 느낌을 충분히 상상할 수 있을 테니 말이다.

치매 환자를 작품에 담아내는 작가들은 가까운 주변의 치매 환자와 나눈 대화에서 영감을 많이 얻는다. 실제로 그들의 글은 환자의 감정 생활에 대해 많은 가르침을 준다. 특히 질병에 대한 의식이 있는 환자의 경우에 더욱 그러하다. 얼마 전까지만 해도 치매에 걸리면 이런 의식이 곧바로 사라진다고 생각했다. 하지만 최근의 연구 결과들은 그렇지 않다고 반박한다[31].

58세의 어느 알츠하이머병 환자도 그렇게 말했다. "그동안 나는 치매에 걸리면 자신이 치매라는 사실을 모른다고 생각했어. 그런데 난 알아. 다만 나도 어쩌지 못하는 거야. 어떨 땐 내가 내 인생의 관객이 된 것 같아[32]."

대화가 불가능해서 자신이 어떤 기분인지 알려 줄 수 없는 환자도 많지만 방금 전 인용한 환자처럼 아직은 자기감정을 정확히 전달할 수 있는 환자도 많다. 물론 우리의 예상대로 이런 질병 인식은 병이 진행될수록 낮아진다. 하지만 초기 단계에서는 아직 상당히 온전하게 남아 있는 환자가 많다. 몇몇 소수지만 병이 많이 진행된 상태에서도 자기가 치매에 걸렸다는 사실을 아는 환자도 있다.

치매를 걱정하는 마음

대부분의 사람이 치매는 보통 건망증으로 시작되며 건망증이 알츠히

이머병이나 다른 치매 형태의 전조 증상일 수 있다고 알고 있다. 그래서 기억력이 예전 같지 않으면 바로 치매 걱정을 한다.

특히 부모, 조부모, 형제자매, 친구, 이웃 등 가까운 사람 중에서 치매 환자를 목격한 경우엔 치매를 걱정하는 마음이 당연하다 할 것이다. 물론 주변에서 치매 환자를 보지 않은 사람들도 걱정이 없는 것은 아니다. 노인은 물론이고 40~50대 중년이나 젊은 사람 중에서도 벌써부터 치매를 걱정하는 사람이 적지 않다.

그런데 치매가 요즘 사람만의 걱정거리는 아니었던 모양이다. 고대에도 로마 철학자 키케로가 이런 걱정을 기록으로 남겼고 4백여 년 전 유명한 철학자 몽테뉴 역시도 치매를 걱정하며 고민에 빠졌다.

경도 인지 장애

지금으로부터 약 10년 전의 일이다. 치매를 주제로 강연을 마친 후 70세 정도 되는 한 여성이 자기가 치매인지 걱정된다며 질문을 던졌다. "제가 평소 기억력이 엄청 좋은데요. 지난 주말에 생일 파티에 갔다가 우리 장남이 사는 동네 이름이 안 떠오른 거예요. 선생님이 보기엔 좀 황당하시겠지만 제가 그날부터 잠을 못 잡니다. 하루 종일 그 생각만 나서 이렇게 선생님 강연에 찾아왔습니다."

당시 나는 그 노부인에게 이렇게 대답했다. "가끔 이름이나 전화번호가 기억이 안 나더라도 기억력 걱정은 하실 필요가 없습니다. 노화 과정이거든요. 대부분의 사람이 비슷한 경험을 합니다. 전문가들은 그걸 두고 '양성 건망증'이라고 부릅니다. 물론 평생 기억력이 좋아서 기억력 덕을 많이 보셨으니 그런 일을 처음 겪었을 땐 충격이 크셨을 겁니다. 더구나 잊어버린 것이 친숙한 이름, 즉 자주 듣고 입에 올렸던 장소 이름이니까 더 그러셨을 테고요."

내 대답을 들은 노부인의 얼굴이 환해졌다. "오늘밤은 잠이 잘 올 것 같습니다."

벨기에 작가 디미트리 베르휠스트Dimitri Verhulst의 소설《아내와 집에 있기보단 차라리 치매에 걸리고 싶은 도서관 사서Der bibliothekar, der lieber dement war als zu Hause bei seiner Frau》에선 치매인 척하는 한 남자가 친구인 의사에게 치매에 대해 이것저것 묻는다. 그러자 의사는 이렇게 대답한다.

"이름을 찾다가 서랍을 뒤적여도 안 나올 거라는 기분이 들거든 아직은 괜찮은 거야. 이름과 정보가 든 서랍이 아직 거기 있으니까. 알츠하이머병이나 치매에 걸리면 그 서랍이 전부 와장창 부서지는 거야."

베르휠스트, 2014

앞서 노부인처럼 주기적으로 기억력 문제를 겪는 사람이 적지 않다. 그리고 그들 역시 그 노부인처럼 걱정을 한다. 하지만 구멍 난 기억이 일상생활에 문제를 일으키지 않을 때는 치매 걱정을 할 필요가 없다. 전문용어로는 이것을 "경도 인지 장애"라고 부른다.[33] 하지만 이런 장애가 전혀 문제가 없는 것은 아닌 것이, 장애를 겪는 사람의 6~12퍼센트가 해마다 실제로 치매에 걸린다. 그러니까 그 일부는 실제로 치매 전 단계인 것이다. 깜빡깜빡하는 이 사람들 중에서 누가 치매에 걸릴지는 아무도 예측할 수 없다.

하지만 치매로 발전하는 사람들은 진단을 받기 전에 이런저런 모호한 심리 문제를 호소하며 병원을 찾는다고 한다. 자꾸 사람을 피하고 성격이 달라지며 문제를 제때 해결하지 못하고 스트레스를 참기 힘들다고 말이다[34]. 그러나 이런 증상들이 정신의학에서 정한 질병 범주에는 맞지 않기 때문에 의사는 정확한 진단을 내릴 수가 없다.*

'경도 인지 장애' 단계의 사람들은 자신의 정신적 능력을 매우 잘 성찰할 수 있다.

노벨상을 수상한 유대인 작가 엘리 위젤Elie Wiesel의 소설 《잊힌 남자 Der Vergessene》에 등장하는 늙은 아버지가 바로 그런 상태다. 아버지는 기억과 이성이 멈추기 시작한다고 느낄 때 자신의 마음에서 어떤 일이 일어나는지 아들에게 정확히 설명한다.

"아들아, 난 무섭다. 내가 얼마나 무서운지 넌 모를 거야."

---

* 경도 인지 장애는 신경심리검사(신경인지검사)를 통해 진단이 가능하다.

"아버지, 저도 이해해 보려 노력할게요."

"실패할까 봐 겁이 난다. 네게 다 전해 주지 못할까 봐 겁이 나. 밤이면 땀으로 목욕을 한 채 눈을 뜬단다. 내 안에는 아직도 구하고 싶은 것이 너무도 많아. 너를 위해, 네 자식들을 위해. 하지만 시간이 넉넉할까? 해가 뜨면 마음을 진정할 수가 없어. 오늘 아침에는 이런 생각이 들었어. 하느님께서 창조를 잊으시면, 메시아께서 임무를 잊으시면 어쩌지? 태양이 깜박해서 뜨지 않으면? 닭이 깜빡하고 울지 않으면? 내 영혼이 영혼인 걸 잊어버리면? 벌써부터 말이 나를 속이고 조롱한단다. 내 말들은 투미하고 공허하지. 벌써부터 내 이성은 자신의 한계를, 자신의 혼란을 부끄러워해. 난 이제 어찌 될까?"

"그런 생각을 하시는 걸 보면 아직 정신이 말짱한 거예요."

"하지만 언젠가는 이런 생각도 잊어버리겠지."

"언젠가, 언젠가……."

"내일? 아니면 다음 주? 서둘러야 해. 내가 하지 못한 이야기는 영원히 사라질 거야. 전하지 못한 생각들은 한 번도 생각한 적 없는 것이 되고 말아. 내가 알리지 않은 사건은 영원히 역사에서 삭제될 거야. 벌써부터 머릿속이 온통 뒤죽박죽이야. 내가 네 어머니를 어떻게 만났는지는 이야기했니?"

위젤, 1990

소설의 아버지는 정상(양성) 건망증과 악성 건망증 사이의 회색 지대

에 있다. 아직은 자신의 정신적 능력을 정확히 성찰할 수 있는 그런 단
계다.

'위태로운 자아'

네덜란드 작가이자 수필가 카럴 판헷 레버Karel van het Reve는 네덜란드
신문 〈NRC〉에 오랫동안 칼럼을 썼다. 75세 생일을 한 주 앞둔 날 그는
독자에게 작별 인사를 고했다. 파킨슨병으로 인해 건망증이 너무 심해
져서 도저히 더는 글을 쓸 수 없다는 이유였다. 마지막 칼럼에서 그는
그 이유를 이렇게 적었다.

> 내가 무슨 글을 쓰려 한다고 치자. 괴테의 아내에 대한 글 같은 것 말이다.
> 어떻게 쓸지 글을 구성해 보려는 찰나 그녀의 이름이 생각나지 않는다.
> 지난 50년간 알았던 이름인데 말이다. 물론 백과사전을 뒤지면 이름이 나
> 오겠지만 나는 그러고 싶지 않다. 나는 그 이름을 스스로, 내 힘으로 찾아
> 내고 싶다. 15분 씨름을 해서 겨우 힘을 짜낸다. 다시 15분 씨름을 해서
> 마침내 이름이 떠오른다.
> 그게 뭐 대수라고. 다들 그러고 산다니까. 당신은 그렇게 말할 것이다. 하
> 지만 나의 문제는 거기서 그치지 않는다. 몇 년 전부터 문제가 하나 더 추
> 가되었다. 정말로 짜증스러운 문제다.

그러니까 내가 괴테의 아내에 대해 뭔가 소개를 하려고 한다. 그녀는 스물세 살로, 괴테에게 자기 오빠 크리스티안 불피우스에 대해 좋은 말을 하려고 한다. 불피우스는 《리날도 리날디니Rinaldo Rinaldini》 같은 도둑 이야기를 쓴 작가다.

[…]

그럼 이런 일이 일어난다. 갑자기 크리스티안 불피우스의 이름이 생각나지 않는다. 왔다 갔다 하면서 그 이름을 떠올리려 애쓰는 동안 크리스티안이라는 사람 자체가 기억에서 사라진다. 갑자기 내가 괴테의 동시대 사람 누구를 까먹은 건지 생각이 안 나는 것이다. 에커만인가? 아들인 아우구스트인가? 아니면 폰 슈타인 부인?

절망에 차서 괴테의 이름만이라도 붙들려 애쓰지만 마침내는 그 이름마저 사라지고 나는 어떤 인물의 어떤 동시대인에 대해 글을 쓰려고 했는지 알지 못한다. 망각의 수렁으로 빠져드는 것이다.

여러분 안녕!

판헷 레버, 1995

작고한 카럴 판헷 레버는 자신이 망각한다는 사실을 알았다. 망각이 가끔의 일이 아니라 시계처럼 규칙적이라는 사실도 알았다. 심각하게 걱정할 이유가 충분하다는 것도 알았다. 그는 치매 초기 단계였다.

중병에 걸린 사람들은 불안과 부정이 뒤섞인 반응을 보이는 경우가 많다. 부정은 불안에서 나온다. 불안이 극심한 사람이 있는가 하면, 심하게 병을 부정하는 사람도 있지만 대부분은 두 가지 반응을 번갈아 가며 보인다.

부정할 이유는 충분하다. 망각에도 수많은 이유와 핑계를 끌어댈 수 있다.

- 요새 귀가(눈이) 어두워져서 그래. 잘 못 들었어(잘 못 봤어).
- 늙으면 다 깜빡깜빡해.
- 얼마 전에 크게 아프고 났더니 자꾸 까먹네.
- 생각할 게 너무 많아. 머리가 복잡해서 다 기억을 못 하는 거야.

환자 자신이 부정하지 않으려 해도 주변에서 가만히 내버려 두지 않는다.

- 피곤해서 그래. 일을 너무 많이 하잖아.

게다가 과거 일은 너무도 기억이 잘 나기 때문에 환자가 착각을 하기가, 또는 마음을 달래기가 쉽다.

이 단계는 아직 이성도 기억도 심하게 무너진 상태가 아니기 때문에 환자가 문득 자신의 상태를 또렷하게 자각하는 순간이나 시기가 찾아온다. 그럴 땐 인식이 부정을 이기게 되고, 환자는 격심한 불안에 휩싸인다. 눈앞에 입을 떡 벌린 심연을 보게 되는 것이다. 말로는 다 할 수 없는 너무도 아픈 경험이다.

아랫글의 아들도 어머니를 통해 그런 아픔을 목도한다.

어느 날 밤 식사를 마치고 부엌에 있었다. 냄비, 접시, 식기를 식기세척기에 넣고 커피 물을 올렸다. 끓인 물의 물줄기가 필터로 들어가는 순간, 베란다 문이 덜커덩거렸다. 부엌 창으로 보니 어머니가 억지로 베란다 문을 열어젖히고는 알아듣지 못할 말을 혼자 중얼거리더니 문을 활짝 열어젖혀 둔 채로 허리를 굽혀 물뿌리개를 집어 들고는 정원으로 달려 나갔다.

방에 있는데, 개 짖는 소리가 들렸다. 1월 밤이었다. 어둡고 추웠다. 얼음 같은 찬바람이 북동쪽에서 불어왔다. 어머니는 윗옷도 조끼도 입지 않았다. 내가 얼른 쫓아갔지만 왼쪽으로 뛰어간 어머니를 놓치고 말았다. 30초 후 어머니가 돌아왔다. 여전히 손에는 물뿌리개를 들고 있었다. 어머니는 베란다 문을 통해 집 안으로 들어와 쭈뼛대며 문지방에 서서 발을 쾅쾅 구르더니 다시 추운 밖으로 달려 나갔다. 이번에는 결심이 확고해 보였다. 투덜대는 어머니 목소리가 들렸다.

1분 후, 커피를 거의 다 내렸을 무렵 어머니가 다시 돌아왔다. 여전히 손에는 물뿌리개를 들고서 나는 쳐다보지도 않고 둘레둘레 뭔가를 찾았다. 아마 처리하지 못한 일을 찾는 것 같았다. 어머니가 뭘 하려 했던 건지 감이 오지 않았다. 어머니 자신도 모르는 것 같았다.

어머니는 다시 집 안으로 달려 들어와 걸음을 멈추고는 뭔가를 찾으며 둘레둘레 살폈다. 그러고는 또다시 어린애처럼 발을 굴렀다. 그 순간 나는 어머니의 목소리를 들었다. 평소보다 높은 목소리, 절망과 무한한 자기 연민에 젖어 비통한 어머니의 목소리를. "모르겠어. 아무것도 모르겠어!"

오페르만스, 2007

때로는 그 절망이 너무 깊어 어서 빨리 죽고 싶다거나 심지어 죽여달라고 부탁을 하기도 한다. "왜 날 안 잡아가는지 모르겠다." 우리 아버지도 이 단계에선 주기적으로 울며 고함을 치셨다. "헛간에 가서 도끼 가져와 내 목을 좀 쳐라!"

보조 도구를 이용해 일상생활을 버텨 나가려는 환자도 많다. 약속이나 계획을 기록하고 장보기 목록을 작성하고 지도를 들고 다닌다. 물론 그런 "종이 기억"을 작성할 수 있으려면 자신에게 문제가 있다는 사실을 알아야 한다.

부정도, 기록도 다 건강을 지키려는 노력이다. 이런 이유로 네덜란드 심리노인학자 엥엘런Engelen과 페테르스Peters는 이 단계를 "위태로운 자아 단계"라 일컫는다.[35]

하지만 일시적인 기억상실이 좋은 점도 있다. 망각이 불러온 구름 가득한 하늘, 슬픔과 자기 연민과 절망, 끝없는 고독의 하늘은 세찬 바람이 구름을 쫓아내듯 금방 다시 갤 수 있다.

인생 말년에 치매를 앓았던 네덜란드 작가이자 정신과 의사인 프레드릭 판 에이던Fredrik van Eeden도 1927년 3월 3일 일기장에 이렇게 적었다.

> 너무 멍하고 머리가 무겁다. 매일 아침 이런 안개가 내 정신을 뒤덮는다. 나는 이제 계산을 못 한다. 오늘이 며칠인지도 모른다. 내 안에는 수많은 생각과 욕망이 있지만 그 무엇도 의식으로까지 뚫고 들어가지 못한다. 때로는 과거의 삶이 다시 떠오르는 걸 느낀다. 그럼 고통이 찾아오지만 그 위로 다시 안개가 밀려와 내 생각을 빨아들인다. 그리고 기분이 좋아진다. 내게 자유와 안식이 허락된다면 나는 편안하고 만족한다. 다만 여행을 앞두고 있어 다시 정신이 산만하다.
>
> 판 루, 1989

"내게 자유와 안식이 허락된다면 나는 편안하고 만족한다"라고 에이던은 썼다. 문제는 치매 환자들이 이 완벽한 자유를 감당할 수 없다는 것이다. 앞서도 말했듯 이들에겐 동행과 감시가 필요하고, 많은 환자가 그로 인해 힘들어한다. 옆에서 누군가 도와주지 않으면 일상생활이 안 되지만 그렇다고 해서 남에게 인생의 주도권을 넘기고 싶지는 않다. 너무 굴욕적이고 병에게 항복하는 것 같기 때문이다.

'길 잃은 자아'

앞 장에서 인용한 문학작품 속 치매 환자들은 주변 사람들 덕분에 아직 집에서 생활한다.

하지만 동행과 감시로는 도저히 지탱할 수 없어서 지속적 돌봄이 필요한 순간이 어쩔 수 없이 찾아온다. 이런 힘든 집중 돌봄을 감당할 가족이 없다면 환자는 요양 병원 같은 시설로 들어갈 수밖에 없다.

이 단계의 환자들이 어떤 경험을 하는지 상상해 보기 위해서는 다시 한번 정상 기억의 작동 방식을 살펴볼 필요가 있다. 기억은 수동적 시스템이 아니다. 무언가를 보관하려면 뇌가 애를 써야 한다. 뇌로 들어온 새로운 정보 중에서 중요한 것들을 골라내야 하는 것이다. 그리고 그것을 선별하는 방식은 장기 기억에 저장된 기존 정보와 비교하는 것으로 행해진다.

일상생활이 가능하려면 기억이 어느 정도 작동해 줘야 한다. 우리의 모든 행동에는 기억이 필요하다. 간단한 예를 한번 들어 보자.

꼭 필요한 기억

누군가 당신에게 부탁을 한다. "빵에 버터 좀 발라 주세요." 이 부탁을 들

5장 치매 환자의 마음속 들여다 보기: 단계별 경험

어주려면 무엇이 필요할까?

- 상대의 부탁에 관심을 기울여야 한다. TV에 정신이 팔려 있어서 말을 알아듣지 못하면 부탁도 들어줄 수 없다.
- 상대의 부탁이 무슨 뜻인지 이해해야 한다. "빵"과 "버터"의 의미를 알아야 한다. 이 의미는 장기 기억에 저장되어 있다.
- 상대의 부탁을 잠시 기억에 저장할 수 있어야 한다. 적어도 (빵에 버터를 바르는) 행동을 마치는 순간까지는 기억할 수 있어야 한다.
- "빵에 버터 좀 발라 주세요"라는 부탁을 구체적으로 상상할 수 있어야 한다. 단어의 뜻만 알아서는 진척이 안 된다.
- 논리적 순서에 따라 임무를 나눌 수 있어야 한다. 먼저 칼, 빵, 버터, 도마를 가져와서 빵을 썬 다음 그 위에 버터를 바를 수 있어야 한다.
- 칼과 빵과 버터를 어디다 두었는지 알아야 한다.
- 올바른 순서를 지켜야 한다. 그래서 차근차근 그 순서대로 진행하면서 딴 데로 정신을 팔지 말아야 한다.
- 임무를 수행하는 동안 절차에 필요한 모든 것을 정확히 인지할 수 있어야 한다.
- 정확한 판단력도 필요하다. 예를 들어 칼이 깨끗한지, 버터가 상하지는 않았는지 판단해야 한다. 이런 판단은 장기 기억을 이용한다.
- 빵에 버터를 바른 뒤에는 결과물을 평가한다. 결과물의 상태를 과거의 경험에 바탕을 둔 머릿속 기준과 비교한다.

기억에 구멍이 뻥뻥 뚫리면 재인식에 필요한 도구들도 점차 사라진다.[*] 뇌는 연결점을 찾으려 애쓰지만 헛수고다. 치매 환자는 길을 잃는다. 지금이 몇 년도 몇 월인지도 모르고, 집 밖으로 나가면 길을 찾지도 못한다. 심지어 집 안에서도 길을 잃는다.

때로 어떻게든 해 보려고 절망의 몸부림을 치기도 한다. 4장에서 이미 설명한 **이야기 지어내기**도 그런 몸부림의 일환이다. 환자는 자기가 모르는 것을 지어낸 것으로 대체한다(안타깝게도 그 이야기를 믿는 사람은 환자 자신뿐이다).

또 다른 사람을 치매라고 몰아붙이기도 한다. 대부분 배우자처럼 가장 가까운 사람이 대상이다.

벨기에 작가 에르빈 모르티르Erwin Mortier의 소설 《찌그러진 노래책 Gestameld liedboek》에서는 치매에 걸린 어머니가 아버지를 치매 환자로 본다.

아버지는 어머니의 기억이 돼 버렸다. 어머니가 불안에 떨며 아버지에게 딱 달라붙어서 집으로 돌아오는 일이 잦아진다. 어머니의 문장들이 멈추기 시작한다. 아버지가 자꾸만 더듬거리면 어머니는 눈을 크게 뜨고 아버

---

[*] 양성 건망증이나 초기 기억장애는 기억이 저장은 되지만 출력이 어렵기 때문에 기억의 힌트를 주거나 기억의 내용을 알려 주면(출력을 도와주면) 재인식recognition이 가능하다. 그러나 기억장애가 점점 악화되면, 기억 저장 자체가 되지 않으므로, 재인식에 필요한 힌트나 기억을 상기시켜줄 수 있는 연결점들을 제시해도 기억이 출력되지 않는다. 즉 재인식에 필요한 도구(단서)들이 쓸모없어지는 것이다.

지를 쳐다본다. 아버지가 바로 대답을 하지 않으면 비난이 쏟아진다. "당신은 정말 다 까먹어!" 엄마가 야단을 친다. 그러고는 나를 향해 말한다. "아무것도 모른다니까. 큰일이야."

모르티르, 2011

또 다른 전형적인 현상으로, 환자는 헤매지 않기 위해 버팀목을 찾는다. 그리고 어릴 적부터 돈과 열쇠가 중요한 기준이라고 배워 왔기에 그 둘을 소중히 보관한다. 물론 열심히 챙겨 놓고는 어디다 두었는지 바로 까먹어 버린다. **보속증**perseveration, 즉 무의미한 단어, 문장, 행동, 간단한 동작을 계속해서 반복하는 증상 역시 화를 피하려는 노력이며, 동시에 아직 자신이 할 수 있거나 아는 것을 붙잡으려는 노력이다.*

보속증의 전형적인 사례는 알로이스 알츠하이머Alois Alzheimer에게서 들을 수 있다. 그는 1906년 처음으로 치매의 병상을 설명하여 치매 중에서 가장 흔한 형태인 이 치매 질병에 이름을 선사한 독일 정신과 의사다. 그의 보고서를 보면 그가 자신의 '첫' 알츠하이머병 환자였던 아우구스테 D.와 나눈 대화가 기록되어 있다.

(D. 여사가) 어쩔 줄 모르는 표정으로 침대에 앉아 있다.

이름이 뭔가요? 아우구스테.

---

* 보속증은 전두엽 기능 저하로 나타나는 증상이다.

성은요? 아우구스테.

남편분 성함은요? 아우구스테 같아요.

남편분이요? 네. 그래요. 우리 남편(보아하니 질문을 이해하지 못한다).

결혼하셨어요? 아우구스테하고.

데터 부인? 네, 아우구스테 데터.

여기 얼마나 계셨어요? 환자가 정신을 차린다. 3주요.

유르흐스, 1999

치매는 큰 슬픔을 막아 주던 마음의 "댐"마저 무너뜨린다. 그래서 해 묵은 상처가 갑자기 다시 터질 수 있다. 현재의 사건이 오래전에 잊었 던 과거의 경험을 다시 불러낼 수 있는 것이다. 그럼 그 고통스럽던 과 거의 사건을 마치 그 사건이 지금 여기서 다시 일어난 것처럼 생생하 게 경험한다.

환자의 현재에서 과거의 무의식 부분이 되살아나고 시간과 공간이 꿈인 양 제멋대로 날뛰어 과거와 현재가 뒤죽박죽되기 때문에 환자는 자신의 인생사마저 헷갈린다. 누가 손목을 꽉 잡으면 아버지가 자신 을 끌고 가서 때리려 한다고 생각한다. 그것이 까마득한 옛일인데도 말이다.

한 젊은 여자의 눈동자나 몸을 보는 순간 전쟁이 끝나고 집으로 돌 아가던 길에 자기 눈앞에서 갑자기 쓰러져 죽어 버렸던 그 여자가 불 쑥 떠오른다. 아픈 짐승이나 죽어 가는 짐승을 보면 불현듯 과거의 아픔이 떠올라 벌컥 화를 낸다. 처리되지 못한 감정은 과거의 힘을 그대로 간직하기 때문이다.

이 단계에도 환자가 자신의 참담한 상태를 반짝 인식하는 순간이 있다. 요양 병원에 계신 치매 아버지를 찾아간 아랫글의 딸도 그 사실을 깨닫는다,

> 때가 되었다. 아직 결혼반지를 낀 아버지의 손이 이불을 더듬는다. 이불을 젖히기 위해서다. 아버지가 침대 시트와 이불 사이로 몸을 밀어 넣는다. 365x80= 29,200. 그러니까 아버지는 지금껏 2만 9,200번이나 시트와 이불 사이로 몸을 밀어 넣었고 한숨을 쉬고 뒷목의 긴장을 풀기 위해 살짝 코를 쿵쿵거렸다. 침대는 하루의 종착지였고, 그건 지금도 그렇다.
>
> 하지만 오늘 아버지는 다시 눈을 뜨고는 손으로 뭔가를 이불 너머로 휙 집어 던지는 시늉을 하신다. 반듯하게 드러누운 뻣뻣한 짐 꾸러미가 돼 버린 당신의 몸 너머로. 그러고는 말씀하신다. "내가 애가 돼 버렸어."
>
> 판 될레먼, 1976

위의 이 짧은 에피소드가 말해 주듯 이 단계의 환자들에게도 잠깐 정신이 반짝 돌아오는 순간이 있다. 환자가 자신의 처지를 낱낱이 알고 있는 것만 같은 그런 순간이.

나 역시 가장 인상 깊었던 아버지와의 추억 중 하나도 그런 잠깐의 순간이었다. 당시 아버지는 파킨슨병과 치매를 앓았기 때문에 할 수

있는 것이 거의 없었고 벌써 6개월째 요양 병원 신세를 지고 계셨다. 나는 주기적으로 아버지를 모셔다가 아버지가 서른 살까지 사셨던 동네를 드라이브시켜 드렸다. 아버지는 지난 시절의 도로와 나무와 풍경을 알아보며 좋아하셨다. 그날도 아버지와 드라이브를 하는 중이었다. 그런데 그날따라 아버지 기분이 아주 침울해 보였다. 이유를 알고 싶어 아버지께 여쭈었다. "아버지, 뭐하고 싶으세요?" 질문이 떨어지자마자 아버지는 차창 유리가 흔들릴 정도로 큰 소리로 대답했다. "살고 싶다!"

살고 싶다. 온전히 삶을 살고 싶다. 하지만 그럴 수가 없고 그 사실을 잘 알고 있다. 그것만큼 불안한 일이 또 있을까. 경증 치매를 앓는 한 여성의 표현대로 "눈앞에 무無의 셔터가 내려진[36]" 기분만큼 공포스러운 것이 또 있을까.

그러니 병이 상당히 진행된 환자들도 그런 순간에는 죽음만이 유일한 탈출구라는 생각이 절로 들지 않겠는가.

이전 단계 환자들은 그나마 아직 자신이 낯선 환경에 있다는 사실은 인지했다. 과거는 익숙하고 안전하기 때문에 그마나 그곳을 도피처로 삼아 몸을 숨겼다. 하지만 이제는 도망가는 것도 불가능하다. 현재와 과거의 경계가 점점 더 무뎌지다가 결국 오늘만 남기 때문이다. 물론 과거는 환자의 기억에 온전히 남아 있지만 이제는 추억이 아니라 지금

5장 치매 환자의 마음속 들여다 보기: 단계별 경험

경험하는 현실이다. 즉 과거가 오늘이 돼 버리는 것이다. 작가 허버트 조지 웰스Herbert George Wells는 미래로 날아가는 타임머신을 상상했지만 알츠하이머병은 환자를 과거로 돌려보낸다.

낸시 레이건과 로널드 레이건의 이야기임을 알 수 있는, A.M. 홈스 A.M.Homes의 단편소설 〈전 퍼스트레이디와 축구 영웅Die ehemalige Firt Lady und der Fußballheld〉에 바로 그런 사례가 등장한다. 1981년에서 1989년까지 미국 대통령을 역임했던 로널드 레이건은 다 알다시피 말년에 알츠하이머병을 앓았고, 죽기 10년 전인 1994년 11월에 그 사실을 공개편지의 형태로 세상에 알렸다.

친애하는 국민 여러분!

얼마 전 저는 제가 수백만 미국인처럼 알츠하이머병에 걸렸다는 사실을 알게 되었습니다. 낸시와 저는 이 사실을 개인적인 일로 생각할지 아니면 일반에 공개할지를 두고 고민했습니다.

몇 년 전 낸시가 유방암에 걸리고 제가 암 수술을 받았을 때 우리는 그 사실을 세상에 알렸고, 그로 인해 암에 대한 국민의 관심이 크게 높아졌습니다. 암 조기 검사 수치도 크게 늘었지요. 덕분에 많은 이가 초기 단계에서 암을 치료할 수 있었고 그 후 정상적인 건강한 생활로 돌아갈 수 있었습니다.

이런 경험을 바탕으로 저희는 지금도 저의 발병 소식을 여러분에게 알리고자 합니다. 그를 통해 알츠하이머병에 대한 관심이 커지고 환자와 그

가족에 대한 이해가 높아지기를 바랍니다.

지금은 아주 좋습니다. 앞으로 신께서 제게 허락하실 이 지상의 시간들을 지금처럼 살아갈 것입니다. 여태 그랬듯 저는 사랑하는 낸시와 제 가족과 함께 많은 시간을 자연에서 보낼 것이며, 친구와 지지자 들과 교류할 것입니다.

알츠하이머병이 진행되면 환자 가족의 짐도 무거워집니다. 낸시는 그런 고통스러운 경험을 겪지 않았으면 합니다. 하지만 설령 그런 날이 오더라도 여러분의 지지가 있기에 낸시는 자신의 운명을 용기와 믿음으로 잘 견뎌 낼 것입니다.

마지막으로 미국의 대통령으로 일할 수 있는 큰 영광을 제게 주신 국민 여러분께 감사드립니다. 언제일지 모르나 주께서 저를 부르신다면 저는 이 나라를 향한 크나큰 사랑과 미국의 미래에 대한 낙관론을 품고서 떠날 것입니다.

이제 저는 인생의 일몰을 향해 여행을 시작합니다. 미국의 지평선 위로 언제나 찬란한 아침이 밝아 오리라 확신합니다.

감사합니다. 친구들, 그대들에게 신의 축복이 내리길 기원합니다.

로널드 레이건

아래에 인용한 홈스의 단편소설에선 레이건은 다시 대통령이 된다. 그의 아내—키티 켈리Kitty Kelley가 쓴 전기 《낸시Nancy》에서는 강단 있고 당찬 여성으로 묘사된다—는 사랑으로 그와 동행하면서 과거를 현재로 착각하는 남편을 존중하고 배려한다.

그가 책상에서 일어나 복도를 걸어 서재로 간다. 매일 오후가 되면 그는 편지를 쓰고 셈을 치른다. 그는 기한이 지난 수표책과 1센트짜리 우표를 사용한다. 가끔은 편지 봉투 하나에 우표 전장을 다 붙일 때도 있다. 그는 우표 뒷면에 침을 뱉어 문지른 다음 봉투에 우표를 붙인다.

"우체통에 갖다 넣을까?" 그가 다 붙이면 그녀가 묻는다.

"이건 당신 편지." 그가 봉투 하나를 건네며 말한다.

"너무 좋아." 그녀는 그렇게 말하며 봉투를 건네받는다.

한번은 실수로 편지가 발송돼 버린다. 팔레스타인 FKK(Frei-Körper-Kultur의 약자로 독일을 중심으로 한 유럽의 나체주의 문화 운동을 말한다—옮긴이) 단체로 보내는 5천 달러 기부금이다. 사막 한가운데서 훌딱 벗은 사람들에게로.

그는 매일 그녀에게 편지를 쓴다. 악필이어서 단어를 다 읽을 수는 없지만 그래도 그녀는 노력한다.

엄마,

엄마를 보고 있어요. 엄마를 늘 사랑할 거예요. 안녕. 나.

그가 미소를 짓는다. 낌새가, 어슴푸레한 빛이 보이는 순간이 있다. 그가 아직 거기 있다고 말해 주는 빛. 하지만 눈 깜짝할 사이 빛은 다시 사라지고 만다.

홈스, 2002

소설 속 레이건은 아직 활동적이다. 하지만 이 단계의 치매 환자들은 하루 중 대부분의 시간을 수동적으로 보내며 정신도 멍하니 딴 곳에 가 있다.

환자는 과거가 아니라 현재를 산다. 다만 그의 백일몽은 다시 "깨어날" 수 있는 과거의 추억이 아니라 당면한 현실이다. 오늘인 것이다. 앞서도 말했듯 기억에 장애가 생기면 과거뿐 아니라 미래도 빼앗긴다. 하지만 이제는 그에 더해 과거마저 빼앗기고 만다. 정확히 말하면 (먼 과거의) 추억마저 빼앗기고 마는 것이다.

심리학자 다우어 드라이스마Douwe Draaisma는 이런 현상을 다음과 같이 설명한다.

> (우리 아버지는) 치매다. 아버지를 지켜보면서 정말로 가슴 아픈 점은, 인간이 추억을 매우 특별한 방식으로 잃어 갈 수 있다는 사실이다. 아버지는 외투를 입으며 말씀하신다. "집에 갈 거야. 부모님이 기다리셔." 아버지는 75세다. 부모님은 25년 전에 다 돌아가셨다. 추억을 현실로 생각하는 것은 추억을 잃는 방식 중 하나다. 그런 식의 기억에서 일어나는 놀라운 신기루인 것이다.
>
> 스미트, 2003

기억의 상실은 제약이기도 하지만 자유를 선사하기도 한다. 천성적으로 명랑한 사람들은, 물론 늘 쉬운 일은 아니겠지만 태평하고 편안해 보인다. 어쩌면 어제와 내일을 생각하지 않고 밀려드는 새로운 자극을 수용하는 관광객 같은 기분일지도 모르겠다. 아무리 반복해도 모든 것이 새롭다. 물론 그래서 모든 일에 시간이 더 많이 걸린다. 일과를 루틴에 따라 처리할 수 없기 때문이다. 당연한 사물의 연관관계들이 사라지기에 환자 앞엔 하루 종일 수수께끼가 펼쳐진다. 과거가 없으므로 원인도 없다. 타인의 문제를 생각하려면 과거가 필요하다. 그러기에 이들의 세상에선 어린아이처럼 자신의 자아와 신체가 중심이 된다.

이 단계가 되면 문장이 점점 짧아진다. 환자가 무슨 생각을 하는지 알려면, 앞뒤 안 맞는 말의 의미를 해독할 수 있으려면 환자의 개인사를 많이 알고 있어야 한다. 많은 환자가 이제는 똑같은 표준 문장밖에는 말하지 못한다.

'침몰한 자아'

치매의 마지막 단계는 불안이 심해지는 시기를 지난 후에 시작되는 경우가 많다. 점점 할 수 있는 것들이 줄어들면서 환자가 어떻게든 혼자 버텨 보려고 용을 쓰는 것이다. 이 마지막 단계에선 거의 모든 용무에서 누군가의 도움을 받아야 한다. 하지만 약물이나 영양부족, 열악한 환경으로 인해 정신이 흐려지지만 않는다면 아직 의식은 남아 있다. 마지막 단계에서도 매우 활동적이거나 안절부절못하며 쉬지 않고 뭔가를 만지작거리거나 쥐어뜯는 환자도 많다.

말과 사물의 연관관계는 완전히 소실된다. 따라서 환자는 예외적인 경우를 제외하면 자신이 원하는 것을 말로 표현하지 못한다. 이렇듯 언어를 상실하기 때문에, 세계와 자신을 묶어 주는 "탯줄"이 끊어지기에 인간관계는 극도로 힘들어진다. 환자는 완전히 자기 세상에 갇히지만, 아직은 개별적인 생각이나 기억의 조각들이 산발적으로 불쑥불쑥 머리에 솟구친다.

작가 시릴 오페르만스Cyrille Offermans는 이 마지막 단계를 이렇게 표현했다.

그것은 초기 태아 단계부터도 매우 활동적이다. 최초의 "아늑함"은 자기 어머니의 특수한 목소리, 심장 소리, 장이 꾸르륵대는 소리.

우리 어머니는 사진을 보면 아무도 못 알아보신다. 당신의 모습도 몰라보신다. 하지만 자식이나 친척의 목소리는 기가 막히게 알아들으신다.

얼마 남지 않은 언어능력도 놀랍다. 합리적인 표현은 거의 못 하지만 반사적으로는 엄청나게 많은 단어와 다른 언어 표현을 간직하고 계신다.

그래서 요청하면 이상한 퍼즐 단어들이 툭툭 튀어나오고, 그걸 내가 고쳐서 말하면 어머니는 반응을 보이신다. 내가 속담, 명언, 멜로디, 옛날 노래를 시작하면 어머니는 으스대면서 그 뒷부분을 맞추신다. 얼마 전에는 어머니가 난생 처음 듣는 노래 〈신켈의 가게〉를 불러서 깜짝 놀랐다. 거기선 "남성용 커프스와 여성용 코르셋"은 안 팔고 "깨물어 먹는 사탕과 변비약"

5장 치매 환자의 마음속 들여다 보기: 단계별 경험

을 판다는 가사였다. 정말로 행복한 순간들이 있다. 노래를 부르고 속담을 외울 때는 온갖 전쟁의 소음은 멀어진다. 그럼 어머니는 신비롭게도 저 멀리 있으면서 동시에 집에 있다.

나는 조심스럽게 일반화하며 이런 결론을 내린다. 치매 환자가 느끼는 아늑함은 일차적으로 장소와 묶이지 않은 청각적 공간에 숨겨져 있다고. 잘 아는 친숙한 소음은 눈에 보이지 않는 이 공간의 "벽"을 튼튼하게 만들고, 낯선 소리는 벽을 허물어뜨린다. 청각적 공간이 무사하다면 우리 어머니는 어디서나 아늑함을 느낀다고 나는 생각한다. 그러기에 자주 찾아뵈어야 한다. 친숙한 음성은 치매의 우주를 공격하는 알아들을 수 없는 온갖 소음이 뒤죽박죽 들끓는 곳에서 조용하고 친밀함이 있는 청각적 섬을 창조한다.

오페르만스, 2005

환자는 자기 인생사를 거의 알지 못한다. 어머니만 기억하는 경우가 많다. 주변 환경 중에선 기껏해야 방, 의자, 침대 정도만 알아본다. 몸은 사물이 되고, 그 몸에 대한 통제는 대부분 잃어버린다. 자아는 신체와 결합된 의식을 상실한다. 지금껏 의식적이고 성찰이 가능했던 자아는 생리적 자아로 침몰한다.

요양 병원에서 간병인으로 일하는 아내 덕분에 그곳을 들여다볼 수 있었던 한 작가는 이렇게 말한다.

창가 침대에 누운 여자는 창백하고 말랐다. 관에 누운 우리 할머니가 저 랬다. 미라 같은 모습.

이 여성은 세상을 전혀 의식하지 못하는 것 같았다. 하지만 마르얀(병원 의사—지은이)이 손을 뻗으면 입을 벌렸다. 식사 반사다. 그렇다. 아직 그 녀가 좋아하는 음식이 있다. 그녀에게 계란을 넣은 걸쭉한 술을 주면 입 이 가만히 있지 않는다. 그럴 땐 삼키는 것도 문제가 없다. 화창한 날 침대 를 밀고 나가면 해를 향해 얼굴을 돌린다. 음미의 순간? 누가 그렇다고 말 할 수 있으리오!

판 조메런, 1991

이 마지막 단계에선 결국 환자가 자기 몸마저 낯설게 경험하는 순간 이 찾아온다. 환자는 자기 손과 발을 물건 보듯 쳐다본다. 환자가 마지 막으로 잊는 것은 미소다. 미소가 사라지면 죽음이 멀지 않았다.

6

치매 환자와 소통하기

치매 환자 대할 때 중요한 소통 규칙

- 두 가지를 동시에 하지 않는다(예: 옷을 입히면서 질문을 하지 않는다).

- 환자의 말에 관심을 보이고 눈을 맞춘다.

- 최대한 간략하고 분명하게 말한다.

- "왜"로 시작하는 질문 대신 "무엇", "누구", "어떻게", "어디서"로 질문의 문을 연다.

- 부탁을 할 때는 환자가 그 부탁을 실행하기 직전에 해야 한다.

- 치매 환자가 지금 이 순간 듣고 보고 냄새 맡고 맛보고 느끼는 것에 대해 이야기한다.

- 환자의 (과거) 관심사, 습관, 취미를 대화의 소재로 활용한다.

- 실수를 바로잡아 줄 때는 최대한 조용히, 소리 죽여 말한다.

- "늘", "절대", "원래는" 같은 책망하는 말은 하지 않는다.

- "요양원"이나 "요양 병원"처럼 환자가 싫어하는 말은 꺼내지 않는다.

- 환자 앞에서 속닥거리지 않는다.

- 어른한테 말하듯 한다.

- 환자가 자기 상황을 모를 것이라고 함부로 예단하지 않는다.

치매 환자에게 편안한 환경 만들어 주기

- 식사는 간소하게 차린다.

- 어두운 색깔의 식탁에 밝은 색깔의 그릇을 사용하고, 여름에도 조명을 밝게 한다.

- 식사 도중에 왔다 갔다 하면 환자가 집중을 잘할 수 없다. 환자가 식사할 때는 최대한 동작을 멈춘다.

- 주변 환경과 확실히 구분되도록 색깔이 진한 가구를 배치한다.

- 치매 환자에게 다가갈 때는 뒤나 옆을 피하고 앞에서 접근해야 한다. 또 코앞까지 가기 전에 미리 접근하고 있다는 신호를 보낸다.

- 치매 환자에게 물건을 건네줄 때는 그 물건의 이름을 말한다

- 바닥에 어두운 색깔의 매트나 양탄자를 깔지 않는다. 치매 환자 눈에는 그런 것들이 (공포를 조장하는) 검은 구멍처럼 보인다.

- 계단 모서리에 색깔을 칠하거나 줄무늬를 넣어서 잘 보이게 한다.

- 집 안이 항상 환하도록 살핀다. 특히 햇빛이 많이 들도록 한다.

- 환자가 창가에 앉을 수 있도록 자리를 마련한다. 물론 환자가 밖으로 나갈 수 있으면 더 좋다.

- 안과에 자주 들러 환자의 눈 상태를 점검한다.

치매 환자에게 해서는 안 되는 말

- 오늘 점심에 뭐 드셨어요?
- 이 블라우스 새로 샀어요?
- 내가 누군지 아세요?
- 뭐 하고 싶으세요?
- 그거 저번에도 말씀하셨어요.
- 왜 그런 말씀을 하세요? 이해가 안 되네.
- 왜 물으세요?
- 머리 깎으셨어요?
- 지금 몇 시예요?
- 오늘 뭐 하셨어요?
- 그 드라마(특정 프로그램) 보실래요?

치매 환자에게 할 수 있는 말

- 블라우스 예쁘다. 처음 봤네.
- 아빠, 아빠 뵈니까 너무 반가워요.
- 산책 갈까요?
- 재밌네. 난 몰랐어요.
- 제가 잘 못 알아들었어요.
- 한번도 생각해 본 적 없는데, 흥미로운 질문이에요.
- 얼굴이 좋아 보여요!
- 몸은 좀 어떠세요?
- TV에 볼 만한 거 있나 한번 틀어 볼까요?

인간이 다른 생명체와 가장 다른 점은 아마도 언어를 이용해 서로 소통하는 능력일 것이다. 이런 능력은 경험을 기억에 저장할 수 있는 거의 무한한 능력 덕분이다. 따라서 기억을 저장할 수 없는 치매 환자는 익숙한 방식으로 대화를 나눌 수가 없다. 자기 마음을 표현할 수 없고 상대가 전하는 말을 알아듣기도 어렵다.

소통 능력의 상실은 환자 자신에게도 문제가 되지만 가까운 주변 사람들에게도 괴로운 일이다. 환자와 관계를 이어가기가 날로 힘들어질 테니 말이다.

정상적인 대화에선 두 사람이 똑같은 에너지를 투자한다. 하지만 치매 환자와 대화를 나눌 때는 이런 균형이 깨진다. 보통 사람과 대화를 할 때보다 훨씬 많은 에너지가 들고, 치매가 진행될수록 정도는 더 심해진다. 안타까운 것은 그렇게 노력한다고 해도 환자와 소통할 수 있는 기회는 점점 더 줄어든다는 사실이다.

꿈

한 손녀의 기록이다.

할머니가 아직 나를 알아보시는 것 같지는 않다. 그래도 할머니가 나를 꼼짝도 하지 않고 빤히 처다보는 걸 보면 알아보시는 것 같기도 하다.

"할머니, 저 왔어요. 피츠 딸." 내가 인사를 건넨다.

할머니가 나를 노려본다. 눈도 말을 멈출 수 있을까? 할머니의 눈빛은 아무 말도 하지 않는다. 나는 살짝 미소를 지으며 어색하게 내 손을 깡마른 할머니 손 위에 올린다. "할머니, 저 왔어요." 한 번 더 인사를 건넨다. 할머니가 고개를 획 돌려 다시 TV를 본다. 난감하다.

쿨레메이어르, 2001

이 장에서는 치매 환자와 소통할 때 필요한 실질적인 지침을 전달하고자 한다. 하지만 그 전에 3단계로 나뉘는 치매의 각 진행 과정별로 소통의 몇 가지 특징을 설명할 것이다. 물론 이런 특징들은 환자의 정서 상태와 일반적인 활동 수준에 따라서도 차이를 보인다. 따라서 한 환자가 어떤 때는 말을 잘 못 알아듣다가 또 어떤 때는 잘 알아듣는 일이 생길 수 있다.

언어적 소통과 비언어적 소통

우리가 말로 전한 생각을 상대가 제대로 알아들었을 때 우리는 소통이 잘되었다고 말한다. 이런 성공적인 생각 전달은 극도로 복잡한 과정이다. 따라서 치매 환자의 소통 문제를 이해하려면 소통의 일반적인 진행 방식을 먼저 살펴보아야 한다.

일단 우리의 소통은 언어적 소통과 비언어적 소통으로 나뉜다. 전자는 문장과 단어, 즉 말이 수단이며, 후자는 억양, 자세, 몸짓, 동작을 통해 메시지를 전달한다.

언어적 소통의 6단계

1. 머리에 이미지나 어떤 개념이 떠오른다. 배가 고프다고 상상해 보자. 그 순간 머리에 감자튀김 한 봉지가 떠오를 것이다. 봉지의 모양과 색깔, 감자튀김의 색깔과 케첩이 눈앞에 아른거릴 것이며 그것의 맛까지 느껴질 것이다. 심지어 튀김 한 개를 집어 입으로 가져갈 때 손가락에 와 닿는 온기도 느낄 수 있을 것이다.

2. 머리에 이미지가 떠오르자마자 그 이미지에 맞는 단어를 찾아야 한다. 그러려면 우리의 기억에서 정신의 사전이 들어 있는 장소를 찾아야 하며, 그 사전에서 올바른 쪽을 펼쳐야 한다. 물론 보통 사람들은 이미지에 맞는 단어를 순식간에 찾기 때문에 이 과정이 두 단계를 거친다는 사실을 깨닫지 못한다. 하지만 이미지는 떠오르는데 단어가 떠오르지 않는 경험을 한다면("그거, 그거, 뭐라고 부르지?") 우리의 뇌가 적절한 단어를 찾아야 한다는 사실을 알게 될 것이다.

3. 이미지에 제일 잘 맞는 단어를 찾았다면 뇌 "언어 센터"에 신호를 보내서 발음을 수행하는 기관, 즉 가슴, 목, 입, 혀에게 명령을 내려야 한다. 그래야만 올바른 단어를 발음할 수 있다. "감자튀김 먹고 싶어."

4. 우리의 말을 알아들으려면 상대는 일단 단어를 제대로 들을 수 있어야 한다.

5. 상대가 귀로 들은 단어를 머릿속 사전으로 데려가야 한다. 그리고 그 단어가 사전에 있는지 찾아봐야 한다.

6. 단어를 찾았다면 상대는 그 단어가 의미하는 올바른 이미지를 그려야 한다. 감자튀김을 눈앞에 보는 순간 상대는 우리 말의 의미를 깨닫게 될 것이다.

말을 이용하면 엄청나게 복잡한 메시지도 전달할 수 있다.

하지만 소통은 언어를 통하지 않고도 가능하다. 전문가들의 주장을 들어 보면 우리가 어떤 사람을 보고 느끼는 첫인상에서 상대 입에서 나온 말의 내용이 차지하는 부분은 7퍼센트밖에 안 된다고 한다. 말을 하는 방식이 38퍼센트이고, 나머지 55퍼센트는 외모와 자세가 결정한다.

그러므로 상대에게 가 닿기 위해서는 비언어적 소통이 필수적이다. 우리는 말을 강조하기 위해 비언어적 소통을 언어적 소통과 동시에, 때로는 언어적 소통에 앞서 투입한다. 때로는 말을 완전히 배제하고 동작과 같은 비언어적 소통만으로 메시지를 전달하기도 한다.

누군가 말을 하면 우리는 그의 얼굴 표정을 살피고, 그를 통해 상대가 화가 났는지 기분이 좋은지 불안한지 울적한지 관심이 있는지 무관심한지 등을 알아내려 애쓴다. 상대의 말이 아무리 마음을 끌어당긴다고 해도 얼굴 표정이 마음에 들지 않거나 말의 내용과 일치하지 않는다면 그의 메시지는 아마도 우리 마음에 와 닿지 않을 것이다.

표정 말고도 눈도 중요하다. "그가 말을 하면서 내 눈을 못 쳐다봤어." 괜히 이런 말들을 하는 것이 아니다. 상대의 눈에서 우리는 상대의 생각을 읽으려 한다. "눈은 마음의 창"이라는 옛말도 있지 않은가.

몸짓, 신체 접촉, 자세도 메시지를 전달하는 수단이다. 사랑에 빠지면 자기도 모르게 상대의 자세를 따라 하게 되므로, 사랑하는 연인들은 동시에 움직인다. 상대에게 화가 나면 그를 외면하고, 어떨 때는 자신도 모르게 주먹을 불끈 쥐는 등의 몸짓으로 우리 감정을 전달한다.

억양 역시 상대의 의도를 알아차리는 수단이다. 다들 어릴 적부터 배웠을 것이다. 부모님이 큰 소리로 말할 때는 화가 났거나 초조하신 것이다. 목소리가 높아지면 위험하다는 신호이고 작은 소리로 느리게 말할 때는 우리를 달래려는 것이다. 그래서 나이가 들면 억양만 듣고도 상대의 감정을 금방 읽을 수가 있다.

치매 환자와의 소통

치매 어머니를 둔 아들의 기록이다.

언제나 하나 마나 한 대화였다. 어머니는 "나 잘했어?" 하고 물으려는 듯 나를 빤히 쳐다보셨다. 나는 계속하시라고 용기를 북돋아 주었지만 사실 무슨 말인지 전혀 감을 잡지 못했다. 어머니 말을 듣고 있으면 언젠가 TV에서 본 영화가 떠올랐다. 사막을 헤매던 한 무리의 여행객들이 머리 위를 마침 지나는 비행기에게 도움을 청하려고 거울 조각으로 햇빛을 반사한다. "나는 포야."

"포로라고요?"

"포."

"아니에요."

"나 도망가."

"안 돼요."

"큰길로."

"안 돼요!"

"들로."

"안 돼요!"

"따아아⋯⋯."

"어디?"

"땅속으로." 어머니의 얼굴에 환한 미소가 스치고 지나간다.

처음에는 문장과 단어의 위치가, 그다음엔 단어 그 자체—단어의 맥락과 자음, 모음과 그 끝—가 바람에 풍화된 고대 유물의 사암 장식처럼 침식된다.

이흐나티프, 1994

알로이스 알츠하이머는 자신의 이름을 딴 질병의 증상으로 적절한 단어를 잘 떠올리지 못하고, 착어증(paraphasia, 말하려는 단어와 의미상 관련이 있는 다른 단어를 대신 사용한다. 예를 들어 "소"라고 해야 하는데 "말"이라고 한다)이 나타나며 언어 이해력이 떨어진다고 설명했다.[*] 치매 환자의 언어 사용을 연구한 수많은 연구 결과도 그 주장의 정당성을 입증한다.

알츠하이머병 환자는 운동성 언어 결함(언어 기관의 운동에 문제가 생겨 발생하는 결함―옮긴이)이 적거나 전혀 나타나지 않는다. 말을 할 수 있을 때는 발음과 발성, 억양에 전혀 이상이 없다[37]. 단어를 문법적으로 정확한 문장으로 나열하는 능력도 전혀 손상이 없다. 소통 문제는 주로 두 가지 측면에서 나타난다. 상황에 맞는 어휘를 인지하고, 각각의 대화 맥락에 맞는 적절한 언어를 선별하는 능력이 타격을 입는 것이다.

'위태로운 자아' 단계에서의 소통

이런 동물 우화가 있다.

> 어느 날 다람쥐가 숲 가 풀숲에 누워서 하늘을 바라보았다. 갑자기 단어 하나가 생각나지 않았다.

---

[*] 착어증은 의미착어증과 음소착어증이 있는데, 의미착어증에 해당하는 예이다.

"아." 다람쥐가 탄식했다. 하지만 혼자뿐이어서 아무도 그 소리를 듣지 못했다.

그게 뭐였지? 모래? 풀? 나무껍질? 낡다? 두껍다……. 아무리 머리를 짜내도 단어가 떠오르지 않았다. 단어가 있었는데 가 버렸다.

잠시 후 제비가 그곳을 지나갔다. 다람쥐는 제비에게 그 이야기를 들려주었다.

"맞아. 나도 자주 그래. 오늘 아침에도 '나'라는 말을 까먹었지 뭐야. 어제는 내 이름을 까먹었고." 제비가 대답했다.

"제비잖아." 다람쥐가 말했다.

"그러니까 말이야. 지금은 다시 생각났어. 근데 어제는 진짜로 내가 누군지 모르겠더라고."

참 이상한 일이라며 다람쥐가 고개를 절레절레 저었다.

"맞아. 근데 지금 내가 있는 여기가 어디지? 또 까먹었네! ……음…… 아 짜증 나!"

제비가 어쩔 줄 모르고 날개를 파닥이며 이리저리 날아다녔다. 다람쥐가 놀라 제비를 쳐다보았다.

"여기 이거." 제비가 사방을 가리키며 말했다.

"하늘?" 다람쥐가 물었다.

제비가 날개로 다람쥐를 끌어안았다. "고마워! 진짜 고마워!" 제비가 좋아서 소리쳤다.

텔레헌, 1988

치매가 시작된다는 첫 신호 중 하나가 이야기에 등장하는 다람쥐처럼 올바른 단어 찾기가 힘들어진다는 것이다. 환자는 대화에서 "그", "이", "어디", "누가", "있잖아", "그렇게", "저기" 같은 "공허한" 단어들을 자주 사용한다. 이런 단어들은 하나 마나 한 말, 구체적인 내용이 없는 말이기에 "공허하다"고 부르는 것이다. "그거 못 찾겠어. 분명 어디다 뒀는데." 이런 식이다.

올바른 단어를 찾기 어려워하는 증상 말고도 사물을 구체적으로 지칭하는 데에도 문제를 겪는다. 그래서 이 시기에는 대부분 근접하는 표현을 선택한다. 예를 들어 "연필" 대신 "볼펜"이라고 하는 식이다.

또 이 1단계, 즉 '위태로운 자아' 단계에선 말하는 속도가 느려진다. 환자의 이해 속도가 느려지기 때문에 청력에 전혀 문제가 없다고 해도 자주 이런 질문을 한다. "뭐라고 했어?" 여러 사람의 대화를 쫓아가는 것도 버거워진다. 대화의 실마리를 자꾸 놓치고 적절치 않은 순간에 불쑥 딴 이야기를 꺼낸다. 이런 증상은 두 사람의 대화에서도 점점 더 자주 나타난다. 하지만 복잡한 대화가 아니라면 아직 소통 능력이 충분해서 대부분의 사회적 상황을 웬만큼 쫓아갈 수 있다.

정상인은 항상 상대의 마음에 공감할 수가 있다. 상대가 무엇을 알고 모르는지 짐작할 수 있다. 그래서 불쑥 본론부터 꺼내지 않고 일단 이해의 기초를 닦는다. "어제 우리 여동생 집에 갔거든. 우리 매제 알지? 저번 내 생일 때 봤잖아. 매제가 이런저런 이야기를 하더라고, 내가 어찌나 놀랐는지……." 치매 환자는 상대의 심중을 읽기가 힘들기 때문에 느닷없이 자기 할 말을 툭 던진다. "우리 매제 나쁜 놈이야." 그렇게 맥락을 무시해 놓고는 상대가 얼른 자기 말을 못 알아들으면 깜짝 놀란다.

또 하나 눈에 띄는 현상은 "구체주의Konkretismus", 즉 단어의 원래 의미에 집착하여 추상적이거나 상징적인 의미를 파악하지 못하는 사고 장애다. 치매 환자는 상대 말을 곧이곧대로 해석한다. 전이된 의미를 이해하지 못하기 때문이다. 그래서 "콩 심은 데 콩 나고 팥 심은 데 팥 난다" 같은 속담을 들어도 무슨 뜻인지 모른다. 또 단어나 문장의 이중 의미를 파악할 수 없기 때문에 농담을 들어도 웃지 못한다. 1단계 말미로 가면 환자는 언어 결함을 보상하기 위해 전체 문장을 거의 강박적으로 되풀이한다.

1단계에서 2단계인 '길 잃은 자아' 단계로 넘어가는 중이지만 책을 쓰려고 애쓰는 아래의 여성 작가도 그런 강박에 벗어나지 못한다. 앞서 설명한 보속증의 사례일 것이다.

> 옛날 이곳에 쥐 한 마리가 살았다. 옛날 이곳에 쥐 한 마리가 살았다. 옛날 이곳에 쥐 한 마리가 살았다. 옛날 이곳에 쥐 한 마리가 살았다. 옛날 이곳에 쥐 한 마리가 살았다. 옛날 이곳에 쥐 한 마리가 살았나. 풀이 바스락대는 소리. 쥐인가? 쥐? 쥐 아니다.
>
> 파버르, 2005

1단계인 '위태로운 자아' 단계 초기에는 아직 자신이 대화를 하다가 멍할 때가 있다는 사실을 의식한다. 하지만 말기가 되면 그런 의식마저 사그라들고 만다.

'길 잃은 자아' 단계에서의 소통

2단계인 '길 잃은 자아' 단계가 되면 대화를 나누기가 더 힘들어져서 환자의 말수가 전보다 줄어드는 경우가 많다. 또 문장과 단어의 반복도 잦아진다. 그래도 대화가 너무 오래 이어지지만 않으면 정상 대화의 외양을 유지할 줄은 안다. 그래서 모르는 사람은 깜빡 속아 넘어간다.

아랫글의 남편은 손님들이 아내의 치매를 눈치채지 못하는 것을 보고 놀랍기만 하다.

> 손님이 찾아올 때 아내가 어떻게 할지, 그는 잘 알았다. 아내의 입에서 나오는 문장들은 아내의 의식과는 하등 상관이 없었다. 그저 아내가 아직도 흉내 낼 수 있는 대화의 틀, 주장의 자동 장치에 불과했다. 의미가 있을 것 같은 문장의 형태를 갖춘 소음에 불과했다.
>
> 헤리천, 2000

이 단계가 되면 환자가 쓰는 문장이 점점 빈약해진다. 구사하는 어

휘도 줄어든다. 대신 환자는 상대가 마지막에 한 말―문장이나 단어
―를 되받아서 다시 한번 되풀이한다.

환자의 언어는 체류 기간이 얼마 안 되어 우리 말을 잘 못하는 외국
인의 언어를 닮아 간다. 단어 선택도 점점 더 부정확해진다. 그래서 주
변 사람들이 환자의 의중을 파악하기 위해 머리를 굴려야 한다.

치매 엄마와 장을 보러 간 아랫글의 딸처럼 말이다.

스틱 모양의 냉동 생선 튀김 한 봉지와 브로콜리를 사러 엄마를 데리고
마크스&스펜서(의류·신발·가정용 잡화·식품 등을 판매하는 영국의 소매
업체-옮긴이)로 들어간다. 엄마는 열심히 살피지만 자기가 뭘 보고 있는
지 모를 것이다. 엄마의 눈에는 온 세상이 시시각각 변하는 것 같다. 거의
모든 것이 엄마를 놀라게 한다.

"세상에나, 대기실이 정말 멋지다!" 엄마가 외친다. "저 나무 좀 봐." 엄마
가 아래쪽 큰길을 가리킨다. 나무가 안 보인다.

"어디?"

"저 뻗어 올라가는 나무."

큰길 끝에 교회 탑이 솟아 있다. "저 교회 탑 꼭대기?"

"그러니까 내 말이! 교회 탑 꼭대기." 나무와 교회 탑은 둘 다 하늘 높이 올
라간다. 엄마는 시작도 끝도 모를 이상한 말을 한 가득 뱉어 낸다. 말을 시
작해서 몇 마디 안 해도 왜 그 말을 시작했는지 벌써 잊어버린다.

우리는 나무가 늘어선 길을 걸어 큰길까지 간다.

"으, 이게 뭐야? 에그!" 엄마가 얼굴을 찌푸린다.

"왜요?"

"길에 시계가 가득해."

"시계?"

"응, 시계, 우리를 집까지 데려다줄 시계."

"버스?"

물론 시계도 우리를 집까지 데려다준다. 째깍째깍. 죽는 날까지 째깍째깍.

그랜트, 1998

이전 단계에서도 환자가 먼저 대화를 시작하는 일은 거의 없지만 이제는 아예 대화를 시작하지 않는다. 거기에다 틀린 말까지 사용하면 환자를 잘 아는 가족마저도 환자가 무슨 말을 하는지 이해를 못 하는 일이 자주 생긴다.

~

필이라는 이름의 환자에 대해 의사는 이런 기록을 남긴다.

'길 잃은 자아' 단계에 접어들자 필은 하고자 하는 말에 알맞은 표현을 찾지 못했다. 뇌졸중 환자도 비슷한 언어 문제를 겪지만 치매 환자와 달리 자신의 문제를 항상 인식한다. 필의 경우는 달랐다. 자넷(필의 아내—지은

이)은 이런 일화를 들려주었다. 둘이서 산책을 하다가 갑자기 필이 호통을 쳤다. "기차가 연착이야. 어떻게 좀 해 봐!" 아내가 당황해서 무슨 말인지 모르겠다고 하자 필은 화를 내며 자기 구두를 가리켰다. "눈 있으면서 안 보여?" 구두끈이 풀려 있었다. 구두끈을 묶어 달라는 말이었던 것이다. 필은 원하는 것은 정확히 알았지만 그걸 올바르게 표현할 수 없었고 그런 자신의 문제점을 전혀 인식하지 못했다.

눌랜드, 1994

나아가 환자는 상대의 말뜻을 파악하는 데도 어려움을 겪는다. 그나마 글을 읽고 이해하는 능력은 한동안 유지된다. 글을 읽을 때는 소통의 속도를 스스로 조절할 수 있기 때문인 듯 하다.

또 이 단계에선 "지성", "정치", "이념", "행복" 같은 추상적 개념을 이해하지 못하며 범주나 총칭을 헷갈린다. 하지만 언어 리듬은 한동안 유지된다. 현재와 과거의 구분도 사라진다. 요양원 휴게실 의자를 보고 옛날 의자를 **떠올리는** 것이 아니다. 그 의자는 옛날 그 의자**이다**. 자기 의자다. 언어학의 표현을 빌리면 기호와 대상을 더 이상 구분하지 못하는 것이다[38].

환자는 이야기를 논리적으로 풀어놓지 못한다. 방금 전에 자기가 한 말과 연관시킬 수도 없고 앞으로 무슨 말이 이어져야 할지도 모른다. 그래서 대화는 밑도 끝도 없다.

긴 문장을 만들지도 못한다. 사실 제대로 된 문장을 구성하는 것 자체가 엄청난 노력이 든다. 환자의 언어는 문법적으로 꼭 필요한 부분만 남는다. 그래서 생각 없이 자동적으로 쓰는 말과 누구나 쓰는 표준 문장의 비중이 늘어난다.

'침몰한 자아' 단계에서의 소통

방금 전 할머니를 만난 한 젊은 여성의 이야기를 들어 보자.

> 저 왔어요, 하니 할머니는 멍한 눈으로 쳐다본다. 말을 붙여도 아무 반응이 없다. 처음에는 좀 놀란다. 할머니가 날 갖고 장난을 치시나? 몰래 카메라인가? 아니다. 내가 애도 아니고, 그런 장난을 치실 리 없다. 그렇지만 누군가가 바로 앞에 앉아 있는데도 정신은 여기 없으니 뭔가 상당히 섬뜩하다. 할머니는 나를 쳐다보지만 나를 보고 있지 않다. 할머니가 베일에 가려 있어서 다가갈 수 없는 것 같다.
>
> 케이건, 1998

치매가 '침몰한 자아' 단계에 접어들면 언어를 생산하고 이해하는 능력이 급감한다. 환자가 아직 말을 하고, 가끔 그 말이 의미가 있는 것 같고 정확한 것 같아 보여도 그의 문장들은 "공허"하다.

반향 언어(Echolalia, 들은 낱말이나 문장을 의도나 의미 없이 반복하는 현상

—옮긴이)도 자주 등장한다. 곧바로 상대의 문장이나 단어를 강박적으로 반복하는 것이다. 언어 능력이 급속히 줄어 결국 환자는 몇 마디 단어밖에 구사하지 못하게 된다.

그래서 요양 병원에 계신 치매 어머니를 한참 만에 찾아온 아들은 말을 잃은 어머니의 상태를 보고 깜짝 놀란다.

> 누가 뭘 물어도 어머니는 사납게, 짧게, 힘들여 새된 소리로 대답한다. "싫어!"
>
> 전부 다 싫다.
>
> "오늘 몸이 안 좋으세요?" - 싫어.
>
> "물 드릴까요?" - 싫어.
>
> "엄마, 괜찮아?" - 싫어.
>
> "파티 갈까?" - 싫어.
>
> "아파요?" - 싫어.
>
> 헤르트만스, 2004

병이 더 진행되면 결국 어쩔 수 없이 환자가 완전히 입을 다무는 순간이 찾아온다.

그렇게 되면 환자는 분명치 않은 소리만 낼 수 있다. 질문에도 거의 반응하지 않는다. 그저 통증, 더위, 추위, 동작 등의 신체적인 인식에만 반응을 보인다[39].

치매 환자와의 소통을 도와줄 몇 가지 조언

지금까지의 설명을 읽고 나면 자연스럽게 환자의 소통 능력이 차츰 감소할 것이라는 결론이 나온다. 그럼에도 치매 환자와 최대한 원활히 소통하기 위해서는 몇 가지 명심해야 할 점이 있다.

여기서 소개할 방법들은 거의 모두가 앞서 다룬 내용을 기반으로 삼는다. 치매에 걸렸어도 남아 있는 환자의 능력, 무엇보다 환자의 욕구에 기초한 조언들이다.

최대한 간략하게 말한다

대화를 최대한 간략하게 줄인다. "4시 반이에요. 차 마실 시간이에요. 차 드릴까요?"

상대의 말이 길고 복잡하면 환자는 실마리를 잃는다. 두 가지를 동시에 물어도 마찬가지다. "차 마시고 나서 드라이브 갈까요?"

부탁을 할 때는 환자가 그 행위를 해야 하는 시점 바로 직전에 해야 한다. "5분 후에……?"라고 물으면 안 된다. "지금…… 할 수 있을까요?"라고 물어야 한다.

또 환자가 그 행위를 해야 하는 환경이나 상황에서 부탁을 해야 한다. 다시 말해 옷을 입자고 할 때는 침실이나 욕실에서, 밥을 먹자고 할 때는 식탁에 앉아서 말을 꺼내야 한다.

환자가 메시지―부탁이나 질문―를 제대로 이해했는지 살피는 습관을 들이는 것이 좋다. 환자의 대답을 그대로 믿어서는 안 된다. 환자가 부탁을 실행에 옮기는지, 그래서 약을 먹는지 살펴야 한다. 부탁과 다른 행동을 할 때는 부탁 내용을 이해하지 못한 것이다. 물론 알아듣고도 시키는 대로 하기 싫거나 할 수 없는 경우도 있다.

어른에게 하듯 말한다

치매 환자가 어린애처럼 굴 때가 있다. 바지에 오줌을 싸고 음식을 질질 흘리고 혼자서는 옷도 못 입고 세수도 못 하며 심지어 인형을 갖고 놀기도 한다. 하지만 환자는 여전히 스스로를 어른이라고 생각하는데다, 병으로 인해 마음의 상처를 잘 받고 자존감이 크게 떨어졌기 때문에 특히나 더 어른으로 대우해야 한다.

앞서 4장에서도 이미 언급했듯 자존감은 사라지지 않는다. 따라서 환자에게 미리 알리지 않고서 화장실이나 다른 장소로 데려가면 안 된다. 어떻게 할지 먼저 환자와 의논해야 한다. 환자와 소통할 때는 눈 맞춤도 잊어서는 안 되며 존중이 담긴 말투로 대화를 나눠야 한다. 애들한테 하듯 "응가할까?", "말 잘 들으면······", "맛난 거 줄 거야!" 식의 말투는 절대 금물이다. 내가 굳이 이 사실을 강조하는 이유는 일반 노인을 보살피는 전문 간병인조차도 그런 식의 말을 자주 사용하기 때문이다.

뇌졸중으로 병원에 입원한 한 남성도 그런 일을 겪는다.

"잘 주무셨어요?" 그녀가 명랑하게 말한다. "잘 주무셨다고 들었어요. 자, 이제부터도 말 잘 들으면 오렌지 주스 줄 거예요."

그녀는 왜 어린애한테 하듯 저렇게 말하는 걸까. 그녀는 지성인이다. 그가 지성인이라는 것도 안다. 병원이 아닌 다른 곳에서 만났다면 그녀는 그를 존경 어린 눈빛으로 쳐다보았을 것이고 "말 잘 들으면" 같은 저런 멍청한 말을 감히 던질 생각도 못 했을 것이다.

그는 못 들은 척하고서 그녀가 침대 발치에 붙은 카드를 들여다보며 그의 체온을 기록하는 모습을 눈으로 좇았다. 자기와 관련된 내용이건만 그 카드에 뭐가 적혔는지 그만 보지 못한다. 문제는 그가 **물건**이 돼 버렸다는 것이다.

여기선 노루발로 문을 열어 두는 것이 관행인지 그의 방문만 열린 게 아니라 홀의 문도 열려 있어 거기서 소음이 밀려들었다.

시메논, 1993

도움이 필요한 사람에게는 그런 식의 "잘못된 소통"을 하기 쉽다. 노인들 역시 그런 취급을 받기 십상이다.

요양원에 사는 (치매가 아닌) 70세 여성이 간병인에게 이런 말을 한다.

"내가 우리 여사님을 정말로 좋아하는 건 딴 이유가 아니고 다른 사람하고 달리 나를 한 번도 무시하지 않아서 그런 거예요. 노인들 대할 때 무시하는 경우가 너무 많거든. 칠십이 되면 어떤 사람이건, 얼마나 똑똑하건

무조건 애처럼 취급해야 한다고 생각하는 것 같아. 특히 요양원에서 그래. 아무도 거기 노인들을 정신이 초롱초롱한 사람으로 대하지 않아. 구슬리고 괴롭히고 거짓말하지." 그녀는 가쁜 숨을 몰아쉬었다. 다시 얼굴이 새빨개졌다. "변치 말아요. 여사님은 그렇게 되지 마. 그러면 내가 너무 힘들 거야. 그건 못 참을 것 같아."

바인, 1997

치매 환자도 무시당하면 안다. 자신이 있는 자리에서 누군가 제3자와 자기 이야기를 해도(예를 들어 "요즘은 무슨 생각을 하고 있는지 잘 모르겠어요") 무시당하는 기분이 된다. 앞서도 말했듯 치매가 상당히 진행되어도 자율과 통제의 욕구는 오래 살아남는다. 따라서 환자와 관련된 대화나 사안에는 최대한 환자를 동참시켜야 한다. 환자 앞에서 절대 귓속말하지 마라! 물건, 심지어 **성가신 물건** 취급당하는 것 같아서 기분이 상한다.

환자의 체면을 구기지 않는다

치매 환자도 우리와 마찬가지로 실수할까 봐, 창피당할까 봐 겁을 낸다. 따라서 환자가 그런 불안을 느끼지 않도록 배려해 줘야 한다. 사실 치매 환자의 많은 행동, 특히 자기가 안 했다고 딱 잡아떼는 행동이 실수를 저지르고 싶지 않거나 저지른 실수를 숨기고 싶은 마음의 표현이다.

방금 전에 일어난 일에 대해서는 최대한 질문을 하지 말아야 한다. 혹시 그날 또는 그 주에 일어났던 일을 언급하고 싶다면 가장 중요한 정보를 골라 미리 알려 줘야 한다. 예를 들어 이렇게 확인하는 형식의 질문을 던진다. "오늘 오후에 엄마 아들 얀이 왔었어. 그치 엄마?", "아빠가 이겼어요. 그치 아빠?"

경험으로 미루어 볼 때 환자가 뭘 모르는 것 같거든 미리 염두에 두어서 환자가 자신을 모자라는 사람으로 느끼지 않게 배려해야 한다.

현재 이야기를 하거나 과거 이야기를 한다

두 가지 치매 법칙에서 알 수 있듯 치매 환자는 아직 두 가지 시공간에 대해 이야기할 수 있다. 첫 번째는 오늘이다. 그러니까 지금 여기서 일어나는 모든 일이다. 환자가 지금 보고 듣고 느끼고 냄새 맡고 맛볼 수 있는 것을 언급하면, 적어도 '위태로운 자아' 단계와 '길 잃은 자아' 단계에서는 대화가 가능하다. '경험하는 자아'는 아직 그대로 남아 있기 때문이다.

그보다 더 오래 대화가 가능한 두 번째 시공간은 과거다. 물론 병이 진행될수록 점점 더 시간이 뒤로 밀려난다. 과거에 찍은 사진이나 영상을 활용하면 환자의 기억을 불러올 수 있다. 어떨 땐 그냥 평범한 질문을 던졌는데도 예상외로 자세한 이야기를 들을 수도 있다.

어머니가 치매에 걸려 지금 제2차 세계대전이 발발하기 이전의 로테르담에 살고 있다고 생각한다. 아들이 그 어머니에게 그 시절 이야기를 묻자 어머니의 입에서 이야기가 우수수 쏟아져 나온다.

"같은 반에 유대인 친구가 있었어요?"

"아니, 우리 반에는 없었고, 내가 다니던 건강체조교실에는 독일에서 온 유대인 남자아이가 하나 있었지. 이름이 헤르만 슈바인스베르거였어. 여동생 이름은 로테였고. 불쌍한 녀석이 목을 맸어. 헤르미 36번가였지. 우리 학교는 아니고 직업학교에 다녔어."

"왜 자살을 했어요?"

"당연히 나치 때문이지. 유서도 남겼다더군."

"여동생은요?"

"흰 체육복을 입은 그 아이가 눈에 선해."

말투는 담담해도 어머니 눈가가 촉촉해진다. "그 집 식구들 소식은 몰라. 이제 그만 누우련다. 피곤해 죽겠다."

바르나르트, 2001

느린 속도를 이해한다

치매로 인해 환자의 뇌는 정보를 처리하는 데 더 많은 시간이 걸린다. 치매가 걸리지 않았어도 노인이 되면 한 가지 질문에 반응하기 위해 5초가 필요하다. 당연히 치매 환자는 더 많은 시간이 필요할 것이다. 중증도만 되어도 보통 노인보다 2배, 3배 시간이 더 걸린다.

치매 남편을 보살피는 아내의 이야기를 들어 보자.

질문을 하면 대답을 듣기까지 몇 시간이 걸릴 때도 있고 질문과 아주 동떨어진 맥락의 대답을 할 때도 적지 않다. 나는 시간이 흐르면서 일종의 해독解讀 시스템을 개발했지만 다른 사람들은 근접한 대답을 듣고도 무슨 소리인지 몰라서 그냥 다정한 표정으로 고개를 끄덕이거나 환자를 생각해서 "네, 네" 하기만 한다.

프린스, 1992

칭찬하고 격려한다

우리도 대화 상대가 우리와의 대화를 반기는 것 같고, 우리의 말에 관심을 보이면 기분이 좋아진다. 특히 상대가 우리가 아끼는 사람이라면 더욱 상대의 관심에 목을 맬 것이다. 치매 환자도 마찬가지다. 환자역시 상대가 진심으로 온전히 자신에게 집중해 주기를, 자신의 말에 관심을 보여 주기를 바란다. 요새 간병 세계에서 유행하는 말대로 써 보자면, 환자도 당신과 똑같이 존중해 주기를 바라는 것이다.

존중의 마음은 꼭 말이 아니어도 전달할 수 있다. 몸을 상대 쪽으로 돌려 상대를 바라보고 고개를 끄덕이거나 미소를 지어 용기를 북돋으면 된다. 치매 환자가 아닌 보통 사람에게도 우리는 이런 방식으로 존중의 뜻을 전한다. 물론 말로도 전달할 수 있다. "몸은 좀 어떠세요?" 또는 "말씀해 주실 수 있으세요?"같이 간단한 질문을 던지거나 칭찬 또는 격려로 추임새를 넣어 주는 것이다.

용기를 북돋는 말들

저런!	와!	좋아요!
어머나!	그래서요?	할 수 있어요!
재미있어요.	멋진데요!	전 한 번도 그런 생각 안 해 봤어요!
그다음에는요?	흥미진진한데요!	왕 짜증이야!
이야, 신난다!	얼마나 마음이 아프셨을까!	괜찮아요.
무슨 그런 일이 다 있대요!	대단해요!	웬일이니!
사랑해요.	잘하셨어요.	

내가 20년 전 정신 병동에서 심리 치료사로 일할 때였다. 일주일에 한 번 중증 우울증을 앓는 여성이 상담을 하러 왔다. 그런데 그 시간이 정말로 힘들었다. 도무지 환자의 말을 알아들을 수가 없었기 때문이다. 환자는 후두암으로 성대를 잘라 냈기 때문에 발음을 제대로 할 수 없었다. 네 문장을 말하면 한 문장밖에는 알아듣지 못했고 그마저 맥락 파악이 안 되다 보니 절반 정도만 이해가 되었다. 게다가 그런 제약이 있으면서도 환자가 말을 진짜 폭포수처럼 쏟아 내면서 나한테는 통 말

할 틈을 주지 않았기 때문에 그 시간이 어느 상담보다 힘들었다. 이렇듯 듣는 사람 입장에선 "대화"라고 부를 만한 것이 아니었음에도 간호사한테 들어 보니 그 환자는 상담 시간을 엄청 기다린다고 했다. 환자 스스로도 언젠가 한번 자기는 한 주 내내 이 시간만 기다린다고 털어놓았다.

지금 와 돌이켜 보니 당시 나는 방금 전에 추천한 바로 그런 행동들을 했던 것 같다. 간단한 질문을 던지고 잘했다며 칭찬해 주었고, 가끔씩 내가 알아들었거나 귀로 들은 단어나 문장의 일부를 반복했다. 대부분은 마지막 문장의 단어들이었다.

그러므로 여기서 설명한 조언들을 따라 한다면 환자의 말을 다 못 알아듣는다고 해도 누구나 환자와 제법 잘 이야기를 나눌 수 있을 것이다.

⌒

딸(엘리노어)과 치매 환자인 엄마(릴)의 짤막한 대화 두 편을 들어 보자. 어떻게 환자를 인정할 수 있는지 보여 주는 좋은 사례다.

엘리노어: 엄마, 잘 지내셨어요?

릴: 아, 급하다. 좀 전에 물 담긴 배수로에서 오는 길이야.

엘리노어: 물 담긴 배수로? 신기하네요.

릴: 아, 내가 건너다가 앉아 가지고. 그 사람들이 그게 있거든. 내 말은 새

가 있다는 말이야. 아마 이상하게 생각한 거지. 그래 가지고 잡았는데 다른 것도 있는 것 같아.

엘리노어: 좋네요.

릴: 사실은 완전히 다른데 우리는 못 잡아. 그 사람들은 동물 실험실에서 물고기를 얻었거든. 물에 안 젖는 법을 잘 알아.

엘리노어: 아, 그렇군요. 엄마 친구도 있어요?

릴: 아, 고무장갑을 끼고. 근데 젖을까 봐 막 걱정을 해 가지고. 기분이 안 좋을 걸.

엘리노어: 엄마, 잘 지내셨어요?

릴: 여기 큰 거, 큰일 있지. 큰 거에 초대받았거든. 특별할 거야.

엘리노어: 세상에, 멋지다.

릴: 내 맥주 입맛이 잘되어야 할 텐데. 갈 거 같아. 그게 마음에 안 들면 마음에 안 들면 되지.

엘리노어: 맞아요. 근데 그게 뭐예요?

릴: 나도 몰라. 나는 여기 없었어. 저 위에서 다른 거 할 거야.

엘리노어: 같이해요.

릴: 난 아무 말 안 했다.

퓌흐스, 2006

좋아하는 주제를 찾는다

중년 여성이 친구 에스터에게 이런 이야기를 한다.

"에스터, 어젯밤에 내가 친구 생일 파티에 갔거든. 엄청 긴장했어. 내가 말했잖아. 아는 사람이 하나도 없었다고. 그런데 정말 신나게 잘 놀다 왔어. 옆에 내 나이 또래 여자가 앉았는데 그 사람하고 저녁 내내 수다를 얼마나 떨었는지 몰라. 공통 화제가 있었거든. 텃밭. 그 사람도 텃밭을 가꾸더라고. 대화가 끝이 나지를 않았어. 남편이나 애들은 금방 딴 이야기를 하는데 그 사람은 안 그랬어. 정말로 신났어!"

이 대화가 치매 환자와 무슨 상관이 있을까?

누구에게나 열정을 느끼는 주제, 자꾸 이야기하고 싶은 주제가 있다. 그것이 대화의 접점이 된다[40]. 생판 처음 보는 사람을 만났다고 상상해 보자. 어떨 때 기분이 좋아질까? 그 사람이 우리도 좋아하는 주제를 꺼낼 때다. 치매 환자라고 해서 다를 것이 없다. 좋아하는 주제가 나오면 기억장애도 힘을 못 쓴다. 아마 당신은 지금 이런 의문이 들 것이다. 치매 환자가 뭘 제일 좋아하는지 어떻게 안담?

∽

이런 방식의 소통 경험이 많은 한 요양 보호사는 이런 말을 한다.

새로 환자가 들어오시면 나는 항상 직업이 무엇이었는지, 어떤 분야에 관심이 있었는지, 취미가 무엇이었는지 묻는다. 옆에 배우자나 자식들이 있으면 그분들에게 도움을 청한다. 그럴 때는 내가 새 환자가 좋아하실 만한 주제를 찾는 중이라고 말씀드린다. 환자가 주제를 이야기하면 그때마다 나는 아래 세 가지 질문을 던진다.

1. 예전에, 그러니까 발병하기 훨씬 전에 좋아하던 것인가?
2. 그것을 할 때 정말로 좋았는가?
3. 그 주제를 가장 잘 설명할 수 있는 특별한 문장이나 단어가 있는가?

첫 번째 질문을 던지는 이유는 그렇게 하면 아직 기억에 남은 수많은 이미지와 아직 읽을 수 있는 일기장에 다가갈 수 있기 때문이다. 좋아하는 주제가 스물에서 서른 살 시절에 알게 된 것일 때도 많고 심지어 그보다 더 이전 것일 때도 있다. 두 번째 질문을 던지는 이유는 사람들―당연히 치매 환자들도―은 기쁨과 만족을 주는 것에 대해 이야기할 때 제일 좋아하기 때문이다. 그 말이 힘든 시간이나 실망이 전혀 없었다는 뜻은 아니다. 프로 운동선수도 심한 부상을 당할 때가 있다. 또 해마다 이기지는 않을 것이다. 아이들을 키우는 일도 늘 꿀이 뚝뚝 떨어지는 단꿈은 아닌 것이다.

마지막으로 세 번째 질문에 대해 설명을 하자면, 그 한 문장이나 단어가 옛 이미지나 일기를 자동적으로 불러내면 큰 도움이 된다. 이 문장, 이 단어, 이 표현이 치매 환자의 입에서 나오면 가장 좋다. 그냥 엄마와 일곱 아이의 엄마와 일곱 아이의 슈퍼엄마는 완전히 다른 말일 수 있다. 어쩌면 마지막 표현을 듣고서야 환자가 입을 열게 될지도 모를 일이다. 좋아하는 문장이나 단어에 그 주제와 관련된 제스처까지 곁들일 수 있다면 금상첨화일 것이고, 그 제스처 역시 환자가 직접 보여 준다면 제일 좋을 것이다. 슈퍼엄마의 경우 아이를 번쩍 들어 올리는 제스처일 수 있겠고, 축구 선수의 경우엔 헤딩하는 포즈, 골키퍼라면 공을 잡는 포즈가 될 수 있겠다.

환자가 우리가 있는 자리에서 좋아하는 주제를 이미 입에 올렸을 수도 있겠지만 꼭 그럴 필요는 없다. 예전에 어항에 온갖 공을 들이던 환자라도 지난 몇 년간 전혀 물고기 이야기를 안 할 수 있다. 아무도 물어보지 않았거나, 주변 환경이 그 열정의 기억을 소환해 주지 않았기 때문이다. 스무 살 되던 해 입단해서 서른다섯 살까지 경기를 뛰었던 축구 선수도 축구 이야기를 전혀 입에 올리지 않을 수 있다. 그러기에 환자가 좋아하는 주제를 찾는 일은 탐정 못지않은 추적 작업을 요하기도 한다. 때로는 앨범 속 사진이 좋은 길잡이가 될 수 있다.

좋아하는 주제를 찾다 보니 여러 가지 주제가 등장했다면 그 전부를 차례차례 시험해 볼 수 있다. 그중에서 매번 반응이 제일 좋은 주제를 고르면 된다. 수제마다 귀 기울여 들어 주고 고개를 끄딕이거나 밀로 동의를 표하라.

아랫글의 아들은 요양원에 계시는 아버지를 만나러 가기 전에 미리 대화를 준비한다. 오늘 아버지는 요양원 음악실에서 드럼 스틱으로 신나게 드럼을 친다. (이 드럼 스틱은 아버지가 드럼 이야기를 하면 제일 흥겨워하시고 지금도 젊을 때 못지않게 드럼 실력이 좋다는 사실을 알게 된 아들이 직접 요양원에 가지고 갔다.)

휴게실로 자리를 옮기자마자 칭찬을 건넬 것이다. 소리가 어찌나 힘찬지 두 사람이 치는 줄 알았다고 말할 것이다. 그러고는 아버지에게 스틱을 보여 달라고 하면서 특수 장치가 달려 있는 게 아닌가 살피는 척할 것이다. 또 그렇게 드럼 재능이 있는지 언제 알았냐고 물을 것이다. 아버지가 대답하시면 귀 기울여 들을 것이다. 그리고 세상에 아버지보다 드럼을 잘 치는 사람은 본 적이 없다고 말할 것이다.

데이크스호른, 2012

좋아하는 주제를 고르기 적당한 때는 언제일까?

진단을 받았다면 어서 빨리 시작하라. 진단을 받았을 때는 이미 치매가 생각보다 훨씬 많이 진행되었을 가능성이 높다. 오래 끌수록 기억 소환에 필요한 접점을 찾기도 더 힘들어진다. 물론 좋아하는 주제를 찾았다고 해서 밤낮으로 쉬지 않고 줄곧 그 이야기만 늘어놓으라는 소리는 아니다. 가능하다면 다른 주제도 꺼낼 수 있다. 너무 같은 이야기만 하면 지겨울 테니 말이다. 하지만 좋아하는 주제는 언제라도 돌아갈 수 있는 안전한 항구다. 환자가 불안해하거나 울적해하거나 화를 낼 때 그 이야기를 꺼내면 환자의 마음이 가라앉으면서 편해질 것이다.

마지막으로 한 가지만 더 조언하자면, 치매 진단을 받거든 최대한 빨리 인생 앨범을 만들기 시작하라. 환자의 삶에서 사진과 이야기를 꺼내 책으로 만들어 보자.

이유를 캐묻지 않는다

치매 환자가 아니라 해도 일상생활에서 가장 잦은 다툼의 원인 중 하나가 행동의 이유를 캐묻는 것이다("늦게 오면 온다고 전화를 해야지. 왜 전화를 안 해?"). 그런 질문을 받으면 누구나 변명을 해야 할 것 같은 기분이 된다. 방어 역할로 몰리는 것이다. 그 상태가 기분 좋을 사람은 없기에 이번에는 질문을 받은 쪽이 공격에 나선다. 이처럼 "왜"라는 단어는 자주 다툼의 불씨가 된다.

치매 환자라고 다를 것이 없다. 아니 더 심각한 문제를 일으킨다. 그런 질문이 자신이 가진 능력보다 더 많은 사고 능력을, 더 우수한 두뇌 기능을 요구하기 때문이다.

이유 말고도 설명을 요하는 질문 역시 치매 환자를 당황하게 한다.

딸의 이야기를 들어 보자.

규칙도, 코드도 없다. 하물며 저 사람을 설명해 놓은 책이 있을 리 만무하다. 당신이 사랑하는 바로 저 사람을. 내가 보기엔 항상 통하는 규칙은 단

하나밖에 없다. "어떻게 생각해?"라고 절대 묻지 않는 것이다. 건강한 사람도 그 질문을 받으면 당황스러우니까.

판덴 베르흐, 1994

이 딸과 그녀의 언니는 치매 엄마와 소통을 잘한다. 그 비밀은 이 한 가지 황금 규칙에 있다. 남들이 듣기엔 이상한 대화지만 그들에겐 비법이 있다.

알아듣지 못할 대화지만 시간이 갈수록 우리는 능숙해진다.
"아, 이거야, 이 기차, 그럼……."
엄마가 불안한 동작을 한다. 언니가 말한다. "엄마 걱정하지 마요. 다 해결됐어."
"다행이구나!"
엄마가 언니의 손을 쓰다듬는다. 언니의 대답에 만족한 모양이다. 엄마하고 있을 때는 말이 잘 통한다. 하지만 집을 나오자마자 언니와 나는 황당한 표정으로 서로를 쳐다본다. 무슨 이야기를 했지? 알게 뭐야!

판덴 베르흐, 1994

실제로 치매 환자의 말을 다 알아들을 필요는 없다. 환자에게 필요한 건 그저 귀 기울여 들어 주는 사람이며, 동의를 표하는 끄덕임이나 인정의 "네"라는 말이다.

토론하지 않는다

〈라쇼몽羅生門〉은 세계 영화사에서 가장 걸작으로 꼽히는 영화 중 하나다. 일본 감독 구로사와 아키라의 이 명작은 억수같이 쏟아지는 폭우를 피해 라쇼몽 처마 밑에서 비를 피하는 세 사람의 등장으로 시작된다. 스님과 나무꾼과 걱정이라고는 없어 보이는 한 남자다. 나무꾼이 증인으로 불려 갔던 재판 이야기를 들려준다. 악명 높은 산적이 숲을 지나던 사무라이와 그의 아내를 급습하여 아내를 겁탈하고 사무라이를 죽인다. 진짜 그랬나?

이야기의 시작에 대해선 모두가 같은 말을 한다. 급습하여 겁탈한다. 하지만 그 이후에 일어난 일은 묘연하기만 하다. 산적과 아내, 나무꾼, 심지어 죽임을 당한 사무라이까지, 이 네 사람의 이야기가 다 다르기 때문이다. 네 번의 긴 플래시백을 통해 각자가 자기 버전으로 사건을 이야기한다. 당연히 의문이 든다. 누가 진실을 이야기하나?

영화를 보고 난 관객은 어쩔 수 없이 이런 결론을 내리게 된다. 객관적 진실은 없다고. 모두가 다르게 현실을 본다. 영화는 또 함부로 진실이라 맹세하지 말라고도 경고한다.

내가 무슨 말을 하고 싶은 건지 다들 눈치챘을 것이다. 치매 환자의 진실은 우리의 진실과 다를 때가 많다. 그들은 우리의 세상과 전혀 다른 세상에서 산다. 그들의 눈에 비친 세상은 너무도 빠르고 예측할 수 없다. 하지만 그들 역시 우리와 마찬가지로 안전과 확신이 필요하기에 나름의 진실을 만들어 낸다. 때로 그 진실은 우리의 논리 위에 서 있지

6장 치매 환자와 소통하기

않다. 하지만 중요한 것은 그게 아니다. 그 진실이 그들에게 버팀목이 되어 준다는 것, 그것이 중요하다. 우리의 이성이 아니라고 소리쳐도 그 이성의 소리를 따르는 건 아무 의미가 없다. 그래 봤자 환자를 더 혼란스럽게 만들 뿐이다.

영국 부부 작가 팀인 니치 프렌치Nicci French는 남편 숀 프렌치Sean French와 아내 니치 제라드Nicci Gerard가 둘의 이름을 조합해 만든 작가 팀이다. 그중 아내인 니치 제라드 역시 "시행착오법Trial and Error"을 통해 치매에 걸린 아버지와 소통하다가 이 진리를 발견했다.

> 아버지를 우리 세계로 되돌리려 하지 않고 내가 아버지의 세계를 들어가는 법을 조금 배웠다. 당연히 처음에는 누구나 계속해서 말하려 한다. 아니야. 오늘은 금요일이 아니고 일요일이야. 난 아빠 딸이야. 아빠 아내가 아니라고. 하지만 계속 아니라거나 틀렸다는 말을 듣는 치매 환자는 어떤 기분일까 한번 상상해 보라. 그리고 사실 금요일이건 일요일이건 뭘 차이가 있는가.
>
> 판 페인, 2019

물론 이따금씩은 마뜩잖을 때도 있다. 거짓말을 하는 기분이 들 수도 있다. 하지만 그게 뭐 그리 대수인가. 프랑스 철학자 볼테르는 말했다. "거짓은 고통을 줄 때에만 죄가 된다. 유익하면 큰 미덕이다."

진리는 타인의 감정을 배려하지 않는다. 행복과 진리 중 행복을 택한다고 해서 뭐 그리 큰일이 날 것인가.

하지만 아무리 그래도 치매 환자의 진리에 순응하는 것이 너무나 괴롭다면, 환자의 말을 듣고 있는 것조차 힘이 든다면 마음속으로 10까지 센 다음 대화 주제를 딴 곳으로 돌리려 애써 보자.

물론 그보다는 치매 환자의 말에 깔린 감정이 무엇인지 파악하여 그 감정에 반응하려 노력하는 편이 훨씬 더 유익할 것이다. 그 방법에 대해서는 뒤에서 더 자세히 설명할 것이다.

어쩌면 치매 환자와의 소통 방법 중에서 가장 중요하고도 가장 어려운 방법은 이것일 것이다. 소통이 실패할 때마다, 아니 치매 환자가 불평할 때마다 그 책임을 우리가 지고 사과하는 것이다. 우리가 아무 잘못을 하지 않았어도, 어떤 문제를 일으킨 적 없어도 무조건 사과를 한다. "엉?" 잘못 읽은 게 아닌가 해서 이 문장을 다시 한번 읽은 독자도 있을 것이다. 하지만 어떤 경우라도 내가 먼저 사과를 하겠다는 마음보다 더 치매 환자와의 소통을 편하게 만들 "방도"는 별로 없다.

치매 환자에게 가장 효과가 큰 말은 바로 "미안해요!"다. 이 간단한 말로 무한히 많은 다툼을 예방할 수 있다. "화나셨다면 죄송해요." "제가 착각했어요. 미안해요."

애거사 크리스티는 오래전에 이미 이 사실을 알고 있었다. 그녀의 추리소설 여러 편에 등장하는 유명한 탐정 부부 토미와 터펜스는 이런 대화를 나눈다.

터펜스가 전에 그에게 진지하게 경고한 적이 있다. "65세 넘은 노인이 심하게 욕을 하거든 대들지 마. 당신이 옳다고 주장하지도 마. 얼른 사과하고 당신이 완전 착각했다고 말해. 완전 착각했고 두 번 다시 그러지 않겠노라고."

이 순간 토미는 그 말이 아다 아주머니한테도 옳은 소리라는 걸 깨달았다. 지금껏 늘 그랬던 것이다.

그래서 그는 말했다. "정말로 죄송해요. 나이가 드니까 자꾸 깜빡깜빡하네요. 아주머니만큼 기억력 좋은 사람은 진짜 본 적이 없어요." 그는 얼굴 붉히지 않고 이 말을 덧붙였다.

크리스티, 1995

실수는 환자가 했는데 왜 내가 죄를 뒤집어써야 하나 싶을 때는 환자의 체면을 지켜 줄 수 있는 핑곗거리를 찾아보는 것도 좋은 방법이다.

2000년 12월 8일. 도서관에서 하루를 보내고 저녁에 엄마한테 갔다. 엄마가 "유럽식 저녁"이라 부르는 늦은 저녁을 먹기 위해서였다. 나는 식탁을 차리고 양초 두 개에 불을 붙인 뒤 라벨에 낭만적인 성이 그려진 리슬링 포도주를 따랐다. 그동안 엄마는 감자 퓌레와 설탕에 졸인 당근을 곁들인 아몬드 황새치를 두 접시에 담아 가져왔다. 엄청 맛나겠다. 내가 말했다.

그런데 막상 입에 가져가자 황새치가 차가웠다. 거의 냉동 상태인 것 같았다. 다시 다 전자레인지에 한 번 더 돌려야겠다. 금방 데워올게. 엄마가 말했다. 기다리는 동안 나는 엄마가 내 의자 옆에 놓아둔 〈뉴욕 타임스〉를 뒤적였다. (엄마가 여전히 배려할 줄 안다는 또 하나의 증거였다.) 나는 기다렸다. 계속 기다렸다. 부엌에서 덜컹대는 소리가 들렸다. 괜찮아요? 엄마? 내가 소리쳤다. 아니, 안 괜찮아. 엄마가 대답했다. 나는 부엌으로 갔다. 엄마가 흥분하여 식기세척기 버튼을 만지작거렸다. 나는 도통 이 멍청한 물건이 어떻게 작동하는지 모르겠더라. 엄마가 말했다. 나는 뭐가 문제인지 보려고 가까이 다가갔다. 그리고 식기세척기 문을 열었다. 희한한 광경이었다. 위 칸에 아몬드 황새치와 감자 퓌레, 당근이 놓인 접시 두 개가 들어가 있었다. 물을 홀딱 뒤집어쓰고서. 너무 놀라서 입이 다물어지지 않았지만 나는 얼른 식기세척기 문을 닫았다. 어찌해야 할지, 뭐라고 말해야 할지 당황스러웠다. 나는 크게 숨을 들이쉬었다. 이 기계 진짜 짜증 나네. 그치 엄마? 나도 작동법을 모르겠어.

모러, 2006

그래도 고쳐 줘야 할 때는

아무리 눈을 감고 싶어도 어쩔 수 없이 환자의 행동을 고쳐 줘야 할 상황이나 순간이 있다. 예를 들어 신발을 거꾸로 신었을 때다. 하지만 그럴 때에도 말을 꺼내기에 앞서 먼저 어떻게 하는 게 가장 좋은 방법일지 고민해 보자. 아마 해답을 이럴 것이다. 최대한 눈에 띄지 않게,

6장 치매 환자와 소통하기

목소리를 낮추어, 다정하게. 특히 나쁜 의도가 아닌데도 실수를 했다면 더욱 그렇게 해야 한다. 그러니까 '별일 아니에요' 또는 '다 그런 실수는 해요!'라는 뜻을 담아서 말을 하라는 소리다.

거절의 말을 좋아할 사람은 없다. 치매 환자도 똑같다.

거절하는 다양한 방법[41]

- 제가 해 드릴 수 있으면 좋겠는데.

- 아, 그럼 좋겠다.

- 잘 모르겠어요. 그럴 수 있는지 한번 볼게요.

- 그걸 알려면 누구한테 물어볼지 한번 고민해 볼게요.

- 좋은 아이디어예요! 잘하면 우리도 할 수 있을 거예요.

- 생각은 좋은데 우리하고는 좀 안 맞을 것 같아요.

- 다음번에 저 올 때 다시 말씀해 주세요.

- 진짜요? 제가 할 수 있나 한번 볼게요.

- 오늘은 날씨가 너무 더우니(추우니) 다음번에 해요.

- 지금 비 오는 거 보이시죠? 다음에 하면 어때요?

- 괜찮은데요!

- 그래요? 그건 제가 잘 몰라서요.

당연히 위의 전략을 섞어서 사용해도 좋다. 아랫글에서 딸은 아버지의 요청에 이렇게 대처한다.

아버지는 늘 떠나려고 하셨다. 잘 계시다가도 갑자기 벌떡 일어나 말씀하셨다. "집에 가련다." 아버지가 말씀하시는 집은 아버지의 부모님이 사시던 집이다. 리어의 어머니, 아버지한테 가겠다는 말이었다. 아버지는 고향 리어로 가고 싶어 하셨다. 그걸 말리려면 그 순간 아버지 옆에 있는 사람이 상당한 창의력을 발휘해야 했다. 가장 좋은 방법은 실제로 아버지와 함께 조금 걷다가 아버지가 지치시면 다시 돌아오는 것이었다. 아니면 이렇게도 대답했다. "차가 고장이 났어요." "기차가 방금 전에 출발했어요." 이런 핑계도 댔다. "안 돼요. 막차가 방금 전에 떠났어요." 그럼 아버지는 알아서 발길을 돌리셨다. 날씨가 너무 춥다거나 덥다는 핑계는 안 통했다. 같이 밖으로 나가서 아버지가 지치실 때까지 걸어야 했다. 오래 걸리지 않았다. 300미터만 가도 아버지는 이미 지쳐 버리시니까. "내일 갈란다." 아버지는 그렇게 말하고 발길을 돌리셨다.

아본트로트, 2002

도저히 못 참겠거든 주제를 돌린다

치매 환자의 중요한 특징은 같은 이야기를 계속하거나 같은 질문을 계속 던진다는 것이다. 참는 것도 하루 이틀이지 그걸 계속 듣고 있는 주변 사람들은 정말이지 귀에서 피가 날 지경이다. 그들도 사람인지라 도저히 못 견디겠다 싶은 순간이 있다. 그러니 환자의 질문을 그냥 무시하거나 백 번 들은 이야기를 백 한 번째는 안 듣는다고 해서 죄책감을 느낄 이유는 없다. 하지만 왜 환자가 계속 같은 이야기를 하고 같은

6장 치매 환자와 소통하기

질문을 던지는지 그 이유를 고민해 볼 필요는 있다.

우리가 나름 대답해 주었는데 환자가 만족을 못한 걸까? 우리 대답이 너무 모호해서 환자가 불안을 느꼈을 수도 있다. 그렇다면 환자를 안정시키거나 필요한 사실 정보를 환자에게 제공하려 노력하자. 정보를 전달할 때는 환자에게 우리의 대답을 반복해 보라고 부탁한다. 그러면 환자가 그 내용을 기억할 확률이 높아진다. 대부분의 경우 가장 좋은 전략은 환자와 함께 뭔가 다른 일을 하거나 다른 이야기를 나누어서 환자의 관심을 딴 곳으로 돌리는 것이다. 화를 내거나 환자의 기억력 문제를 지적하는 것은 되도록 하지 않아야 한다. 그래 봤자 역효과만 날 뿐이다.

대답을 미루는 것도 한 가지 방법이다. 어떻게 하는지는 아래의 사례를 보면 알 수 있다. 1990년대에 독일과 네덜란드에서 방송 진행자로 활약한 린다 더몰Linda de Mol이 치매에 걸린 어머니에게 사용한 전략이다.

처음에는 그래도 가끔씩 이런 말은 하셨다. "너 혹시…… 그거……
할 수……."

"그럼요. 제가 할게요."

엄마가 나를 쳐다보았다. "그래? 지금?"

헐. 무슨 말인지 모르는데. "그럼요. 그러니까…… 커피 오면 당장 할게요."

그럼 해결되었다. 그렇게 해서 30초를 벌었다. 어차피 30초만 지나면 엄마는 무슨 부탁을 했는지 잊어버렸다.

베벨링 & 판데르 린던, 2016

질문만 하지 않는다

환자를 만나면 질문을 퍼붓는 사람이 많다. 특히 요양 병원에 있는 환자를 찾아갔을 때는 더 그렇다.

치매에 걸린 한나에게도 딸이 질문 세례를 퍼붓는다. 물론 한나는 딸이 딸인 줄 모른다.

> 여자는 한나에게 질문을 던진다. 너무 많은 질문. 저걸 다 알아듣나? 그녀
> 는 질문을 하나 던지고 한나가 미처 이해하기도 전에 또다시 질문을 던지
> 고 또 던진다. 어찌나 말을 빨리 하는지 말들이 뒤엉켜 굴러떨어진다.
>
> 스콧 체스먼, 2004

질문에 대답하는 것이 환자에겐 어렵고 힘들다는 사실을 많은 가족이 모른다. 특히 지성과 기억력을 요하는 질문에는 대답하기가 더 힘들다.

치매 환자에게 해서는 안 되는 말*

- 오늘 점심에 뭐 드셨어요?

- 이 블라우스 새로 샀어요?

- 내가 누군지 아세요?

- 뭐 하고 싶으세요?

- 그거 저번에도 말씀하셨어요.

- 왜 그런 말씀을 하세요? 이해가 안 되네.

- 왜 물으세요?

- 머리 깎으셨어요?

- 지금 몇 시예요?

- 오늘 뭐 하셨어요?

- 그 드라마(특정 프로그램) 보실래요?

치매 환자에게 할 수 있는 말

- 블라우스 예쁘다. 처음 봤네.

- 아빠, 아빠 뵈니까 너무 반가워요.

- 산책 갈까요?

- 재밌네. 난 몰랐어요.

---

* 치매의 중증도에 따라 다를 것이다. 경도 인지 장애나 초기 치매의 경우, 인지 자극 활동의 측면
에서 가볍게 식사 메뉴 등을 물어볼 수도 있다. 물론 압박을 느끼지 않도록 가볍게 물어봐야 하
고, 필요시 여러 가지 선택지를 제공하여 재인식하게 도와줄 수도 있다.

- 제가 잘 못 알아들었어요.
- 한번도 생각해 본 적 없는데, 흥미로운 질문이에요.
- 얼굴이 좋아 보여요!
- 몸은 좀 어떠세요?
- TV에 볼 만한 거 있나 한번 틀어 볼까요?

아마 다들 눈치챘을 것이다. 무엇보다도 특수 지식을 요하는 질문은 삼가야 한다. 환자가 어떤 대답을 해도 좋도록 여지를 많이 줘야 한다. '헤어스타일이 잘 어울려요'라고 하면 상대는 미용사 이야기를 할 수도 있을 것이고 자기가 직접 정리를 했다고 말할 수도 있으며, 그냥 '고마워'라고만 하고 넘어갈 수도 있다. 하지만 특정한 대답을 요구한다면 상대가 답이 떠오르지 않아 곤란해질 수 있다.

또 환자 역시 **우리** 일에 관심이 있다는 사실을 명심하자. 환자에게 묻기만 할 것이 아니라 **우리**가 경험한 일, 우리를 울리고 웃겼던 일도 함께 나눠 보자. 환자가 꼭 우리의 말을 정확히 알아들어야 할 필요는 없다. 말의 내용은 정확히 이해하지 못해도 우리 이야기에 담긴 감정과 억양, 시선, 동작, 자세 등을 통해 전달한 비언어적 메시지는 환자도 잘 느낀다. 또 우리 이야기를 들으면서 환자는 자신이 가치 있는 존재, 우리와 하나인 존재라는 감정을 느낄 수 있다. 내용보다 더 중요한 것은 우리가 환자와 이야기를 나눈다는 사실 그 자체.

거꾸로도 마찬가지다. 우리 역시 환자의 말을 다 이해할 필요가 없다. 누군가 자신의 말을 귀 기울여 들어 준다는 것만으로도 이미 환자는 충분히 행복하다.

유명한 영국 작가 이언 매큐언Ian McEwan도 치매 어머니를 다룬 아랫글에서 이렇게 말했다. "함께한다는 것이 중요하다."

로즈와 함께 자연보호 구역인 칠턴스로 드라이브를 간다. 산책도 하고 샌드위치도 먹고 차도 나눠 마실 것이다. 우리는 1994년을 살고 있다. 그녀의 정신을 텅 비게 만든 혈관성 치매의 초기 증상이 나타나기 몇 년 전이다. 당혹스럽지만 친숙하기도 한 그녀의 몇 마디에는 굳이 꼭 반응할 필요가 없다.

"저기 봐. 소가 많아." 잠시 후 또 말한다. "저기 봐. 소가 많아. 한 마리가 검정소야. 이상하게 생겼지. 그치?"

"그러네."

열여덟 살 때 이따금씩 부모님 집에 갈 때면 무뚝뚝하고 냉정하게 굴지 말자고 수도 없이 다짐했다. 하지만 이런 식의 반복되는 대화에 절망하거나 화가 났고 결국 정신이 질식할 것 같은 상태가 되어 발길을 끊어 버리곤 했다.

"저기 봐. 양이야. 언덕에서 안 떨어지는 게 신기하다. 그치?"

어쩌면 무언가가 빠져 버린 것이다. 아니면 젊음의 불꽃이 사그라들었거나 참을성이 많아진 것인지도 모르겠다. 어쨌거나 나는 우리가 함께 걸으며 같은 것을 보는 행복을 그녀가 이런 식으로 표현한다는 것을 이제는 안다. 내용은 중요하지 않다. 함께한다는 것이 중요한 것이다.

매큐언, 2002

우리가 곁에 있으면 환자는 친숙한 사람이 옆에 있다는 기분이 들 것이다. 그럼 이 낯설고 불안한 세상에서 조금이나마 안도감을 느낄 수 있을 것이다. 어릴 적 엄마와 함께 있을 때처럼 마음이 편안하고 푸근할 수도 있을 것이다.

음악의 숨은 힘을 활용한다

비틀스의 〈She loves you〉를 들으면 나는 늘 5학년 때로 돌아간다. 선생님이 소리 높여 그런 타락한 음악은 듣는 게 아니라고 야단을 치신다. 하지만 아마 그 순간 우리 반 친구 모두는 선생님이 참 우리 마음을 모른다고 생각했을 것이다.

치매 환자도 마찬가지다. 아는 노래나 멜로디를 부르거나 흥얼거리면 그 노래와 연관된 추억이 떠오를 수 있다.

환자가 좋아하던 노래를 찾아 나서 보자. 예상치 못했던 만남이 있을지도 모른다. 어린 시절 신앙심이 깊어서 교회음악을 좋아하던 환자들은 그런 음악을 들려주면 마음이 푸근해질 수 있다.

요양 병원에 계신 아버지가 성가대 노래를 듣자 무슨 일이 일어났는지, 딸의 이야기를 들어 보자.

예를 들어 나는 아버지가 돌아가시기 몇 주 전에 낸시한테 들었던 이야기를 기록해 두었다. 낸시는 매일 아버지 산책을 시켜드리라고 내가 고용한 여성이었다. 어느 날 오후 그녀가 아버지 곁에서 정상적인 수다를 흉내 내고 있었다. 아버지는 그사이 아주 희한하게도 복도를 강박적으로 걸어 다니셨다. 잠시 걷다가 두 사람이 휴게실에 이르렀다. 낸시는 아버지 뒤를 따라 걸었다. 휴게실에 지휘자와 한 무리의 사람들이 모여 있었다. 그들이 노래를 불렀다. 아버지가 걸음을 멈추었다.

아! 그들은 〈시편〉을 노래로 불렀다. 아버지가 휴게실로 들어갔고 낸시가 뒤를 따랐다. 그들이 〈시편〉 모음집을 할머니들에게 나눠 주고는 〈시편〉 전체를 한 곡 또 한 곡 다 불렀다. "근데 이 할아버지가 고개를 뒤로 젖히고 노래를 따라 부르는 거야. 전체를 다. 책을 안 보고도 다 외웠어."

그 말을 곰곰이 생각해 봤다. 실제로 아버지는 〈시편〉을 읽어 주거나 성경 구절을 읽어 주면 대부분 편안해지셨다. 불안의 포로가 되었어도 익숙한 단어의 리듬에 있는 그 무언가에서 위안을 받았던 것이다. 앞서 나는 아버지가 나를 계속 알아보셔서 자랑스러웠고 안도가 되었다고 썼다. 하지만 이제야 깨달았다. 아버지는 나를 알아보는 것보다 훨씬 더 오래, 훨씬 더 잘 자신의 신앙을 알아보았다. 신앙과 관련된 단어와 의례를 기억했고 그것에서 힘을 얻었다. 나는 어쩌자고 내가 아버지를 구원해야 할 사람이라고 생각했던 것일까.

밀러, 2003

음악—특히 바흐, 비발디, 모차르트 시대의 클래식 음악—의 치매 환자 치료 효과는 지난 몇 년간 다양한 연구 결과를 통해 입증된 사실이다. 음악을 들려주면 환자가 더 차분해지고 공격성이 줄어들며 밤에 잠을 더 잘 자고 요양원에서 협조적이 되며 더 잘 먹고 부상을 당해도 통증을 덜 느낀다고 한다[42]. 효과는 그것으로 그치지 않아서 치매 정도에 관계없이 모든 환자에게 불안이 감소하고 활동성이 높아진다[43].

그래서 미국 요양원(그리고 요양 병원)에선 하루 종일 클래식 음악을 틀어 놓는 경우가 많다. 물론 클래식 음악의 효과는 아프기 전에 그 음악을 좋아했던 노인들에게 훨씬 더 크게 나타난다.

치매 환자인 쿤 역시 그랬다.

쿤은 가만히 소파에 앉아서 클래식 음악에 귀 기울일 수 있었다. 그럴 때면 그의 마음에서 뭔가 변화가 일어났다. 얼굴 표정이 완전히 달라졌다. 영혼이 그에게로 다시 흘러 들어간 듯, 음악이 그를 다시 온전하게 만들어 준 듯, 음악이 그의 기억에 뚫린 구멍을 메우거나 잠시 구멍을 쓸어 가버린 듯했다. 연주되는 곡이나 노래가 무엇인지 정확히 알고 평가를 내릴 때도 있었다. "들어 봐. 목소리가 진짜 좋다."

판 델프트, 2006

음악을 즐기려면 이성이 완벽하게 작동해야 한다. 하지만 치매 환자는 초기 단계가 아니라면 원하는 음악이 든 CD나 DVD를 틀고, 음악

6장 치매 환자와 소통하기

전문 라디오나 TV 프로그램을 켜기 힘들기 때문에 가족의 도움이 필요하다.

옆에서 가족이 음악 스트리밍 서비스인 스포티파이나 다른 해당 서비스에 가입하거나 유튜브 영상을 찾아서 TV와 연결해 준다면 환자도 충분히 음악을 즐길 수 있다. 그렇게 옆에서 살짝 도와주기만 해도 환자가 자기 입맛에 맞는 음악을 몇 시간씩 듣고 음악 영상을 볼 수 있는 것이다. 유튜브나 스포티파이는 일단 좋아하는 음악을 한번 틀고 나면 비슷한 종류의 음악을 알아서 계속 제안해 주기 때문에 플레이리스트를 짜기가 매우 간편하다.

말 뒤에 숨은 감정을 읽는다

한번 상상해 보자. 어떤 직장인이 한 시간가량 미팅을 이어 가던 중 문득 상대에게 이렇게 말한다. "12시 반이네요. 식사하러 갑시다." 무슨 뜻일까?

이 말은 여러 가지 메시지를 담고 있을 수 있다. 그중 몇 가지만 추려 보면 다음과 같다.

- 제가 출출한 걸 보니 그쪽도 배가 고플 것 같네요.
- 제가 배가 고파서 통 집중이 안 됩니다.
- 이렇게 진 빠지는 미팅, 이제 그만합시다.
- 아무리 이야기해 봤자 해결책은 안 나올 것 같으니 밥이나 먹읍시다.

- 여기선 해결책이 안 보이지만 식사를 하다 보면 나올지도 모르잖아요.

- 성과가 이렇게나 많으니 우리 같이 식사하며 축하합시다!

- 보아하니 그쪽도 이런 식의 미팅을 싫어하는 것 같으니 그만합시다.

- 업무가 아무리 중요해도 나는 당뇨 환자라서 식사 시간을 철저히 지켜야 합니다.

"12시 반이네요. 식사하러 갑시다." 우리는 이런 식의 말을 예사로 쓰면서 당연히 상대가 내 말의 뜻을 잘 알아들었다고 생각한다. 하지만 대부분의 상대는 이 온갖 의미 중에서 한 가지만을 선택하고 역시나 당연히 자신의 해석이 옳다고 생각한다.

그러니 사람들 사이에서 오해가 다반사인 것도 어찌 보면 당연한 결과일 것이다.

톨스토이는 150년 전에 이미 그 사실을 알아서 《전쟁과 평화》의 주인공 중 한 사람인, 사람 좋은 피에르 백작의 입을 빌려 그 진리를 전했다.

처음 이런 모임에 참석했을 때 피에르는 인간의 정신이 무한히 다채로워 어떤 진리도 두 사람이 똑같이 설명하는 일이 없다는 사실을 깨닫고 무척 놀랐다. 아무리 설득력이 있다 해도 단 한 사람에게도 자신의 생각을 온전히 설득할 수가 없었다. 모두가 그의 생각을 자기 방식대로 줄이고 바

6장 치매 환자와 소통하기

꾸어서 이해했다. 어떤 생각이건 가장 중요한 것은 그것을 자신이 이해한
그대로 다른 이에게 전달할 수 있느냐 하는 것이다.

톨스토이, 2003

우리 정상인은 메시지를 정확히 전달하는 데 필요한 언어의 온갖 가
능성을 활용할 수 있다. 그럼에도 매일 피에르와 같은 경험을 한다. 노
벨 문학상을 수상한 작가 존 맥스웰 쿠체John Maxwell Coetzee는 우리가 서
로를 이해하지 못하는 이유를 이 한마디로 요약한다. "여기에 말 그 자
체가 있다. 그다음―그 말 뒤편 또는 말 사이 또는 말 아래―에 의도가
있다." 우리는 벽을 사이에 두고서 모스부호 같은 기호를 벽에 두드려
대면서 소통하는 것 같다.

치매 환자는 의도를 표현할 언어 재료가 더 한정적이다. 어떨 때
는 아예 우리가 모르는 언어를 쓰는 사람 같다. 당연히 우리로서는 이
"(낯선) 혀의 언어"를 해석하는 것이 커다란 도전이나 과제가 아닐 수
없다. 작가 마이클 이그나티예프Michael Ignatieff는 이렇게 표현한다. "알
츠하이머병에 걸린 사람들은 저 먼 곳에서 산다. 그들이 그곳에서 보
내는 메시지를 해독하는 것이 우리의 숙제다."

치매 환자가 우리에게 전하려는 말은 정서적 종류의 메시지일 때가
많다. 지금 자신이 느끼는 기분을 전하고 싶은 것이다. 다시 한번 앞서
소개한 "식사하러 갑시다"라는 문장으로 돌아가 보자. 그 말 뒤편에도
감정이 숨어 있다. 어떤 감정(짜증, 권태, 절망, 행복, 단호함, 무관심 등)인지

는 화자의 메시지나 의도에 달려 있다. 반대로도 말할 수 있을 것이다. 우리가 어떤 문장을 듣고서 어떤 의미를 읽어 내야 할지, 그것 역시도 문장 뒤에 숨은 감정에 달린 것이다.

치매 환자가 무슨 말을 할 때에도 마찬가지다. 서투르게 표현된 환자의 객관적인 언어 뒤편에는 감정이 숨어 있다. 매일 자식들이 보러 오는데도 환자가 "애들 본 적이 없어"라고 말한다면 우리는 이렇게 물어볼 수 있을 것이다. "자식들 보고 싶으세요?" 환자의 이 말이 전하고 싶은 메시지는 그리움의 감정인 것 같기 때문이다. 환자가 "나 집에, 엄마한테 갈 거야"라고 말한다면 엄마는 진즉에 돌아가셨다는 지적 대신 "어머니를 많이 사랑하시나 봐요? 어머니 이야기 들려주세요!"라고 대답하는 것이 더 좋다. 이런 식의 대답으로 말 뒤편에 숨은 감정의 메시지를 파악하려 노력해 보자.

아마 이런 식으로 반응하면 환자는 훨씬 빨리 진정될 것이다. 물론 잠시 후면 다시 똑같은 말을 하겠지만 그래도 잠깐이나마 환자와 의미 있는 대화를 나눴으니 얼마나 좋은가.

자식을 찾거나 출근을 하려는 치매 환자는 감정을 표현한다. 그리고 그 감정 뒤편에는 다시금 욕구가 숨어 있다. 자식을 찾거나 출근을 하겠다는 말은 필요 있는 인간, 유용한 인간이 되고 싶은 욕구의 표현이다. 이럴 땐 일을 하고 아이를 키우는 어려움에 대해 이야기하면서 간접적으로 환자를 칭찬할 수 있을 것이다. 물론 그동안 참 고생하셨다, 자식을 참 훌륭하게 키우셨다며 직접적으로 환자를 칭찬하는 것도 좋은 방법이다.

의미를 알 수 없는 환자의 말에서 숨은 의미를 찾아내기란 참으로 힘들다. 아마도 환자와의 소통에서 가장 힘든 부분일 것이다.

말이 없어도 소통은 가능하다

말을 모르는 외국에 갔는데 어떤 사람이 다가와서 뭔가를 설명하려고 한다. 어떤 기분이 들 것 같은가?

그 순간 우리의 기분은 무엇보다도 그 외국인에게 달려 있을 것이다. 그의 얼굴 표정, 몸짓, 말투에 따라 우리 기분도 달라질 것이다. 그가 다정한 표정으로 다가와 조용히 말을 한다면 우리는 어찌할 바를 모르긴 하겠지만 불쾌한 기분이 들지는 않을 것이다. 하지만 그가 소리를 지르고 거친 몸짓을 한다면 우리는 위협감을 느끼고 불안에 떨 것이다. 어두운 표정이나 속삭이는 목소리 역시도 불쾌감을 유발할 것이다.

치매 환자는 어느 날 이국땅에 떨어진 사람이다. 사람들이 말을 하는데 알아들을 수가 없다. 물론 하루아침에 벌어지는 일이 아니라 아주 서서히 진행되는 과정이다. 말로 소통하는 능력이 줄어들수록 환자는 비언어적 메시지에 더 관심을 보인다. 그러다가 어느 순간, 결국 아기처럼 신체 언어밖에는 이해하지 못하는 때가 찾아올 것이다. 비언어적 소통이, 신체 언어가 다시 가장 중요한 첫 언어가 되는 것이다.

치매 환자는 외국에 간 건강한 사람보다 더 힘이 든다. 시간이 갈수록 삶은 의존적이 된다. 잠깐이 아니라 하루 온종일 "타인"이 필요한 것이다!

환자는 점점 더 우리의 말을 알아듣지 못할 것이므로 비언어적 메시지의 중요성도 날로 커진다. 말을 너무 크게 하면 환자는 우리가 화났다고 생각한다. 우리의 신체 언어가 불안, 초조, 긴장을 표현하면 환자도 금방 울적해지고 불안해한다.

따라서 목소리, 특히 억양과 말투에 신경을 써야 한다. 문장의 멜로디는 치매 환자도 마지막 순간까지 이해할 수 있다. 아기나 반려동물처럼 치매 환자 역시 말의 뜻은 몰라도 상대가 좋은 말을 하는지 나쁜 말을 하는지 슬픈 말을 하는지는 알아듣는다.

짜증이 나거나 초조해도 그 감정을 말에 싣지 않도록 노력해 보자. 말을 너무 빨리 하면 환자가 따라올 수가 없다. 그렇다고 너무 느리게 말해도 환자가 실마리를 놓친다. 환자가 있는 자리에선 편안하고 다정한 기운을 뿜어내 보자. 특히 얼굴 표정에 신경을 써야 한다. 치매 환자는 말을 못 알아듣는 외국인처럼 우리 기분을 파악하기 위해 얼굴 표정을 유심히 살핀다. 자세와 손동작, 팔 동작에도 신경을 써야 할 것이며 (사랑에 빠진 연인들처럼) 몸이 환자가 있는 쪽을 향하도록 노력해야 한다.

딴 곳을 보거나 뒤로 기대거나 팔짱을 끼거나 주먹을 쥐는 등의 행동은 부정적 메시지를 전달하는 신호다. 환자가 말을 못 알아들어도 짜증을 내면 안 된다. 그럼 환자가 당황하게 되므로 소통이 더 힘들어

6장 치매 환자와 소통하기

진다. 그럴 때는 환자와 입장을 바꿔서 우리가 사랑하는 사람이 우리를 이해하지 못할 때 어떤 기분이 될지 생각해 보자.

⌒

치매 환자는 우리의 말과 부탁을 이해하는 데 어려움을 겪는다. 하지만 **눈으로 보면** 이해하기가 훨씬 수월하다. 예를 들어 "이 음식물 쓰레기 갖다 버릴까요?"라고 묻는 장면을 상상해 보자. 거실에서 질문을 던지는 것보다 환자를 부엌으로 데리고 가서 쓰레기봉투를 가리키며 질문을 던진다면 환자는 훨씬 더 빠르게 우리의 질문을 알아들을 것이다.

우리의 의도를 **보여 주는 것**이 가장 효과적이다. 시범을 보이는 것이 오해의 위험을 최소화하는 가장 효과적인 소통법이다.

자신의 치매 어머니가 아무리 가르쳐 줘도 기저귀 차는 법을 못 익히신다는 말을 요양원 직원에게 들은 딸은 직접 시연에 나선다.

구체적으로 설명을 해 줘야 한다. 그게 중요했다. 이런 상황에선 그냥 말로만 해서는 절대로 안 통한다. 그래서 나는 바지 지퍼를 열고 긴 외투로 하체를 가린 채 바지를 팬티와 같이 내린 후 기저귀를 집어넣고 다시 팬티와 바지를 올렸다. 엄마 보셨죠? 이 물건은 이렇게 쓰는 거야.

도레스베인, 2013

거기서 한 걸음 더 나아가고 싶다면 환자에게 손수건을 건네거나 손을 닦으라고 "안내"하는 등 도움을 줄 수 있을 것이다.

하지만 설명하기에 앞서 먼저 소통을 해야 한다. 먼저 환자와 눈을 맞추어야 한다. 물론 네덜란드 작가 J. 베른레프J. Bernlef가 한 소설에서 사진작가의 입을 빌려 했던 말처럼 "쳐다보는 것은 아직 보는 것이 아니다." 환자가 정말로 우리를 보는지, 다시 말해 의식적으로 인식하는지, 그리고 우리 역시 환자를 실제로 **보고 있는지** 확인해야 한다. 그러려면 먼저 눈높이를 맞추어야 한다. 환자가 의자에 앉아 있다면 의자를 들고 와서 환자 옆에 나란히 앉거나 환자 옆에 무릎을 꿇고 환자를 쳐다보아야 한다.

마지막으로 그냥 가만히 옆에 있어 주는 것도 소통의 방법일 수 있다. 잘 아는 사람이 조용히 옆에 있는 것만으로도 환자는 큰 위안을 얻을 수 있다. "내가 옆에 있으니 당신은 안전할 거예요." 특히 중증 치매 환자의 경우엔 더욱더 이런 시간이 필요할 것이다.

가장 중요한 소통 규칙

언어적 소통과 비언어적 소통에 대해서라면 아직도 할 말이 참 많다. 많고도 많다. 하지만 여기서는 가장 중요한 규칙과 조언에 한정하려 한다.

위에서 언급한 모든 조언—그리고 굳이 설명이 필요 없는 몇 가지 조언을 더 보태서—을 아래에 정리했다.

6장 치매 환자와 소통하기

치매 환자를 대할 때 가장 중요한 소통 규칙

들어 주고 집중한다

- 환자의 감각기관에 문제가 없는지 살핀다.

- 평소보다 크게 말하지 않는다.

- 주변이 조용한지 살핀다(시끄러운 환경에서 이야기하지 않는다).

- 두 가지를 동시에 하지 않는다(예를 들어 옷을 입히면서 질문을 하지 않는다).

- 환자의 말에 관심을 보이고 눈을 맞춘다.

- 환자의 눈 밖을 벗어나지 않는 곳에서 소통한다.

이해한다

- 최대한 간략하고 분명하게 말한다.

- 여러 가지 대답이 가능한 질문은 하지 않는다.

- "왜"로 시작하는 질문은 하지 않는다. 대신 "무엇", "누구", "어떻게", "어디서"로 질문의 문을 연다.

- 부탁을 할 때는 환자가 그 부탁을 실행하기 직전에 해야 한다.

- 우리가 무엇을 할 생각인지 짧게 설명한다.

- 환자의 표정과 행동을 유심히 살펴 환자가 우리 말을 알아들었는지 체크한다.

- 설명을 할 때는 시범을 보인다.

- 특정 행동을 부탁할 때는 항상 같은 환경에서 해야 한다.

- 환자는 정보처리에 시간이 오래 걸린다는 사실을 잊지 마라. 환자가 대답을 하거나 행동을 취할 때까지 잠시 기다려 준다.

아직 남아 있는 소통 가능성을 모조리 활용한다

- 치매 환자가 지금 이 순간 듣고 보고 냄새 맡고 맛보고 느끼는 것에 대해 이야기한다.
- 예전 사건에 대해 이야기한다.
- 가능하다면 기억에 도움이 될 자료를 활용한다.
- 환자의 (과거) 관심사, 습관, 취미를 대화의 소재로 활용한다.
- 환자가 좋아하는 주제를 꺼낸다.
- 질문만 하지 말고 우리 이야기도 들려준다.
- 꼭 대화를 나누지 않아도 그냥 곁에 있어 주는 것만으로도 환자에게 큰 위안이 된다는 사실을 잊지 않는다.

환자의 체면을 살려 준다

- 가까운 과거에 대해 질문하지 않는다.
- 실수의 위험을 최소화하도록 질문을 던진다.
- 실수를 바로잡아 줄 때는 최대한 조용히, 소리 죽여 말한다.
- "늘", "절대", "원래는" 같은 책망하는 말은 하지 않는다.
- 우리가 잘못하지 않았어도 잘못했다고 말한다.

불안을 예방한다

- "요양원"이나 "요양 병원"처럼 환자가 싫어하는 말은 꺼내지 않는다.

- 환자 앞에서 속닥거리지 않는다.

올바른 말투와 올바른 태도

- 어른한테 말하듯 한다.

- 결정과 선택에 최대한 환자를 동참시킨다.

- 환자가 자기 상황을 모를 것이라고 함부로 예단하지 않는다.

- 환자에게 말을 걸 때는 환자의 배경과 과거를 고려한다.

- 우리가 환자에게 선의를 품고 있다는 사실을 언어가 아닌 방식으로도 알려 준다.

- 환자의 표정을 살펴 환자가 우리 말을 알아들었는지 파악한다.

- 환자가 있는 자리에서 제3자와 환자 이야기를 하지 않는다.

- 친절과 미소는 원활한 소통의 열쇠라는 사실을 잊지 않는다.

환자가 제대로 표현을 못 할 때

- 최대한 편안하게 말하고 행동한다.

- 기억 문제를 겪는 환자에게 대답이나 설명을 채근하지 않는다.

- 환자가 틀렸다 해도 굳이 지적하지 않는다.

- 알아들은 환자의 말이나 문장 일부를 반복한다. 환자가 몸짓으로 무언가 표현하려 애쓰거든 그 몸짓에 반응을 보인다.

감정이 중요하다

• 말에 숨은 감정을 찾아내려 노력한다.

• 환자의 감정과 경험에 맞는 반응을 보이려 노력한다.

7

문제 행동 대처법

남편을 간병하는 한 아내의 이야기를 들어 보자.

> 남편을 씻길 때 가끔 남편이 나를 때렸다. 그런 순간에는 남편이 어린아
> 이 같았지만 애들보다는 힘이 세기 때문에 훨씬 더 아팠다. 처음에는 나
> 도 장난치면서 남편을 때리기도 했다. 하지만 점차 남편이 무서워지기 시
> 작했다. 남편은 여전히 힘이 상당히 셌다. 역도를 했던 사람이었다. 그리
> 고 마침내는 내 손목을 꽉 잡고 놓아주지 않았다. 너무 오래 붙잡고 있어
> 서 정말로 엄청 아팠다. "왜 그래? 어쩌자고? 하지 마. 아파!" 나는 소리를
> 질렀다. 어떨 때는 내 말을 듣고 남편이 손을 놓으며 사과를 했고, 심지어
> 울 때도 있었다. 하지만 얼마 전부터는 점점 나빠졌다. 내가 나자빠질 정
> 도로 나를 세게 밀쳤다.
>
> 개일, 2006

앞 장에서도 언급했듯 치매는 대처하기 힘든 행동을 동반할 때가 많
다. 공격하고 불신하며 방황하고 물건을 끌어 모은다. 여기서 그런 문
제 행동들을 빠짐없이 다 언급할 수는 없을 것이다. 하지만 많은 경우

　　　　　　　　7장 문제 행동 대처법

에 그런 문제 행동의 대처에 도움이 될 수 있는 방법을 일곱 단계로 나누어 소개하려 한다.

단계별 지침

문제 행동에 대처할 때는 이 점을 명심해야 한다. 한번에 여러 가지 문제를 다루려 해서는 안 된다. 한 번에 딱 **한 가지**씩만! 그래야 아래에서 소개할 일곱 단계를 쉽게 따라갈 수 있을 것이다. 또 여러 가지 문제를 동시에 해결하려다가는 중요한 것을 놓치기 십상이고, 그럼 금방 "아, 난 못 해!" 하고 좌절할 위험이 크다. 희망은 변화의 동력이므로 그렇게 희망의 끈을 놓쳐 버리면 시도조차 할 수 없다.

당신을 가장 힘들게 하는 행동 방식의 목록을 작성하여(1단계 마지막에 정리해 놓은 목록을 참조할 것) 그중에서 해결하거나 바꾸고 싶은 하나를 골라 보자. 문제를 선별할 때는 아래의 세 가지 질문을 참조하면 좋다.

- 나를 가장 힘들게 하는 것은 무엇인가?
- 어떤 문제가 가장 자주 일어나는가?
- 가장 해결하기 쉬운 문제는?

이렇게 선택을 하고 나면 문제를 파악하기도 쉽고 문제에 대처하기도 쉽다. 모든 문제에 동시에 대처할 만큼 에너지가 넘쳐 나는 사람은 많지 않다. 그러니 "당신의 전쟁터"를 선택하라.

첫걸음이라 부를 수 있을 조언을 마쳤으니 이제 방법으로 들어가 보기로 하자.

1단계: 그 행동이 정말로 문제인지 따져 본다

많은 행동 방식이 짜증스럽기는 하지만 자세히 들여다보면 사실은 문제가 아니다. 반드시 고쳐야 할 문제 행동인지 판단하기 위해서는 먼저 아래 세 가지 질문을 던져 보아야 한다.

- 그 행동이 당신이나 치매 환자에게 해가 되는가?
- 그 행동이 당신이나 환자의 안전을 위협하는가?
- 그 행동이 당신이나 환자의 신체 기능과 정신 기능을 방해하는가?

예를 들어 같은 이야기를 계속 반복하고, 샤워 및 옷 갈아입는 것을 자주 건너뛰고, 끼니를 대충 때우고, 물건을 강박적으로 옮기거나 특정 동작을 하는 등 같은 행동을 반복하는 경우에는 시급하게 해결하지 않아도 된다. 심지어 밤에 돌아다니는 경우에도 환자가 밤에 일어나서 가스 불을 켜거나 밖으로 나가서 돌아다니는 등 위험한 행동을 하지 않는다면 굳이 개선할 필요가 없다. 설령 밖에 나가 돌아다닌다고 해도 무조건 걱정할 이유는 없다. 환자가 교통 규칙을 잘 지키고 옷을 잘 챙겨 입고 집을 잘 찾아온다면 너무 불안에 떨 이유가 없는 것이다.

하지만 공격성은 대부분 문제가 된다. 특히 신체를 공격하는 경우에는 절대 그냥 참고 넘어가서는 안 된다.

자주 발생하는 문제 행동들

말과 행동의 반복

- 물건을 끌어모은다.
- 옷장과 상자를 뒤지고 물건을 치운다.
- 불안해한다.
- 우울해한다.
- 만사에 의욕이 없다.
- 여기저기 돌아다닌다.
- 밤에 돌아다닌다.
- 간병과 식사를 거부한다.
- 화분의 식물처럼 먹으면 안 되는 것을 먹는다.
- 씻지 않는다.
- 적절하지 못한 성적 행동을 한다.
- 부적절한 곳에 용변을 본다.
- 예의에 어긋난 행동을 한다. 예를 들어 생판 처음 보는 사람한테 말을 걸고 사람들이 있는 곳에서 옷을 벗는다.

- 정서적·언어적·신체적 폭력을 행사한다.

앞의 세 가지 질문에 아니라는 대답이 나오거든 마음을 조금 느긋하게 먹어도 좋다. 환자의 행동을 바라보는 당신의 마음가짐을 바꾸고 "짜증은 나지만 큰일은 아니다"라고 생각하면 앞으로의 생활도 조금 더 수월해질 것이다.

하지만 문제라는 대답이 나오면 다음 단계로 넘어가야 한다.

2단계: 문제 행동을 최대한 간단명료하게 요약한다

작가 아나 엔퀴스트Anna Enquist는 동료 작가 헤라르트 레버를 추억하며 이렇게 적었다.

헤라르트 레버는 시몬 카르미헐트Simon Carmiggelt에게 보낸 편지에서 이런 멋진 법칙을 소개했다. 열 단어나 그 이하로 요약할 수 있어야 진실이다. 자신의 법칙을 설명하기 위해 그는 족히 4~6시간은 걸릴 피델 카스트로나 브레즈네프의 연설문을 인용했는데 그의 주장이 사실인지는 중요하지 않다. 중요한 건 복잡한 상황을 요약하여 생각에 방향과 목표를 선사하는 것이다. 간단명료하게 설명할 수 없으면 앞으로 나아갈 수도 없다.

엔퀴스트, 2006

문제를 최대 열 다섯 단어로 요약해 보자. 예를 들어 "남편은 목욕시킬 때 때린다"로. 긴 문장은 정신을 산란하게 만든다. 짧아야 생각에 방향을 제시할 수 있다.

3단계: 행동의 원인을 찾는다

문제의 원인을 알기만 해도 변화의 길이 보일 때가 많다. 그러므로 진짜 탐정처럼 문제 행동에 접근하여 환자 자신은 물론이고 바깥에서도 원인을 찾아보아야 한다.

외부의 원인으로는 환자를 괴롭히거나 환자가 반응하는 주변 현상들을 꼽을 수 있겠다. 예를 들어 소음, 자극 부족, 무언가를 해 보려는 헛수고 등이다. "눈에 보이지 않는" 마음의 원인으로는 아프거나 약이 부작용을 일으켜서, 잠이 부족해서, 오줌이 마려워서 느끼는 통증이나 불쾌감이 있다. 환각이나 망상으로 인해 주변 일을 잘못 판단하는 경우에도 문제 행동이 있을 수 있다.

원인을 찾을 때는 다시 아래의 세 가지 질문—즉 **누구**, **어디**, 그리고 **언제**—이 도움이 될 수 있다.

1. 누구한테서 문제가 나타나는가*

특정한 사람하고 있을 때는 나타나던 문제가 다른 사람하고 있을 때는 사라진다. 예를 들어 여러 자녀 중 한 자녀한테만 도둑질을 한다고 야단치는 것이다. 또는 다른 자식들한테는 안 그러면서 유독 한 자식만 보면 자꾸 화를 낸다. 자녀나 건강한 배우자를 야단치고 그들에게 화를 내는 이유는 아마도 그 사람이 자신을 **제일 사랑한다고 믿기** 때문일 것이다. 그래서 환자는 자신이 화를 내도 그 사람만큼은 곤란스러워하지 않을 것이라고 생각하는 것이다.

물론 그 사람이 환자를 화나게 하거나 실망시키기 때문일 수도 있다. 예를 들어 첫째 딸이 씻길 때는 가만히 잘 있으면서 둘째 딸이 씻겨 주면 화를 낸다. 아마 둘째 딸의 어떤 행동이 환자의 얼을 빼기 때문일 것이다. 또는 첫째는 얼른 샤워 커튼을 쳐서 환자의 수치심을 예방하기 때문일 수도 있다. 또 더 침착하고 차분하고 채근하지 않아서 환자를 더 편하게 해 주기 때문일 수도 있다.

2. 어디서 문제가 나타나는가

환경은 기분과 행동에 영향을 미친다. 치매 환자들은 조용하고 익숙한 환경을 제일 편하게 느낀다. 물론 시끄럽고 사람이 와글거려도 평생 그렇게 살았다면 별 문제가 없다. 따라서 집 안 특정 장소에선 문제 행동을 덜 보인다.

어떤 환자는 천장이 높은 큰 방을 횅하다고 싫어하지만 또 어떤 환자

---

* "누구"의 파악에 있어 주의할 점은, 해당 "누구"가 특별한 이유 없이 환자에게 지목될 수도 있다는 점이다. 통상 가족 구성원 중 한 명이 "누구"가 될 경우, "누구"인 당사자는 극심한 스트레스와 우울을 호소하는 경우가 많다. 아울러 본인이 "누구"가 된 이유를 계속 고민하는 경우가 많다. 특별한 이유 없이 "누구"가 되었을 가능성도 높으므로, 가급적 중립적으로 받아들이려는 노력이 필요하다.

는 작은 방에 있으면 답답해서 싫어한다. 특히 농부나 정원사처럼 평생을 탁 트인 곳에서 지낸 사람들은 작은 공간을 싫어한다. 하지만 반대로 도로나 마당이 보이지 않아도 별 문제를 못 느끼는 환자들도 있다.

너무 오래 방 안에 갇혀 있으면 불안해지는 환자들이 있다. 이런 환자들의 경우는 하루 한두 번 산책을 하거나 마당에서 일을 시키면 상태가 많이 좋아진다.

빛이 환한 방은 진정 효과를 발휘한다. 밤에 일어나 방황하는 문제 행동도 상당히 개선된다. 낮에 빛이 부족하면 밤낮 리듬이 깨질 수 있기 때문이다.

반려동물이 긍정적 작용을 하는 경우도 많다. 강아지나 고양이, 하다못해 어항의 물고기도 환자의 기분을 개선한다. 정 안 되면 화분에 식물을 키우기만 해도 기분 개선에 도움이 될 수 있다.

3. 언제 문제가 나타나는가

많은 환자가 피곤할 때 문제 행동을 보인다. 그래서 컨디션이 좋은 아침에는 기분이 좋다가 오후 약 세 시에서 다섯 시 사이가 되면 정신이 없어진다. 이 시간이 되면 불안해하면서 아무것도 안 하겠다고 거부하는 환자도 많다. 이럴 때는 "집에" 가고 싶은 욕망도 가장 커진다.

문제 행동이 스트레스 때문일 수도 있다. 예를 들어 집에 손님이 와서 너무 오래 있다든가(대부분의 경우 환자가 참을 수 있는 손님 방문 시간은 최대 30분이다) 또는 자신이 남의 집에 너무 오래 있었을 경우에 그럴 수 있다.

설명을 대신하여 노인 전문 요양 병원에서 간병 팀을 대상으로 실시한 강연 기록을 잠시 살펴보기로 한다.

심리학자가 공격성이 왜 생기는지 묻는다. 크리스타는 환자들이 하루 종일 휴게실에 다닥다닥 붙어 앉아 있어서 그렇다고 대답한다. "서로가 신경에 거슬리는 거죠."

자극. 심리학자가 플립차트에 사인펜으로 이렇게 적는다.

실비아는 간병을 해 줄 때 환자들이 공격적이 되는 경우가 많다고 말한다. "이유는 다양하겠지만 아마 아픈 것 같아요." 이베터는 할리 부인이 얼마 전에 딸을 잃고 나서 이상행동이 심해졌다고 말한다. **통증과 슬픈 사건.** 심리학자가 적는다.

"목소리가 크면 그래요." 크리스타가 말한다.

"우리 말을 잘 못 알아들으세요." 다라가 말한다.

적대적 행동과 몰이해. 심리학자가 플립차트에 다시 적는다.

심리학자는 "이해하지 못하면 무력감이 는다"는 사실을 알아야 한다고 말한다. 대부분의 치매 환자는 이해를 못 하기 때문에 무력감을 느낀다고. 무력감은 공격적인 행동으로 나타날 수 있다고. 따라서 기억 감퇴가 공격적 행동의 중요한 원인이라고.

그는 또 각자의 인성도 중요하다고 말한다. 치매에 걸려도 인성은 변치 않는다고 말이다. 그는 고슬링아 부인을 예로 든다. 그녀는 평생 인간관계에 어려움을 겪었는데 치매에 걸린 지금도 그 부분은 달라지지 않았다고. 심리학자는 공격성이 절대 아무런 이유 없이 생기지는 않는다고 주장한다. 항상 환자가 실망을 하기 때문인데, 안타깝게도 그 원인을 항상 확인할 수 있는 것은 아니다. 하지만 공격성이 있기 전에는 반드시 실망을 하고, 환경과 적대적 분위기가 공격성을 거들 수 있다.

그러므로 간병하는 중에 갑자기 공격적인 행동이 나타나는 것은 우연이 아니다. 우리의 요구를 환자가 불쾌하게 느끼는 것이다. 자신이 할 수 없는 것, 이해하지 못한 것을 우리가 요구하기 때문이다. 또는 우리와 다른 시간 감각 때문일 수도 있다. 아침 8시면 우리는 기상 시간이지만 환자가 느끼기엔 자정일 수도 있는 것이다.

터, 2006

한 가지 더 추가하면, 당신의 행동도 환자의 문제 행동을 일으키는 한 가지 원인일 수 있다(나는 의도적으로 **그** 원인이 아니라 **한 가지 가능한** 원인이라고 적었다. 물론 실제로 당신의 행동이 **그** 원인이라 하더라도 당신 탓을 하자는 것은 아니다. 당신은 환자를 괴롭히려고 그런 행동을 한 것이 아니다. 또는 당신은 자기 행동의 결과를 미처 몰랐다).

앞서도 말했듯 치매 환자에게 접근하는 당신의 방식, 또는 환자의 부탁, 바람, 실망에 대응하는 당신의 방식 역시 문제 행동의 원인일 수 있다. 당신은 열 대신 감정을 주변 사람에게로 방출하는 난로와 같다.

따라서 당신의 화나 불안은 부메랑이 되어 심지어 더 빠른 속도로 당신에게로 되돌아온다. 앞 장에서도 말했지만 당신이 여유 있고 침착하며 다정하면 상대도 똑같이 다정하고 침착하다. 감정은 전염되기 때문이다. 치매와는 다른 맥락이긴 해도 톨스토이의 《안나 카레리나》에는 아주 적확한 사례가 등장한다. 성당에서 열린 레빈과 키티의 결혼식 장면이 바로 그것이다.

> 레빈은 그녀를 바라보았고 그녀의 얼굴이 기쁨으로 환해서 깜짝 놀랐다. 그도 그녀만큼 행복했다. […]
> 키티의 마음에서 불타오른 기쁨은 성당에 있던 다른 모든 이에게도 전염되었다. 레빈이 보기엔 두 사제도 자신처럼 터져 나오는 미소를 참지 못하는 것 같았다.
>
> 톨스토이, 1955

참착하고 차분한 태도는 자기 자신을 대할 때에도 중요하다. 특히 간병하는 사람에게는 엄청나게 중요한 태도이므로 이 "자기 돌봄"에 대해서는 뒤에서 자세히 살펴볼 것이다.

문제 행동의 몇 가지 가능한 원인들(완벽하게 다 살펴본 것은 아니다.)

A. 환경

물리적 환경

- 소음: 너무 시끄러운 음악, TV 소리, 문 닫는 소리.

- 개인 공간: 혼자 있을 장소가 없다.

- 빛: 햇빛이 너무 적게 들어온다.

- 실내장식: 낯선 가구를 비치한다. 표지판이 없다.

- 색깔: 색 대비가 잘 안 되어서 구분하기 힘들다.

사회적 환경(타인과의 관계)

- 친척, 친구, 도우미 방문 횟수

- 방문 기간(방문 시간이 너무 긴가?)

- 관계의 방식(환자를 너무 어린애 취급하나?)

- 대우: 당황, 초조?

하루 일정

- 하는 일: 따분하다. 부담이 크다. 힘에 부친다.

- 환자가 하고 싶은 일을 아는가?

- 환자가 선택할 수 있는가?

- 환자가 배울 수 있게 도와주는가?

B. 환자 자신

신체적 요인

- 식사(양이 너무 많거나 적다. 불규칙적이다. 메뉴가 다양하지 못하다. 질이 좋지 않다. 혼자서는 식사를 할 수 없다.)

- 음료: 양이 너무 적다. 술을 너무 많이 마신다. 혼자서는 물을 마실 수 없다.

- 실금: 화장실을 못 찾는다. 바지에 실례를 한다. 기저귀를 차야 한다.

- 관절, 류마티즘 또는 기타 질환으로 인한 통증이나 불쾌감

- 수면 부족!

- 약 부작용

개인적 또는 심리적 요인

- 심리 질환: 예를 들어 우울증

- 건망증과 실수로 인한 문제들

- 간병인과의 사이가 좋지 않다.

- 과거의 기억 때문에 고통스럽다.

- 간병인과 주변 사람들이 무엇을 원하는지 이해하지 못한다.

- 병에 대한 지식이 부족하다. 그래서 스스로 하려고 한다.

- 남의 도움에 의지하는 것이 수치스럽다.

- 자제력을 잃을까 봐 걱정된다.

지금까지 언급한 문제 행동의 원인도 이미 많지만 나는 여기에 두

가지를 더 추가하고 싶다.

첫째는 환자의 인생사다. 평생 동안 간직해 온 습관과 가치관은 현재 행동의 밑바탕이 될 수 있다. 평생 남에게 "명령만 하던" 사람이 이제 와서 남에게 의존해야 하고 상대가 자신의 청을 들어주기를 기다려야 한다면 정말 힘들 것이다. 심지어 남한테서 지시를 받는다면 얼마나 화가 나겠는가. 그런 사람은 환자가 돼서도 자기가 매사를 주도하려고 한다.

두 번째는 언제, 누구하고 있을 때, 어떤 상황에서 문제 행동이 **나타나지 않는지** 살펴야 한다. 무엇이 환자의 마음을 편안하게 만들까? 이런 고민이 원인을 찾는 데 디딤돌이 될 수 있다.

열심히 찾았는데도 원인을 못 찾을 수 있다. 원인을 찾아야 한다고 앞서 길게 설명해 놓고 이제 와서 못 찾아도 괜찮다는 말이 모순처럼 느껴질 수 있겠지만 항상 꼭 정확한 원인을 알아야 하는 것은 아니다.

이 세상에는 원인은 모르지만 고통을 줄일 수 있는 방법을 아는 질병이 참 많다. 앞에서 소개한 아너메이 터의 글(272쪽)에 등장한 그 심리학자 역시 그렇게 말했다. 문제 행동의 원인을 못 찾을 수도 있다고 말이다.

반대로 원인을 찾았다고 해서 너무 기뻐하지도 말아야 한다. 원인을 안다고 해서 해결책이 바로 나온다는 보증은 없다. 모든 문제를 제거할 수는 없는 것이다.

4단계: 자신에게 물어보자.

내가 환자 입장이라면 어떤 기분일까

이해가 안 되면 부담이 가중된다. 말 그대로 이해심을 발휘할 수가 없는 것이다. 따라서 잠시라도 환자 입장이 되어 보면 환자를 이해하는 데 큰 도움이 될 것이다. 이해하려는 노력이야말로 돈 한 푼 안 들이고도 엄청난 수익을 거둘 수 있는 방법이다.

한번 이렇게 상상해 보자. 당신은 소심한 성격인 데다 엄한 집안에서 자라서 남 앞에서 옷을 벗는 일은 상상도 할 수 없는 사람이다. 그런데 며느리가 와서 "어머니, 목욕시켜 드릴게요"라며 당신을 욕실로 끌고 간다. 그러고는 자기도 따라 들어와서 당신 옷을 벗기고 자기도 주섬주섬 옷을 벗는다. 세상에나. 당신 팬티까지 벗기려고 한다.

또 이런 상상을 해 보자. 하루 종일 아무것도 안 하고 누군가를 기다려야 한다면 어떨까?

하루 종일 낯선 사람들이 주변에 우글거린다면 또 어떨 것 같은가? (치매 환자는 그 사람들이 낯선 사람이 **아니라는** 사실을 모른다. 이름도 얼굴도 계속 까먹으니까!)

또는 당신이 지금 있는 곳이 어디인지 모르겠고 가족이 과연 당신을 찾을 수 있을지 걱정이 된다면 어떨까?

이럴 때 과연 기분이 어떻겠는가?

요양 병원에 계시는 장모를 지켜보며 사위도 같은 질문을 던진다.

이리스의 어머니는 베덴스테인의 휴게실에 정해진 자리가 있었다. 오후에 계단을 올라가면 바로 거기 앉은 장모님이 보였다. 장모님도 계단을 오르는 사람을 바로 볼 수 있었다. 그럼 장모님은 환하게 웃으며 손짓을 했다. 하지만 휴게실에 이르려면 문을 지나고 복도를 몇 미터 걸어야 했다. 그 길이 **장모님께는** 너무 멀었다. 그래서 입맞춤하러 허리를 굽히면 장모님은 흥분으로 몸을 떨었다.

어떨 땐 크게 안도하기도 했다. "아, 다행이다. 네가 날 찾았구나!"

어떨 땐 놀라기도 했다. "코스야! 나 여기 있는지 어찌 알았어?"

그 말의 숨 막히는 의미를 깨달은 건 나중이었다. 하지만 장기적으로는 부인할 수 없는 의미였다. 장모님이 어디 있는지 우리가 모른다고 생각하시는 건 장모님 자신이 어디 있는지 모르기 때문이니 말이다.

[…]

"어머니 어디 계시는지 당연히 알죠. 우리 다 알아요!"

"그럼 나중에 설명을 좀 해 다오. 나는 당최 이해가 안 된다." 장모님이 부리나케 말했다.

나는 어디에 있나? 이것이 한 인간이 던질 수 있는 근원적인 질문이라면, 그 질문은 대답을 모를 경우 가장 끔찍한 질문임이 틀림없다.

상상해 보라. 하루 종일 이 질문으로 속을 태우는데도 깜깜하기만 하다. 얼마나 괴롭겠는가!

판 조메런, 2001

이 이야기의 장모님은 화를 내거나 공격하지 않는다. 치매에 걸리기 전부터 다정하고 참을성이 많은 사람이어서 병에 걸렸어도 그 점은 달라지지 않았다. 하지만 방향감각이 사라진 상황에서 화를 내거나 불안에 떨기도 하고 우울해하거나 무기력한 환자도 많다.

문제 행동을 하는 환자의 입장에서 생각을 하면 환자를 이해하는 데에도 큰 도움이 되지만 이유를 찾아 문제 행동을 해결하는 데에도 매우 유익하다. 앞서 소개한 목욕 장면의 경우에는 환자가 수치심을 느끼지 않도록 적절한 조치를 취해 줄 수 있을 것이다.

5단계: 한 가지 또는 여러 가지 해결책을 찾는다

원인을 찾았거나 적어도 추정할 수 있게 되었다면 문제를 해결할 방법도 찾을 수 있다.

앞서도 말했듯 설령 원인을 못 찾았다고 해도 실망할 필요는 없다. 일단 치매 노인의 행복에 도움이 되고 문제 행동 해결에 유익한 일반적인 조치로 시작해 볼 수 있을 것이다. 첫 번째로 "환경 개선" 범주에서 하나 또는 여러 방안을 선택한다. 예를 들어 시끄러운 소음을 줄여 주고 낮에 햇볕을 충분히 쬐도록 해 주고(색깔이나 이름표, 화장실 사진 등을 이용해서) 분별하도록 도와주고, 환자가 보이는 곳에 큰 숫자의 시계를 걸어 주며 일정 확인을 위해 노트나 칠판을 마련한다.

사회적으로도 환경을 개선할 수 있다. (주간보호센터를 이용해서) 사람들과 어울릴 수 있는 자리를 마련하고, 경험상 오전처럼 환자의 컨디선이 좋은 시간에 만남이나 활동을 계획한다[44]. 소통과 일반 팁을 다룬 장에서 소개한 여러 방법도 적극 활용할 수 있다.

마지막으로 당신의 창의성과 기지를 활용해 보자. 의사도, 상담사도, 간병인도 당신만큼 환자를 잘 알지는 못한다. 정말 아무도 방법을 알지 못하고, 어떤 책을 뒤져도 대답이 나오지 않을 때가 있다. 환자도 사람마다 다 다르기 때문이다. 그럴 때는 혼자 해결하는 수밖에 없다.

6단계: 한 가지 방법을 선택한다

이 여섯 번째 단계가 가장 쉽다. 제일 잘 통하는 방법을 선택하면 되니 말이다. 한 가지 방법만 떠올랐다면 굳이 고를 필요 없이 그 방법을 사용하면 될 것이다.

잠시 동안 아무것도 하지 말자고 결심할 수도 있다. "한 2주 지켜보자." 실제로 이 방법은 생각보다 유용하다. 많은 문제 행동이 나타날 때도 갑작스럽지만 어느 날 소리 소문 없이 갑자기 사라져 버린다.

방법을 선택할 때는 당신이 도달하고픈 목표도 고려해야 한다. 문제 행동을 완전히 제거하고 싶은 걸까? 아니면 횟수를 줄이고 싶은 걸까? 그저 당신의 부담을 좀 덜고 싶은 걸까? 실망을 방지하기 위해선 당신의 선택이 비현실적일 수도 있다는 점을 각오할 필요가 있다.

약도 방법 중 하나다. 하지만 약은 최후의 보루다. 치매 환자가 약에 반응하지 않거나, 더 나쁜 경우로 **긍정적이지 않은** 반응을 보이는 경우가 많기 때문이다. 치매 환자는 몸도 마음도 여유가 많지 않다. 그래서 건강한 사람보다 부작용을 더 심하게 앓는다. 약을 먹고 더 정신이 없어지는 환자도 많고 심지어 낙상 위험도 커진다.

따라서 약은 **모든** 조치가 다 소용이 없고 나아가 환자나 주변 사람들이 환자의 문제 행동—예를 들어 우울증, 불안, 신체적 폭력—으로 인해 심한 고통을 받을 때에만 고려할 사안이다. 특히 항정신성 의약품은 사용을 주의해야 한다. 여전히 많이들 사용하고, 또 가이드라인에서 허용하는 2주를 넘어 장기 처방되는 경우도 많지만 2년 전부터 학계에선 이 약물을 두고 논란이 일고 있다. 효과는 적은 데 비해 부작용이 너무 커서, 심지어 뇌졸중이나 심정지로 조기 사망하는 일도 일어날 수 있기 때문이다. 또 그런 약물로 인해 주변 사람들의 말을 알아듣지도 못하는 "산송장"이 되는 경우도 허다하다.

아랫글의 딸도 그렇게 변한 아버지(레네)를 보며 고민에 빠진다.

어째서 레네는 완전히 정신이 나갔을까? 병원에선 6개월 전부터 그에게 안정제를 먹이고 있다. 하루 용량이 얼마나 될까? 항정신성 약물 2종(주 클로펜틱솔과 피팜페론), 수면제(요즘 잘 안 쓰는 약물인 프로메타진), 거기에 항우울제 세로자트까지. 아버지의 불안을 잠재운다는 이 약물들이 아버지에게 이상하게 작용한다. 아버지는 취한 사람처럼 자거나 아니면 불안하게 왔다 갔다 한다. "판 네이르 씨는 하루 종일 돌아다니면서 깜빡깜빡 주무심." 그의 간병 일지에도 이렇게 적혀 있다.

브람, 2007

7장 문제 행동 대처법

한 가지 더. 문제 행동이 나타날 때는 일단 약물 없이 증상을 완화할 수 있는지부터 생각해야 한다. 늘 그런 것은 아니지만 많은 경우 가능하다. 의미 있는 활동으로 공격성이나 우울증을 개선한 사례는 많고도 많다. 불면이나 밤에 돌아다니는 증상은 낮에 밖에 자주 나가서 햇볕을 많이 쪄면 크게 좋아질 수 있다.

7단계: 방법을 실천할 준비를 한다

프로 운동선수는 중요한 시합을 앞두었을 때마다 채비를 한다. 머릿속으로 몇 번씩 시합을 상상하면서 어떤 장애물을 만날지, 어떻게 그 장애물을 넘을 수 있을지 고민하고 힘든 순간을 이겨 낼 마음의 힘을 기른다.

그들의 방법을 따라 하면 당신도 성공 확률을 높일 수 있다. 예를 들어 앞으로는 환자가 욕을 하거나 화를 내도 담담하게 반응하자고 결심했다면 머릿속으로 그런 장면을 몇 번이고 상상해 보는 것이다. 그런 상황에서 당신이 어떻게 평정심을 유지하는지 정확히 그려 본다면 아마 성공 확률도 쑥 올라갈 것이다. 당신의 머릿속에서는 계속해서 이런 목소리가 울려 퍼질 것이다. "나를 괴롭히려고 저러는 게 아니다. 병 때문에 어쩔 수 없는 거다." 선택한 방법을 다른 사람과 의논해 보는 것도 큰 도움이 된다. 상대에게 말을 하면서 스스로 정리가 될 것이고 더불어 당신을 지지해 줄 응원군을 한 사람 더 얻게 될 수도 있을 테니 말이다.

8단계: 방법을 실천한다

7단계를 모두 거친 후 이제 마침내 선택한 방법을 실천에 옮긴다. 방법이 당장 먹히지 않는다고 해서 바로 포기해 버려서는 안 된다. 한 며칠 시간을 두고 몇 번 되풀이해 보자.

9단계: 되돌아본다

실천 후 1~2주가 지나면 그 시간을 되돌아보면서 효과를 가늠해 본다. 가장 중요한 질문은 이것이다. 이 방법이 원하던 결과를 가져왔는가? 달리 말하면, 문제 행동이 사라지거나 완화되었는가?

답이 긍정적이라면 다음 질문을 던져 보자. 주로 무엇 때문일까? 접근 방식을 바꿔서? 아니면 환자와 당신의 상황에 중대한 변화가 생겨서?

방법이 먹히지 않으면 다시 물어야 한다. 이유가 무엇일까? 예상치 못했던 문제가 나타났을까? 특정 장애물을 미처 생각지 못했던 것일까? 너무 힘이 들어서 진심을 다하지 못하고 대충 했기 때문일까?

내 능력을 너무 과대평가했나?

문제 행동이 계속된다면 아래 세 가지 중 하나를 선택할 수 있다.

첫째, 그 행동과 더불어 살기로 작정하고 내버려 둔다. 하지만 이것은 여러 가지 이유에서 이제 그 행동이 당신의 눈에 덜 거슬릴 때에만 가능한 선택이다.

둘째, 본인의 선택이 올바르지만 실천하기에는 약간 부족한 점이 있다거나 본인이 너무 성급하게 성공을 기대했다는 사실을 인정한다. 이 경우는 가던 길을 계속 가면서 현실에 맞게 방법을 수정하면 된다. 예를 들어 이런저런 장애물을 먼저 치우면 될 것이다.

셋째, 다른 방법을 찾는다. 이 경우는 앞서 설명한 단계들을 다시 처음부터 밟아야 한다.

잊지 마라. 이렇게도 해 보고 저렇게도 해 본 후에야 겨우 올바른 방법을 찾는 경우가 얼마나 많은지 모른다. 전문가들도 운에 맡기고서 방법을 고를 때가 적지 않다.

모든 경우에 다 통하는 방법은 없다. 따라서 과거에 가장 효과가 좋았던 방법을 택하는 것이 가장 좋다. A가 있다면 먼저 그걸 택해 실험해 본다. 그게 안 먹히면 B, C로 가는 거다.

단계 정리

1단계. 그 행동이 정말로 문제인지 따져 본다.

2단계. 문제 행동을 최대한 간단명료하게 요약한다.

3단계. 행동의 원인을 찾는다.

4단계. 자신에게 물어보자. 내가 환자 입장이라면 어떤 기분일까.

5단계. 한 가지 또는 여러 가지 해결책을 찾는다.

6단계. 한 가지 방법을 선택한다.

7단계. 방법을 실천할 준비를 한다.

8단계. 방법을 실천한다.

9단계. 되돌아본다.

두 가지 특수한 문제 행동

위에서 설명한 행동 단계 모델은 대부분의 문제에 도움이 될 것이다. 지금부터는 역시나 위의 방법을 사용할 수는 있지만 그래도 이유와 특별한 대처법을 알 경우에 소중한 시간과 노력을 크게 줄일 수 있는 두 가지 문제 행동에 대해 따로 설명하도록 하겠다.

파국 반응

파국 반응catastrophic reaction이란 주변 사람들이 제어하기 힘든 갑작스러운 행동 변화를 말한다. 다시 말해 지금까지 설명한 행동보다 조금 더 위험한 문제 행동으로, 치매 환자가 자제력을 잃고 크게 화를 내는 것이다. 마치 환자의 뇌에서 전기가 합선되거나 치명적인 스위치가 켜진 것만 같다.

이런 파국 반응은 다양한 모습으로 표출될 수 있다. 심한 욕을 하고 폭력을 휘두르며 고집을 부리고 반항하고 불신하고 고함을 지르며 히스테리를 부리고 화를 내며 불안하게 왔다 갔다 하거나 달아나고 입을 꾹 다물고 말을 안 하며 몸이나 얼굴에 경련을 일으킨다. 이런 행동은 그동안 숨겨져 있던 환자의 고약한 성격이 드러나기 때문이 아니라 치매 자체가 가진 암울한 측면 때문이다. 그리고 환자는 그 순간 자제력을 잃기 때문에, 사실 환자 자신이 그런 행동의 첫 번째 피해자다.

제인 스마일리의 소설《천 에이커의 땅에서》에서도 1인칭 화자인 지니는 언니 로즈와 함께 치매에 걸린 아버지의 광폭한 모습을, 아버지가 "안전장치를 싹 다 태워 버리는" 광경을 지켜볼 수밖에 없다. 아버지는 자신의 농가를 얼마 전 딸들에게 넘겨줬는데, 그날 하루 종일을 딸들의 집에서 보냈다. 해가 기울어 자매가 아버지를 다시 집으로 보내려 하자 아버지가 욕을 하기 시작한다.

"이제는 나 데려다주고 맛대가리 없는 아침 차리고 더러운 집 청소할 필요 없다." 아버지 목소리가 고함으로 변했다. "나한테 이거 해라 마라 하지도 말고. 나쁜 년! 더러운 년! 평생 여기저기 기웃거리며 알랑방귀나 뀌고 다녔지. 너 제대로 된 여자 아니지, 그치? 네가 뭐하는 인간인지 모르겠다. 그래, 그냥 칠칠치 못한 년이야. 그냥 말라빠진 창녀지." 나는 돌처럼 굳었다. 그리고 생각했다. 그래, 아버지는 평생 나를 저렇게 생각하셨구나. 늘 저 말이 하고 싶었던 거야. 그 순간 충격은 우리를 갈라놓은 청명한 유리창 같았다. 침이 아버지 입가에 고여 있었다. 침이 나한테로 튀었는데도 나는 느끼지 못했다. 침을 피하려 뒤로 물러나지도 않았다.

스마일리, 2004

아래의 조언들이 이런 파국 반응에 대처하는 데 도움이 될 수 있을 것이다.[45]

1. 환자의 분노가 당신을 향하고 당신이 그 분노를 진정시키지 못하겠거든 딴 방으로 자리를 옮기자. 당신은 환자를 볼 수 있지만 환자는 당신을 볼 수 없는 장소가 가장 좋다. 어떤 경우에도 말로 해결하려 해서는 안 된다. 이 단계에선 이성적으로 호소해 봤자 아무 소용이 없다. 당신이 무슨 말을 해도 사태는 더 악화된다. 그 전에는 분노가 당신을 향하지 않았더라도 당신이 말을 붙이면 이제 그 화가 당신을 향할 수 있다.

2. 환자가 진정되거든 다시 돌아간다. 그러고는 아무 일도 없었던 것처럼 하던 일을 계속한다. 조금 전의 사태에 대해 말을 꺼내서는 안 된다. 그럼 다시 분노가 터져 나올 수 있다. 환자는 교훈을 얻을 수 없다. 어쩌면 아예 기억조차 못 할 것이다.

3. 한번 더 그 일을 돌이켜 보면서 당신이 배울 점이 있는지 생각한다. 파국 반응의 원인도 다른 문제 행동의 원인과 동일하다는 사실을 잊지 말자.

위에서 인용한 제인 스마일리의 소설에서도 아버지의 격한 반응은 딸의 집으로 오느라 하루 리듬이 깨진 탓일 수 있다. 그로 인해 신경이 곤두섰던 것이다. 아니면 다시 자기 집으로 돌아가 혼자가 되어야 한다는 생각에 겁이 났을 수도 있다. 또는 집에 가지 않으려는 아버지에게 1인칭 화자가 보인 반응 탓일 수도 있다. 그녀는 상당히 짜증을 내다가 기어이 한 마디를 덧붙인다. "아빠 마음대로 하세요. 어차피 아빠 하고 싶은 대로 하실 거잖아요." 아버지를 정말 화나게 만든 것은 이 말이었을지 모른다.

불쾌한 사건을 되돌아보는 것이 쉽지는 않겠지만 뭔가 배울 점을 찾아낸다면 앞으로 그런 행동을 예방할 수 있을 것이다. 무엇보다 그런 일들이 생각보다 훨씬 예측하기 힘들다는 사실을 깨닫게 될 것이다.

어떻게 하면 파국 반응을 막을 수 있을까

돌이켜 보면 격한 감정 폭발에 앞서 두 단계가 선행된다는 사실을 알 수 있다[46]. 이 두 단계에서 능숙하게 대처하면 대부분 격한 반응까지 이르지 않을 수 있다.

전문가들이 정확한 관찰을 통해 찾아낸 위기의 첫 신호는 이러하다. 환자가 자주 신음 소리를 내고 불신의 눈초리로 사람들을 바라보며 계속 둘레둘레 살핀다. 환자가 위협감이나 불안을 느끼기 때문이다. 따라서 환자는 자신을 방어하기 위해 있는 힘을 다 끌어모은다. 이 단계에선 환자의 행동은 평소와 다르지만 아직 환자의 현실 인식은 남아 있다.

이렇듯 자제력을 잃을까 봐 무서워 용을 쓰는 환자에게는 최대한 다정하게 반응하고 지지하는 것이 가장 큰 도움이 된다. 무슨 문제가 있냐고, 어떻게 해 줄까 하고 묻는다. 또 더 조용한 장소로 옮기자고 제안한다. 무엇보다 당신이 차분해야 한다. "괜찮아요. 다 잘될 거야"라며 환자를 조용히 달래야 한다.

환자가 다음 단계로 넘어가면 접근 방식도 달라져야 한다. 이 단계가 되면 환자는 화난 표정이 되고 얼굴이 붉어지며 부정적이거나 비아냥대는 말을 던지고 위협하고 허둥댄다. 현실 인식도, 자제력도 다 사라진다. 이제는 직접 대응은 금물이다. 명확하게 선을 그어야 한다. "그렇게 말하지 마세요. 저는 싫어요." 동시에 너무 가까이 다가가지 말아야 한다. 말 그대로 환자에게 자신만의 공간을 줘야 한다.

또 소음이나 기타 불안을 야기하는 자극은 최대한 줄인다. 라디오나 TV를 끄고 칼이나 뾰족한 물건 등 환자나 당신에게 해를 입힐 수 있는 물건은 치운다. 그런 조치가 불가능할 때는 환자를 더 조용한 환경으로 이끌려 노력해야 한다. 강요는 절대 금물이다. 강요는 불에 끼얹는 기름이다. 환자의 관심을 평소 진정 작용이 있던 활동으로 돌리려 노력하는 것도 좋은 방법이다. 달콤한 케이크를 먹는다거나 반려동물과 논다거나 조용한 피아노 음악을 듣거나 앨범을 보는 거다.

이런 식으로 파국 반응을 예방할 수 있다. 그래도 결국 위험 단계로 넘어간다면 환자는 완전히 자제력을 잃고 때리거나 발로 차거나 욕을 하거나 침을 뱉고 물건을 던지기 시작한다. 앞서 말했듯 이 단계가 되면 다시 정신이 돌아올 때까지 환자를 한동안(최소 15분간) 혼자 두어야 한다.

환각

많은 치매 환자가 헛것을 보거나 헛소리를 듣는다. 이런 문제는 기억장애의 결과일 때가 많다.* 환자는 집 뒤 자갈길에서 발소리가 난다면서 도둑이 들었다고 주장한다. 이웃집이 얼마 전에 강아지를 데려왔

---

* 루이체 치매나 파킨슨병 치매에서 나타나는 환시처럼 기억장애의 결과라고 보기 어려운 환각도 많다.

다는 사실을 까맣게 잊고 이상한 소리가 들린다고 겁을 낸다. 불안은 치매의 영원한 동반자다. 그래서 환자는 많은 것을 위험하다고 느끼고 겁을 낸다.

환자가 아예 헛것을 보거나 헛소리를 듣는 경우도 있다. 다른 사람들은 아무 소리도 안 들리는데 자꾸 소리가 들린다고 주장한다. 또는 딴 곳에 있거나 오래전에 죽은 사람이 왔다고 우긴다. 그런 경우를 환각이라고 부른다.

릴리의 남편 딕도 그렇다.

한밤중에 릴리가 화들짝 놀라 일어났다. 자다가 몸을 돌렸던 것이다. 평소에는 딕이 그녀에게 딱 달라붙어 있기 때문에 몸을 돌릴 수가 없었다. 그녀는 옆을 더듬었다. 빈자리가 느껴졌다. […]

"딕?" 남편을 찾아 욕실로 가 보려던 찰나 침대 밑으로 삐죽 나온 남편의 잠옷 바지 끝단이 보였다.

"쉿!" 남편이 야단을 쳤다.

"왜 그래?" 그녀는 조심스럽게 차가운 바닥으로 내려갔다.

"도둑이 침대 밑에 숨었어. 내가 보고 있어."

그녀는 불을 켜고 남편 옆에 쪼그리고 앉아 드리워진 침대 시트 자락을 걷어 올렸다.

"꿈꾼 거야. 아무도 없잖아."

그가 네발로 다시 기어 나왔다. 마지막으로 산탄총이 따라 나왔다. "당신 때문에 놈이 도망쳤어."

보일란, 2003

환각을 보고 듣는 치매 환자를 달래기 위해서는 그 이미지나 불안을 진지하게 받아 주는 것이 최선이다. 당신도 보거나 들었다고 거짓말을 하라는 것이 아니다. "나는 방구석에 무서운 남자가 안 보여. 하지만 당신이 너무 무서워하는 것 같아"라는 식으로 진중하게 대처하라는 소리다. 또는 "내가 구석으로 가서 저 남자 쫓아 버릴까?"라며 당신이 적극적으로 나서서 그 이미지를 쫓아 버리려고 하면 적어도 잠시 동안은 불안이 사라지기도 한다.

환각 증상은 뇌기능 장애의 결과일 수 있다. 하지만 다른 신체적 원인이 있을 수도 있다. 감염 질환, 당뇨병, 약물 부작용 등이 그 원인이다. 그러므로 환자가 계속 환각 증상에 시달리거든 병원을 찾는 것이 좋다.

네덜란드 배우 욥 아드미랄Joop Admiraal은 앞서도 인용한 바 있는 단막극 〈당신은 나의 어머니U bent mijn moeder〉로 인기를 끌었다. 한 인터뷰에서 그는 중병이 든(치매는 아니고 말기 암이었다) 아버지의 환각*에 어떻게 반응했는지 소상하게 설명한 바 있다[47]. "아버지가 무서워 벌벌 떠시면 제가 아버지 팔을 잡고 이렇게 말했습니다. '어서 도망가요!'

---

* 섬망에서 나타나는 환각으로 보인다.

　　　　　　　　　　　　　　　7장 문제 행동 대처법

절대 이렇게 말하면 안 됩니다. '뭐 귀신요? 무슨 말도 안 되는 소리예요!' 그럼 안 됩니다. 맞장구를 쳐 주면서 조종해야 합니다. 아버지가 '물에 빠져 죽는다! 사람 살려!'라고 비명을 지르면 저는 말합니다. '보트로 올라가요!' 아버지가 '살려 줘, 동굴이 너무 어두워!'라고 하시면 저는 이렇게 말합니다. '보세요. 저기 빛이 보여요!'"

욥 아드미랄은 환각에 시달리는 사람하고는 토론을 해 봤자 아무 소용이 없다고 말한다. 이성적인 논리로는 절대 그를 진정시킬 수 없기 때문이다. 따라서 상대의 감정과 경험을 진지하게 받아 주고 욥 아드미랄의 말대로 그 감정을 조종해야 한다. 때로는 직접 나서서 뭔가를 하는 것도 도움이 된다. 예를 들어 할머니가 불안한 눈과 목소리로 침대 발치에 무서운 남자가 서 있다고 하자 할머니가 가리킨 장소로 가서 그 남자를 쫓아 버린 간병인처럼 말이다.

적절한 환각 대처법은 악몽을 꾼 아이를 달래는 이해심 많은 부모의 태도와 많이 닮았다. 아이가 불안해한다고 부모가 따라 불안해져서는 안 된다. 아이가 본 것이 헛것이라고 무시하지 않으면서도 부모는 같은 것을 보지 않는다고 말해야 한다. "난 네가 본 거 안 보여. 그렇지만 네가 불안하다는 건 알아." 또 그런 상황에선 아이의 관심을 딴 곳으로 돌려 같이 다른 활동을 하거나 품에 안아 주거나 손을 꼭 잡아 주면 아이가 진정될 수 있다.

요약하면, 환자가 환각에 시달릴 때 가장 중요한 대처 규칙은 이러하다. (의사를 찾아가서) 신체적 원인을 찾아본다. 차분하게 대처한다. 토론하지 않는다. 환자의 경험을 무시하지 않는다. 그렇다고 환자와 같이 불안에 떨어서는 안 된다. 환자를 대신하여 행동한다. 신체 접촉으로 환자를 안정시킨다.

8

치매 환자 대할 때의 일반 팁

소통을 다룬 앞 장은 치매 환자와 최대한 원활하게 소통할 수 있도록 여러 조언을 담았다. 이 장에서는 치매 환자를 대할 때 도움이 될 만한 일반적인 팁을 소개할 것이다. 여기서도 기초로 삼은 것은 앞서 4장에서 다룬 내용들이다. 즉 치매 환자가 잃지 않는 또는 늦게야 잃게 되는 능력과 특성과 욕구 들이다.

쉰 살에 알츠하이머병을 앓게 된 한 여성은 이렇게 호소한다.

우리를 제지하지 말고 우리에게 힘을 달라고 호소하고 싶습니다. 누군가 척추를 다치거나 팔다리를 잃거나 뇌졸중으로 장애가 생긴다면 가족과 의사는 그가 다시 정상적인 생활을 할 수 있도록, 팔다리는 잃었어도 잘 살 수 있는 길을 찾도록 힘껏 노력할 겁니다. 우리에게도 그런 노력을 기울여 주세요. 기억력과 언어능력과 인지력은 잃었어도 우리가 계속 잘 살아갈 수 있는 길을 찾도록 도와주세요.

헤노바, 2015

8장 치매 환자 대할 때의 일반 팁

환자에게 현실적인 기대를 건다

한 여성이 딸 테아에게 말한다.

"난 네 아빠를 말할 수 없이 사랑했다. 아빠가 너무너무 자랑스러웠어. 그래서 더더욱 매일매일 새삼스럽게 가슴이 아팠단다. 우리 집에 살던 그 남자, 나중에는 '밤나무요양원'으로 찾아가 봤던 그 남자가 이제는 내가 알던 그 프랑스가 아니라는 사실 때문에. 처음 뇌출혈이 왔을 때부터도 그랬지만 나중에는 더 심해졌지. 매일 새삼 그 남자에게서 지적이고 총명하던 나의 배우자를 찾으려 노력했고 매일 새삼 엄청난 실망을 안고 돌아섰지. 망가진 퍼즐 조각을 원래 퍼즐 판에다 억지로 끼우려는 것 같았어. 맞지 않아. 맞을 수가 없고 영원히 맞을 수가 없을 테지……

비니아 씨(그녀가 '밤나무요양원'에서 알게 된 운명의 동지—지은이)도 같은 과정을 겪었어. 처음에는 낯설었겠지. 물론 그 기분을 스스로에게, 무엇보다 남에게 들키고 싶지 않았을 것이고. 그러다 결국 거부감이 들었을 거야. 이제는 아내 마르티어가 아닌, 한 인간의 껍데기와 마주할 때마다 꺼림칙했을 거야. 하지만 그는 그 감정과 더불어 살아가는 방법을 찾아냈지. 나도 이제 그 방법을 써먹어 볼 거야."

그녀가 생각에 잠겨 말한다. "만난 지 얼마 안 되었을 때 비니아 씨가 한번은 이런 말을 하더라. '아내와의 추억이 얼마 되지 않아 상상으로라도 아내와 이야기를 나눌 수 없었다면 아마 꼭 참고서 매일 밤나무요양원으로

치매의 모든 것

발걸음을 내디딜 수 없었을 겁니다."

"맞아요, 그래요." 테아가 맞장구를 친다. "지난 몇 년 동안 그분은 한때 사랑했던 여성의 이미지와 소통하고 있어요. 요즘은 아예 아내 이야기를 할 때 '진짜 마르티어'라고 부르기도 해요. 하지만 자신이 찾아가는 망가진 인간에게서 사랑하는 아내를 찾으려는 그 헛된 노력을 멈추자 그제야 거부감 없이도 '다른 마르티어'를 마주할 수 있었지요. 그냥 한 사람의 인간으로서, 성경에서 쓰는 말로 '자비'나 '연민'이라 부를 수 있을 새로운 종류의 애정을 품고서 말이에요."

판 마넌 페터르스, 1987

함께 사는 세월의 대부분을 상대의 성격을 고치려는 노력에 투자하는 부부가 정말로 많다. 상대의 부족한 점과 약점을 도저히 받아들일 수 없는 것이다. "타인의 성격보다 더 적응을 요하는 것은 없다"는 말을 잊지 않고서 쉬지 않고 상대와 토론하거나 싸운다. 세상 그 누구도 완벽하지 않다는 사실을 잘 알면서도 자신의 기대에 부합하지 못하는 상대를 있는 그대로 받아들일 수가 없다.

그러다 한 사람이 병이 들면 만성 불만의 "불에 기름을" 끼얹는 형국이 된다. 병으로 인해 상대의 약점이 더욱 부각될 테니 말이다. 이제 환자는 온갖 도움이 필요하다. 샤워도, 옷 입는 것도 옆에서 도와줘야 할 판이니 완벽한 배우자의 이상은 아예 꿈도 못 꿀 처지다.

스트레스를 해소하는 가장 효과적인 방법 중 하나는 내려놓기다. 상대를 바꾸고 싶은 자신의 마음을 억누르는 것이다. 상대를 있는 그대로 받아들이고 자신의 이상에 맞추어 바꾸려 하지 않으면 긴장은 절로 풀린다. 인간은 다 다르다. 기호만 다른 것이 아니라 속도, 선호, 이념, 감정, 지능, 소망도 다 각양각색이다.

마음을 바꾸어 환자를 사사건건 통제하지 않겠다고 결심한 가족은 오히려 더 큰 보상을 받게 되었다고 고백한다. 환자로부터 더 많은 칭찬과 감사와 존중이 돌아왔다고 말이다.

⌣

치매 환자에게는 지나치지 않은, 현실적인 기대를 걸어야 한다. 우리의 기대치가 환자와의 관계에서 얼마나 중요한 역할을 하는지는 도움이 필요한 환자와 그를 돌보는 가족이 맺는 네 가지 관계 유형을 밝혀낸 라이오네스 아이레스Lioness Ayres의 연구 결과로 입증된다[48]. 미리 말하지만 이 연구에선 치매 환자뿐 아니라 넓은 의미에서 도움이 필요한 환자, 즉 다발경화증, 심근경색, 류머티즘을 앓는 환자들도 연구 대상에 포함했다.

결과를 보면, 첫 번째 집단인 바람직한 간병인은 환자에게 크게 기대하지 않고 환자가 불쾌한 행동을 하더라도 일차적으로 사람이 아닌 질병 탓으로 돌렸다. 그리고 사랑과 애정이 간병의 1차적 동기였다.

두 번째 집단인 "보통 간병인"은 가장 숫자가 많았다. 이들은 간병과 상호 관계에서 환자 역시 나름 기여해 주기를 기대했다.

세 번째 집단은 스트레스가 가장 심했는데, 환자에게 비현실적일 정도로 과도한 기대를 걸었다. 따라서 매일 환자에게 실망했고 그런데도 기대를 접지 못했다. 그뿐 아니라 하루 종일 환자에게서 눈을 떼지 못하고 환자의 행동을 감시했다.

네 번째 집단 역시 과도한 기대와 잦은 실망으로 스트레스가 심했다. 하지만 이들은 아직 간병인 역할을 맡은 지가 오래되지 않아서 적절한 시기에 노력을 하면 고칠 수 있었다.

이 연구 결과의 결론은 명확하다. 유명한 스위스 심리학자 융은 말했다. "아이한테서 뭔가 변화를 바란다면 먼저 우리 스스로가 그 점을 바꿀 수 있는지 살펴야 한다." 융의 가르침은 어른을 대할 때에도 마찬가지로 유효하다. 특히 그 사람이 치매 환자라면 더욱 그럴 것이다. 쉬지 않고 자신의 기대를 점검하여 그 기대를 낮추려 노력한다면 실망을 느낄 일도 없을 것이다. 서로의 결점을 인정하자고 작정한 부부가 더 화목하게 살 수 있듯 기대 수위를 너무 높게 밀어 올리지 않는 것이 간병에 지치지 않는 지름길이다.

물론 자신을 바꾸겠다는 결심이 쌍방에서 오는 부부와 달리 간병 가족은 혼자서 노력해야 하기에 힘이 더 많이 들 테지만, 부부와 마찬가지로 키워드는 "상대를 있는 그대로 받아들이는 것"이며 "상대가 할 수 없는 것보다 아직 할 수 있는 것에 더 눈길을 돌리는 것"이다. 사실 치매 환자 간병이야말로 이런 기본 원칙이 그 어느 때보다도 더 중요한 시기일 것이다.

치매 아내를 간병하는 남편은 말한다.

치매는 함께 살던 지금까지의 삶에서 정말로 많은 것을 앗아 간다. 예전부터도 상대를 믿지 못했는데 이제 더 못 믿어서 안달해 댄다면 진짜로 망하는 것이다.

이런 상황에선 아무것도 속일 수가 없다. 서로를 믿고 사소한 일에 불화하지 않는 것이 관계에서 얼마나 중요한지 배운다. 그 대가는 나중에 돌아온다. 그럼 서로가 서로를 너무너무 필요로 하게 된다. 그럼 어디선가 팡파르가 울리지 않아도 행복할 수 있다.

부족한 점을 보지 말고 아직 남은 것을 찾아야 한다. 그건 스스로 찾아야 한다. 그 누구도 찾아서 선사해 주지 않는다.

아내는 이제 말을 못 한다.

나는 매일 오후에 아내를 보러 간다.

이제는 그것이 우리의 생활이다. 우리는 이 시간을 함께 이겨 나가는 법을 배운다.

우리는 서로를 딛고 성장했다. 이건 서로를 사랑하는 것과는 다르다. 우리는 서로 한데 얽혀 있다. 영속하는 말 없는 만남. 아내가 얼굴을 내 얼굴에 갖다 댄다. 우리는 둘 다 그 순간이 필요하다.

아내에게 밥을 먹일 때는 엄마가 아기 밥을 먹일 때와 같다. 중요한 만남이기에, 이것이 생명 연장의 의욕을 자아낸다. 삶의 목표를 잃은 많은 노인 치매 환자가 싸움을 포기한다.

만남에 계속해서 내용을 부여해야 한다.

만남이 두 사람에게 가치가 있어야 한다.

당신이 상대에게 선의를 품는다면 상대를 이해할 올바른 감각도 키우게 될 것이다. 그럼 당신이 생각한 것들이 다 맞아떨어질 것이다.

이제 우리에겐 멋진 순간이 점점 더 늘어난다. 세상을 있는 그대로 받아 들일 용기를 내야 한다. 인생은 내 마음대로 할 수 없다. 삶이 주는 것보다 더 많은 것을 바라면 슬퍼질 것이다.

다윈스테이, 1985

기억의 버팀목을 마련해 준다

치매가 아직 많이 진행되지 않았다면 환자가 매일 해야 할 일을 목록 으로 작성하여 환자의 기억을 도와줄 수 있다. 처리한 일은 표시해 달 라고 부탁한다. 중요한 일정은 별도로 달력에 적어 둔다.

환자가 혼자 살고 여러 사람이 와서 도와줄 경우엔 노트를 장만해서 누가 언제 오는지, 누가 왔다 갔는지 기록하는 것이 좋다. 그럼 환자가 누가 언제 오는지 항상 알 수 있다. 중요한 전화번호는 전화기 옆에 적 어 붙여 둔다. 화장실이나 욕실은 그림이나 사진을 마련해 해당 공간 의 문에 붙여 두면 환자가 화장실 가는 길을 찾을 수 있다.

속도에 적응한다

앞서 치매 환자와 대화할 때는 시간이 더 필요하다고 말했다. 이 말은 대화에만 통하는 것이 아니라 환자의 모든 행동에 다 적용된다. 환자의 모든 것이 우리보다 더 느리게 진행된다는 사실을 유념하라. 사고 과정 전체가 느려지기 때문이다.

치매 환자는 경험한 거의 모든 것을 다시 잊어버리기 때문에 우리에게는 익숙한 것들도 새롭고 낯설다. 예를 들어 환자가 옷을 입는다고 가정해 보자. 일단 옷이 처음 보는 물건이기 때문에 한번 자세히 살펴봐야 한다. 그래서 그것이 옷이라는 사실을 인지해야 한다. 그런 다음엔 어떤 옷인지, 바지인지 재킷인지 알아내야 한다. 그러고도 아직 알아내야 할 것이 더 있다. 바지라면 한쪽에 왼쪽 다리에 집어넣고 남은 쪽에 오른쪽 다리를 끼워 넣어야 한다는 사실도 알아내야 하는 것이다. 옷을 입는 동안에도 시간 감각이 없기 때문에 무엇을 하려 했던 것인지 갑자기 헷갈린다. 옷을 입는 중이었나? 아니면 벗는 중이었나? 마지막으로 환자는 세세한 부분에 빠지는 경향이 있으므로 쉽게 정신을 딴 곳에 판다. 예를 들어 옷을 입다가 블라우스 꽃무늬에 정신이 팔려 동작을 멈춘 채 가만히 있기도 한다.

사랑이 답이다

사랑 없이 살 수 있는 인간은 없다. 죽는 날까지 사랑받고 싶은 욕망은 사라지지 않는다. 어쩌면 힘들고 고단할 때, 몸과 마음이 뜻대로 움직이지 않을 때 더욱 사랑이 필요할 것이다. 독감에 걸려 누워 있었을 때를 돌이켜 보라. 따뜻하게 보살펴 줄 사람의 손길이 그 어느 때보다 절실하지 않았던가.

사랑은 다섯 가지 언어로 말한다. 첫 번째는 진심을 담은 칭찬과 사랑을 담은 말이다("나는 네가 좋아"). 두 번째는 따뜻하고 부드러운 신체 접촉이다(애무하고 키스하고 쓰다듬는다). 세 번째는 선물이요(예를 들어 꽃), 네 번째는 도움의 손길이다("내가 커피 타다 줄까요?"). 마지막 다섯 번째는 관심이다.

굳이 설명이 필요 없는 것들이지만 마지막의 관심에 대해서는 조금 더 설명을 보태려 한다(칭찬의 언어에 대해서는 앞서 215쪽의 '칭찬한다'에서 설명한 바 있다).

우리 어머니보다 열두 살 어린 막내 이모도 어머니처럼 인생의 말년을 요양 병원에서 보내셨다. 이모가 있던 병동에는 아홉 명의 노인이 더 있었다. 이모가 5년 동안 우리 아버지 요양원을 하루도 빠짐없이 들여다보았고 그 후 집과 요양 병원에 계셨던 우리 어머니도 매일 찾아주었기에 형들과 누나들은 번갈아 가며 이모를 찾아뵈었다. 이모가 돌아가시자 우리도 요양 병원에 발길을 끊었다. 그런데 누나만 그 후로도 몇 년간 계속해서 요양 병원을 찾아갔다. "왜?" 그 소식을 듣고 내가 물었다. "이모랑 같이 계시던 분들 뵈러." "가서 뭐해?" 아직도 이해가 안 된 내가 재차 물었다. "그냥 식탁에 앉아서 번갈아 가며 이분 저분 봐 드리지. 별 거 안 해. 근데 다들 좋아하시는 것 같아. 간병인도 놀라시더라고."

누나는 나랑 달리 심리학 공부를 하지 않았다(하고 싶었지만 열두 명의 아이를 키우는 어머니를 도와드려야 했다). 하지만 사람의 일이라면 나보다 훨씬 훤했고 그 지식을 유용하게 써먹는 기술은 따라갈 사람이 없었다. 누나는 치매 환자들도 무조건적인 관심을 선사하면 생기를 얻는다는 사실을 경험으로 배운 것이다.

어느 딸의 이야기를 들어 보자.

치명적인 병이다. 모든 기억을 삭제하는 병. 하지만 일단 그 사실을 받아들이면 병이 있어도 행복하게 살 수 있다. 너무 뻔한 말이지만 우리 어머니에게 중요한 것은 단 하나, 사랑을 받는 것이다. 사랑만 받으면 만사형통이다. 이 사랑의 감정은 서로가 나눌 수 있다. 특히 어머니가 나보다 훨씬 더 오늘을 살 수 있기에 그러하다. 어머니는 설령 감자 껍질을 벗기고 있어도 사랑을 느낄 수 있다.

지금 이 순간의 행복이 중요하다

시작하기 전에 먼저 부탁을 해야겠다. 지금으로부터 정확히 10년 전으로 시곗바늘을 돌려 보자. 행복했던 순간들이 기억나는가? 기억난다면 무엇 때문에 행복했는가? 자, 이제 조금 더 시곗바늘을 돌려 20년 전으로 돌아가 보자. 그날 즐거웠던 순간이 기억나는가? 안 난다고? 그럼 이 질문에 대답해 보자. 지금 기억나지 않는다고 해서 그 즐거웠던 과거의 순간이 무의미했을까? 아마 다들 그렇지 않다고 대답할 것이다. 지금 아는지 모르는지가 행복의 기준은 아니라고 생각할 것이다. 심지어 벌컥 화를 내며 이렇게 말할 독자가 있을지도 모르겠다. **"그때** 행복했으면 됐지. 그게 제일 중요하지."

이제 내가 왜 이런 질문을 했는지 알 것이다. 나는 우리가 의식하지 못한 채 치매 환자에게 우리 자신과 다른 기준을 들이대고 있다는 사실을 지적하고 싶었다.

치매 환자의 가족이라면 아마 다들 이런 생각을 했을 것이다. "요양병원에 가 봤자 무슨 소용이야? 내가 안 보이면 바로 잊어버릴 텐데. 어차피 아무것도 기억 못 하는데."

하지만 치매 환자에게도 우리와 똑같은 원칙이 적용된다. 우리가 어제, 그제 행복했는지 아닌지는 중요하지 않다. 오늘 그걸 기억하는지 아닌지는 더더욱 중요하지 않다. 인생은 지금 여기에서 일어난다. 우리가 **이 순간** 치매 환자가 행복하도록 도와준다면 환자의 삶을 한 뼘 더 가치 있게 만드는 것이다. 더불어 **당신의 삶**도 한 뼘 더 가치 있어지는 것이다.

의심하지 마라. 즐기는 능력은 죽는 순간까지 사라지지 않는다. '경험하는 자아'는 여전히 작동한다. 즐길 수 있게 하는 오감 역시 마찬가지다. 치매 환자도 보고 듣고 느끼고 맛보고 냄새 맡을 수 있다. 물론 치매 환자가 오감을 깨우려면 우리 도움이 필요하다. 예를 들어 풍경 좋은 창가에 의자를 놓고 환자를 데려다 앉히거나 좋아하는 TV 프로그램이나 음악을 틀어 주는 식이다. 예전에 좋아하던 과일이나 주전부리를 가져다주어 과거의 맛과 냄새를 선사할 수도 있다. 찾아보면 방법은 많고도 많다.

(아버지를 치매로 떠나보낸) 여성이 지난 몇 달간 요양 병원에 뭐하러 찾아갔느냐는 아들의 질문에 이렇게 대답한다.

> 어머니가 말했다. "그 점은 나도 많이 생각했단다. 모리스(그녀의 남편—지은이)와 내가 가도 얼굴에 미동도 없는 그런 날도 있었으니까. 그럴 때 아버지는 나무토막 같았지. 하지만 우리가 가면 달라질 때도 많았어. 물론 우리를 알아보지는 못했어. 당신 이름도 몰랐으니까. 그래도 우리가 곁에 있기만 해도 아버지 얼굴에 미소가 피어올랐어. 아버지는 여전히 기뻐할 수 있었던 거야. 그럴 땐 거기 침대에 한 인간이 누워 있었단다."
>
> Groopman 2000

규칙과 루틴을 존중한다

노벨상을 수상한 대니얼 카너먼Daniel Kahneman은 두 가지 (두뇌) 시스템, 즉 시스템 1과 시스템 2가 우리 행동을 조종한다고 말했다[49].

시스템 1은 충동적·직관적이며 진화사적으로 볼 때 역사가 오래되었다. 이 시스템은 인상, 영감, 의도, 감정에 따라 자동적이고도 빠르게 작업하며, 우리의 네비게이션이기에 많이 다녀 다져진 길을 선택한다. 반대로 시스템 2는 논리적·합리적이며 성찰과 논증을 할 수 있다. 의식적 관심을 요하는 이 시스템은 에너지를 많이 잡아먹으며 첫 번째 시스템의 충동을 억누르는 데 이용된다. 즉 우리가 자제할 수 있게 조절하는 것이다. 그런데 치매 환자에게선 이 두 번째 시스템이 서서히 기능을 잃어 가기 때문에 시스템 1이 점차 우위를 점하다가 결국 그것만 남게 된다.

치매 환자가 병이 찾아오기 전부터 습관을 잘 지키는 사람이었다면 (대부분의 일을 루틴에 따라 처리했다면) 병에 걸린 후엔 더욱 습관에 매달리게 된다.

치매 환자는 질서와 규칙에 대한 욕구가 크다. 그래서 식사, 샤워, 수면 같은 일과를 정해진 시간표대로 처리해야 한다. 시계가 가리키는 시간은 중요치 않다. 그보다 더 중요한 것은 매일 모든 일과를 최대한 같은 순서에 따라 같은 시간에 해결하는 것이다. 질서와 규칙이 필요한 이유는 안정감 때문이다. 규칙을 지켜야 최대한 오래 능력 기억을 유지할 수가 있다.

어머니를 간병하는 한 아들의 이야기를 들어 보자.

일정한 루틴을 지키는 것이 제일 중요하다. 그렇지 않으면 흥분해서 어찌할 바를 모른다. 잠잘 시간이 되면 나는 어머니에게 초록색 수면제 두 알을 건네준다. 그러고는 브래지어와 속치마, 속바지를 벗기고 잠옷을 입힌다. 어머니가 일어나서 다시 옷을 입는 사태를 방지하기 위해 나도 잠옷을 입고 어머니와 나란히 침대에 눕는다. 2년 전만 해도 협탁에 책이 수북이 쌓여 있었다. 내가 책을 좋아하는 건 어머니를 닮았다. 아버지는 소설책은 여자들이나 읽는 경망한 오락거리라고 생각했다. 지금은 협탁에 추리소설 한 권밖에 없다. 내가 어머니에게 한 쪽을 읽어 달라고 부탁하면 어머니는 시키는 대로 읽는다. 아이처럼 억양 없이 단조롭게, 자기 말에 의미가 있다는 사실을 모른 채. 한 단락이 끝나면 어머니는 읽기를 멈추고 책을 치운다. 그러고는 우리는 나란히 누워 천장을 쳐다본다. 어머니의 숨소리가 규칙적으로 변하면 잠이 드신 것이다. 그제야 해방감이 밀려오기 시작한다.

이흐나티프, 1994

치매 환자는 아무리 좋은 뜻으로 제안했다 해도 규칙을 어기면 안되기 때문에 외출이나 여행도 힘에 부친다. 예전에 자주 자식들 집에 가던 환자도 이제는 자식 집에 가면 당황하여 어쩔 줄을 모른다. 심지어 자식들 집에서 하룻밤을 잘 경우엔 아주 심각한 문제가 일어날 수도 있다. 치매 어머니를 둔 아랫글의 딸도 그런 일을 겪었다.

"크리스마스에는 꼭 엄마 모시고 오자." 우리는 그렇게 이야기했다. "차로 모셔 오는 거야. 크리스마스트리도 만들고 칠면조도 굽고 해서 최대한 화목한 분위기를 만들어 보자."

만사가 제법 잘 풀렸다.

"난 칠면조 싫다." 엄마가 말했지만 괜찮았다. 엄마를 위해 슈니첼을 만들어 놨으니까. 엄마는 열네 번 물었다. "너희는 어디서 자니?" 그리고 열여섯 번 물었다. "난 어디서 자?" 우리는 열여섯 번 손님방을 보여 주었고 그때마다 엄마는 고개를 끄덕였다. 물론 미심쩍은 표정이 가시지는 않았다. 크리스마스트리의 촛불을 끄고 엄마 잠자리를 봐 드린 뒤 모두 흡족한 마음으로 지친 몸을 이끌고 잠자리에 들었다.

한밤중에 거실에서 들리는 신음 소리에 잠을 깼다. 엄마가 여기가 어딘지 몰라서 온 집 안을 헤매고 돌아다니셨던 것이다. 그러다 깜깜한 거실에서 트리와 부딪혀 넘어졌다. 엄마는 깃털 장식에 파묻혀 거실에 누워 있었다. 엄마와 부딪친 나무는 넘어졌고 은빛 크리스마스 양초의 촛농이 엄마의 잠옷에 들러붙었으며 뾰족한 전나무 잎이 엄마의 온몸을 찔러 댔다.

우리는 엄마를 일으켜 세우고 진정시켜 보려 했지만 엄마는 화가 나서 어쩔 줄 몰랐다.

"늙어서 망가지니 무시당하고 외면당하는구나!" 엄마가 고함을 질렀다.

8장 치매 환자 대할 때의 일반 팁

"엄마, 아니에요! 늙어서 망가진 건 맞을지 몰라도 무시당하고 외면당한 건 절대 아냐!"

"맞아! 나 집에 갈 거야!" 엄마가 소리쳤다. 새벽 3시였다. 엄마는 절대 안 잘 것이라고 했다. 남편이 덴하흐까지 엄마를 모셔다 드렸다.

스미트, 1993

격한 감정 표현을 인신공격으로 생각하지 않는다

환자의 감정 폭발은 개인에 대한 공격이 아니라 무력감의 표현일 때가 많다. 환자는 자기 삶을 자기 뜻대로 하지 못하는 경험을 자주 하게 된다. 이런 상실의 경험은 공격성, 근심, 무기력 등 보통의 애도 과정에서 느낄 수 있는 온갖 감정을 불러낼 수 있다.

환자가 화를 내거나 슬퍼하거나 불신할 때(또는 우리를 탓할 때)는 환자의 관심을 딴 곳으로 돌리려 노력해 보자. 환자는 정보를 오래 간직할 수 없기 때문에 그 감정의 원인은 물론이고 감정 자체도 금방 잊어버릴 것이다. 다만 자신의 정신적 문제를 의식하는 환자의 경우 이런 방법을 함부로 써서는 안 된다. 우리가 자꾸 딴 이야기를 꺼내면 환자는 자신의 말을 진심으로 받아들이지 않는다고 생각할 수 있다. 딴 곳으로 관심을 돌리면서 동시에 환자의 감정에 관심을 보이는 것이 어떤 경우에도 올바른 대처법이다. 예를 들어 환자가 무언가를 잃어버려 기분이 안 좋다면 함께 찾아보자고 제안한 후 기분 좋은 다른 주제로 환자의 관심을 돌리는 식이다.

다정한 말과 행동은 마음을 움직인다

잘 아는 지인을 거리에서 만났는데 인사도 없이 쌩 하고 가 버리면 나는 기분이 나쁘고 화도 나고 괜히 울적해진다. 순간적으로 기분이 착 가라앉는다. 하지만 몇 초 안 지나 다시 이런 생각으로 마음을 달랜다. 휘프, 괜히 오버하지 마. 저 사람이 지금 엄청 기분이 안 좋거나 스트레스를 왕창 받았을 수도 있어. 어쩌면 딴 생각을 하느라 날 못 봤을 수도 있잖아. 나는 또 이렇게도 생각한다. 너도 친구한테 그런 소리 얼마나 자주 들어? 왜 보고도 인사를 안 하느냐고? 그럴 때 친구들은 꼭 이런 말을 덧붙이잖아. 또 정신 딴 데 팔았지?

이렇게 나는 기억을 이용해 내 감정을 수정하고 내 기분을 유지하려고 한다.

하지만 치매 환자는 기억력도 이성도 떨어지기 때문에 나처럼 감정을 조종할 수가 없다. 환자의 기분은 우리보다 훨씬 더 주변 환경의 영향을 많이 받는다. 이건 나쁜 소식이다.

"모든 단점에는 장점이 있다." 아마도 네덜란드에서 제일 유명한 축구 선수일 요한 크라위프Johan Cruyff의 이 명언이 어딘가 통하는 곳이 있다면 바로 이곳일 것이다. 해리포터가 마법 지팡이로 마술을 부리듯 우리는 우리의 기분으로 환자의 기분을 조종할 수 있다. 지금보다 훨씬 더 강력하게. 사실 우리는 이미 그렇게 하고 있다. 우리가 치매 환자 곁에서 울적한 표정이나 스트레스 심한 표정을 지으면 환자는 곧바로 우리와 같은 감정을 느끼게 된다.

감정은 말 그대로 전염성이 있다. 심리학 이론에 따르면 우리는 의식하지 못한 채 반사적으로 타인의 감정 상태를 그대로 받아들이며, 이 과정은 비언어적 소통으로 이루어진다[50].

스텔라 브람Stella Braam이 쓴 《나는 치매 환자다Ich hade Alzheiemer》에서 그녀의 질문을 받은 아버지 역시 이 사실을 본능적으로 알고 있다. 딸이 묻는다. "제가 어떻게 해야 아버지가 행복할 수 있을까요?" 아버지는 대답한다. "나하고 있을 때 네가 유쾌하면 돼."

다정한 말과 행동은 치매 환자의 영혼을 어루만지는 손길과 같아서 환자의 마음을 달랠 수 있다. 미소도 기적을 불러온다. 나는 7년 동안 토요일 저녁마다 치매 어머니를 찾아가서 어머니 간병을 했다. 그때마다 나는 항상 행복한 미소로 어머니를 대했다. 그럼 그 미소가 세 배가 되어 다시 내게로 돌아왔다. "네가 와서 정말 좋구나!" 어머니가 행복해하시면 다시 내가 행복해졌고, 그렇게 짧은 시간 안에 우리는 긍정적인 감정의 소용돌이로 휘말려 들어간다.

진심을 다하면 닫혔던 마음의 문도 열린다. 치매 환자가 우리를 평가할 때는 음소거한 TV를 보며 거기 나온 사람의 행동을 평가하는 것과 다를 바 없다.

치매 아버지를 지켜본 딸의 느낌도 그러하다.

"맞아요. 뭘 설명하려면 엄청 애쓰셔야 해요." 후세가 말했다. "그걸 알아
들으려면 보통 눈과 귀로는 안 돼요. 레이더 같은 게 필요하죠. 아빠가 아
직 우리 말을 잘 알아들을 거라는 착각은 안 해요. 그래도 아빠한테는 엄
청나게 정교한 안테나가 있어서 우리가 풍기는 분위기, 우리의 진심, 관심
을 기가 막히게 포착하신다고 확신해요."

판 마넌 페터르스, 1987

유머를 적극 활용한다

아무리 힘들어도 웃을 수만 있으면 훨씬 수월하게 그 상황에 대처할
수 있다. 치매 환자 역시 누군가 웃는 모습을 보면 기분이 좋아진다. 물
론 자신을 비웃는다는 기분이 들지 않을 때다. **유머는 공격성에 제동을
건다.** 다정하게 웃는 사람에게 화를 내기란 쉽지 않다. 웃는 얼굴의 비
언어적 메시지는 명확하다. "나한테 나쁜 짓 하지 마세요. 나도 안 할게
요!" 유머는 긴장을 해소하고 해방감을 안기며 울적한 기분을 쫓는다.
웃음은 삶이 생각보다 가볍다는 의미다. 웃음은 치매 환자도 죽는 순
간까지 이해하는 언어다. 너무 심각하지 않은 놀이 같은 접근 방식이

치매 환자를 대하는 최고의 방식일 때가 많다.

영업 전략 활용: 예스 분위기를 조성한다

거의 한 달에 한 번꼴로 보험사건 금융 업체건 제품 판매를 목적으로 하는 마케팅 전화가 걸려 온다. 그런 전화들은 대부분 이런 방식으로 통화가 전개된다.

> "안녕하세요? 고객님. 잠시 통화 가능하실까요?"
>
> "네."
>
> "성함이 휘프 바위선 씨, 맞습니까?"
>
> "네."
>
> "트레이닝교육센터 원장님이시죠?"
>
> "네, 맞아요."

첫 번째 질문을 제외하면 마케팅 사원은 애당초 자신의 질문에 어떤 대답이 나올지 알고 있다. 내가 '네'라고 대답할 것이라는 것을 처음부터 알고 있는 것이다. 그런데도 질문을 한다. 흔히 말하는 '예스 분위기'를 조성하려는 목적이다. 이미 몇 차례 '네'라고 대답한 뒤에는 상품을 권해도 '싫어요'라고 대답하기 힘들기 때문이다.

이 기법은 마케팅뿐 아니라 일상 대화에서도 상대를 우리가 원하는 행동으로 유도하는 데 도움이 된다. 당연히 치매 환자에게도 활용할 수 있다. 이 기법을 이용해 우아하게 환자를 자리에서 일어나게 하고 씻기고 옷을 입힐 수 있다. 환자는 강요당한다는 느낌을 전혀 받지 않는다. 환자가 기분이 나쁘거나 반항할 때도 유용하게 써먹을 수 있다.

그들이 밖을 가리키며 말한다. "날씨가 진짜 별로다. 그쵸?

"응."

"잠을 잘 못 주무셨어요?"

"응."

"인생은 참 고달파요. 그쵸?"

"응."

"일어날까요?"

성가신 마케팅 전화가 그렇듯 이 방법 역시 100퍼센트 성공을 보장할 수는 없다. 그래도 바로 본론으로 들어갔을 때보다는 훨씬 성공할 확률이 높다.

잠시 후에 또 부탁한다

얼마 전에 로테르담의 한 대형 병원에서 치매 환자 대하기를 주제로 교육을 요청해 왔다. 환자가 공격적인 태도를 보일 때 잘 대처할 수 있는 방법을 간병인에게 가르쳐 달라는 것이었다. 나는 매번 강의를 시작할 때마다 간병인들에게 이렇게 묻는다. "우리가 진짜로 화가 났을 때 마음을 가라앉히려면 가족이나 배우자가 어떻게 해 주는 게 제일 좋을까요?" 참석자의 대부분은 "잠시 그냥 내버려 둬요"라고 대답한다. 나는 솔직한 대답에 감사 인사를 전하고 다시 두 번째 질문을 던진다. "우리가 어떤 부탁을 듣고 '안 된다'고 거절을 했는데, 또 부탁한다고 해서 금방 다시 승낙할까요? 여러분 중에 그렇게 만들 수 있는 능력자가 계신가요?" 대부분은 아무도 대답하지 않는다.

이렇게 두 번 질문을 던지고 나면 진짜로 하고 싶었던 말을 전할 수 있다. "치매 환자도 싫다고 대답했다면 설득해도 소용없습니다. 또 화가 났을 때는 스스로 진정이 되도록 시간을 주는 게 가장 좋습니다. 이렇게 본다면 치매 환자도 여러분과 다를 게 전혀 없는 거죠."

환자가 부탁을 거절하면 아마 대부분의 사람은 그 부탁이 얼마나 필요한지 설득하려 애쓸 것이다. 하지만 소용이 없다. 환자는 논리와 이성의 언어로 말하지 않는다. 설득은 오히려 역효과를 몰고 온다. 환자는 더 심하게 저항한다. 잠시 딴 곳으로 갔다가 다시 와서 또 부탁해 보자. 안 되면 또 갔다 온다.

치매에 걸린 친구를 도와주려 하지만 번번이 거절당한 한 여성이 있다. 친구한테 가서 인사를 건네면 바로 이런 말이 돌아온다. "가." 친구의 아들이 그녀에게 성공의 비법을 가르쳐 준다.

"저리 가." "건들지 마 냅둬!" 저도 산책 가자고 하면 그런 대답을 많이 들었어요. 그러다가도 몇 분 뒤에 다시 가 보면 열렬히 환영하셨죠. 대부분 거절은 뭔가 요구할 때 보이는 반사 반응이었습니다. 일어나라고 채근하지 않고 가만히 두면 혼자서 일어나셨어요.

시베킹, 2012

그 아들은 알고 있었다. 어머니가 병에 걸렸어도 자기 삶을 주도하고 싶어 하신다는 것을 말이다.

환자의 과거로 들어간다

두 사람이 같은 언어를 쓰지만 다른 세상에서 산다면 서로를 제대로 이해할 수 없을 것이다. 그래서 젊은이는 노인을 이해하지 못하고 거꾸로 노인은 젊은 사람을 이해하지 못한다. 마음이 넓은 부모는 그 사실을 알기에 아이들과의 거리를 좁히려 무진 노력한다. 예를 들어 자신은 그 나이 때 어떠했는지 기억해 내려 노력하는 것이다.

치매 환자는 속도는 느리지만 우리와는 전혀 다른 세상으로 점점 떠

밀려 간다. 사춘기 아이는 아무리 말썽을 부려도 잠시 부모의 마음을 이해할 수 있는 순간이 있지만 치매 환자는 상대의 눈으로 세상을 바라볼 수 있는 능력이 전혀 없다. 그러니 환자를 이해하고 싶다면 우리가 그의 세계로 들어가려 애쓰는 것 말고는 달리 방도가 없다. 하지만 그것이 조심스럽게 표현해서 그리 간단한 일은 아니다. 어떨 때는 환자의 과거로 깊이 들어가 보았을 때에나 가능한 일이다.

치매의 두 가지 법칙 탓에 환자는 현재로 오는 길을 점점 더 찾기 힘들어진다. 과거는 가장 오래도록 남아 있고 그 과거가 오늘이 되기에 과거의 관심, 습관, 선호, 경험을 간병의 방향지시기로 삼을 수 있다. 그러려면 환자가 어떤 가정에서 성장했는지, 어떤 학교를 다녔는지, 무슨 일을 했는지, 어떤 사랑을 나누고 어떤 가정을 꾸렸는지, 살면서 어떤 흥망을 겪었는지, 무엇을 두려워하는지 알아야 한다. 환자의 이력을 많이 알수록 환자의 생각과 감정의 미로를 더 잘 쫓아갈 수 있을 테니 말이다.

⌒

미국 작가 패니 플래그^{Fannie Flagg}는 《프라이드 그린 토마토》에서 치매 환자의 세상이 어떤 모습일 수 있는지 잘 그려 냈다.

미스터 피비는 다 쓰러져 가는 이급 호텔 로비에 손수건을 깔고서 앉아 있었다. 손수건은 그의 아내가 매일 아침 입혀 주는 고무 덧댄 바지에 그가 오줌을 쌌다는 걸 알고서 호텔 직원이 가져다준 것이었다. 하지만 미스터 아티스 O. 피비 자신은 다시 1936년으로 돌아가서 지금 이 순간 8번가 애비뉴노스를 걸어가고 있었다. 짙은 자색 맞춤 양복을 입고 58달러짜리 레몬그린색 에나멜가죽 구두를 신었으며 머리는 포마드를 발라서 까만 얼음처럼 반짝거렸다. 이 토요일 밤에는 미세스 베티 시몬스가 그의 팔짱을 꼈다. 〈슬래그타운 뉴스〉의 가십난에 따르면 그녀는 버밍햄 부유층 여성 중에서도 가장 유명한 인물이었다.

플래그, 1987

치매 환자 가족이 환자를 요양 병원에 보내기 꺼려 하는 이유 중 하나도 그곳 직원들은 환자의 과거에 관심이 없기 때문이다. 그래서 그곳에선 모든 환자를 똑같이 대하려 한다. 마치 과거가 없는 사람인 양! 그것이 환자에게 얼마나 치명적일 수 있는지는 수많은 사례가 입증한다.

지금 내 머리에 가장 먼저 떠오른 사례는 요양 병원 간병인들이 서로 맡지 않으려고 떠밀던 한 중년 남성의 이야기다. "거만하고 자기가 할 수 있는 것도 절대 자기 손으로 안 하려고 해요." 간병인들은 한결같이 그렇게 말했다. 새 간병인이 와서 그의 과거를 파고들자 마침내 그 이유가 밝혀졌다. 예전에 아내가 그를 너무 떠받들어서 말도 하기 전에 알아서 다 대신해 주었던 것이다. 새로 온 간병인은 예전에 아내가 그랬듯 다 알아서 해 주자고 마음먹었다. 그러자 놀랍게도 환자는 너무너무 고마워했고 완전히 다른 사람이 되었다. 그것을 보고 다른 간병인들도 따라서 그를 있는 그대로 받아들여 주자 한 달 뒤 그 환자는 그 병원에서 가장 인기 있는 환자로 변신했다.

어머니를 요양 병원에 모신 한 아들도 비슷한 경험을 했다. 다만 이 경우엔 끝이 행복하지 못했다.

입원 환자들은 여든 살에 들어오건 아흔 살에 들어오건 과거가 없는 사람들처럼 똑같은 취급을 받는다. 그래도 우리 어머니를 나름의 이력과 특별한 표현 방식을 가진 한 사람의 개인으로 대하는 간병인이 몇몇 있었다. 그중 한 분은 폴란드 출신이었고 전형적이게도 가난한 농사꾼의 딸이었다. 그녀는 어릴 적에 닭과 돼지와 소의 소리를 배웠다고 이야기해 주었다. 아프거나 배가 고플 때, 불안하거나 화가 났을 때, 사람이 억지로 깨우거나 밖으로 내몰 때 녀석들은 각기 특유의 소리를 낸다고 했다. 그녀는 그 소리를 정확히 구분하는 법을 배웠고 지금 그 덕을 톡톡히 보고 있다고 했다. 요양 병원 환자들은 대부분 자기감정을 말로 표현할 수 없고 설령 한다 해도 제대로 못하지만 그래도 표정을 잘 살펴보면 감정을 읽을 수 있고 짐승 같은 소리를 듣고서도 어느 정도 이해할 수 있기 때문이다. 놀랍게도, 아니 어찌 보면 당연한 일이었지만 두 번째 만났을 때 이미 그녀는 다른 사람들은 한 번도 물은 적 없었던 어머니의 필수 이력 정보를 훤히 꿰고 있었고 그것도 모자라 더 알고 싶어 했다. 그녀가 알고 있던 사실들은 우리가 어머니를 위해 만들었던 앨범에서 얻은 정보들이었다. 우리는 어머니의 주변 환경, 자식과 손자들, 그동안 이사 다녔던 집들의 사진을 앨범에 붙이고 그 사진에다 큰 글자로 설명을 곁들여 놓았다.

그 앨범을 만들면서 우리는 간병인이 가끔 어머니와 함께 앨범을 뒤적여 주기를 바랐다. 그럼 이 가족 앨범이 어머니에게 집에 있는 것 같은 기분을 일깨워 요양 병원이라는 바뀐 환경에서도 어머니가 기죽지 않을 수 있을 것이라 기대했다. 하지만 그 폴란드 간병인은 우리의 기대에 부응한 처음이자 유일한 간병인이었다. 안타깝게도 어머니는 그녀의 호의를 오래 누리지 못했다. 2주쯤 지나자 그녀가 흔적도 없이 사라졌다. 왜냐고 물었더니 그녀가 여기서 적응을 못 했다는 대답만 돌아왔다.

오페르만스, 2007

윗글에서 생애 정보가 담긴 앨범 이야기가 나온다. 불행하게도 그 폴란드 간병인을 제외하면 요양 병원의 그 누구도 자식들이 만들어 준 앨범을 활용하지 않았다. 하지만 현실에서는 다행스럽게도 많은 요양 병원이 그런 자료를 활용한다. 그러므로 그런 가족 앨범을 제작하라고 권하고 싶다. 환자에게도 큰 기쁨을 줄 것이고 가족들도 앨범을 이용해 대화거리를 쉽게 찾을 수 있을 것이다. 나아가 앨범을 통해 환자에 대해 더 많은 사실을 알게 될 것이다. 환자가 어떤 사건과 경험을 기억하는지, 지금의 정체성을 형성한 결정적 경험이 무엇이었는지, 무엇을 자랑스러워하고 무엇에 고마워하는지, 어떤 것을 좋아하는지, 어떤 주제를 가장 좋아하는지, 지금의 무기력과 불안의 뿌리는 어디에 있는지 등 말이다.

한마디로 환자가 자신의 삶과 자신을 어떻게 보는지 알게 될 것이다. 안경이 세상을 더 또렷이 보게 해 주는 도구이고 보청기가 소리를 더 잘 듣게 해 주는 도구이듯 그런 식의 인생 앨범은 훌륭한 기억의 도구가 될 수 있다. 또 환자의 자신감과 자존감을 키우고 남은 인생이 의미 있다는 기분을 전해 줄 것이다.

쓸모 있는 사람이 될 수 있게 기회를 준다

환자가 할 수 있는 의미 있는 일과를 찾으면 환자는 물론이고 가족의 삶의 질도 개선될 수 있다. 환자는 소속감을 느끼며 아직은 쓸모 있는 사람이라는 기분에 젖을 수 있다. 우리 어머니가 치매에 걸리자 큰누나가 일주일에 하루 어머니를 모셔 갔다. 누나는 맛난 것을 사 드리고 어머니가 좋아하실 만한 볼거리를 찾아 관람도 시켜 드렸다. 집에 돌아오신 어머니는 매번 완전히 지치고 정신이 하나도 없는 상태였다.

막내 누나도 일주일에 하루 어머니를 집으로 모셔 갔다. 하지만 막내 누나는 어머니에게 최대한 이것저것 일을 시켰다. 감자 껍질·사과 껍질 벗기기, 텃밭 정리하기, 설거지하고 빨래하기 등등. 평생 열두 자식을 키우느라 일만 하신 어머니는 막내딸이 오는 날을 손꼽아 기다렸고 나한테도 당신이 무슨 일을 했는지 신이 나서 이야기해 주셨다. "아직 내가 도움이 돼." 어머니는 자랑스럽게 말씀하셨다.

유용한 인간이라는 기분이 자존감과 정체성에 얼마나 큰 영향을 미치는지는 일 년 내내 목도리를 뜨시는 어머니와 자주 통화를 하는 아랫글의 아들도 잘 알고 있다.

어머니는 몇 년 전보다도 더 오래 전화기를 붙들고 계신다. 이제는 목도리 만드는 방식, 털실의 품질, 뜨개질하다가 맞닥뜨리는 특별한 문제들, 그 문제를 해결한 자신의 재주에 대해 이야기를 늘어놓으신다. 나는 가만히 듣고 있다가 '네, 네' 하거나 감탄사를 터트린다. 이 놀이에 동참하기 위해 그리 엄청난 노력을 기울이는 것도 아니건만 어머니에게는 잘 먹힌다. 그렇게 내가 어머니 말을 들어 주면 어머니는 다시 유익한 사람으로 돌아간다. 특별한 방식으로 쓸모가 있는 사람으로 말이다. 어머니는 다시 뜨개 장인으로 돌아간다. 손님에게 성공한 부분을 보여 주며 성실히 얻은 칭찬을 완벽하게 수집하는 것도 잊지 않는 뜨개 장인으로…… 어쨌거나 뜨개질하는 여자들과 대화를 나눌 때면 그 행복한 몇 분 동안엔 혼돈의 미로도 지금의 어머니를 한때 어머니였던 사람, 앞으로도 그렇게 남고 싶은 그 사람과 갈라놓지 못한다.

스피넌, 2016

치매 환자들도 계산이나 요리 같은 복잡한 일은 못 하지만 능력 기억 덕분에 습관적인 단순 활동은 매우 오래도록 할 수가 있다.

치매 환자가 할 수 있는 일

- 집안일: 먼지 닦기, 청소기 돌리기, 비질, 걸레질, 빨래 개기, 상 차리기, 은 식기 닦기, 가구 윤내기, 화분 물 주기.
- 식사 준비: 계란 젓기, 야채 물 털기, 콩 껍질 벗기기, 과일이나 야채 씻기.
- 바깥 활동: 갈퀴질, 텃밭 일, 꽃 심어 물 주기, 풀 뽑기, 잔디 깎기.
- 수작업: 뜨개질, 구슬 꿰기, 카드 정리, (여러 가지 형태로 잘라 여러 색에 담근) 스펀지로 콜라주 만들기, 스탬프 프린트 만들기, 간단한 바느질.
- 음악 듣기: 클래식 음악이나 환자가 좋아하는 유행가를 듣거나 같이 부르기, 음악회나 공연장 가기.
- 과거 기억 불러내기: 앨범, 가족 동영상 보기.
- 여가 활동: 쇼핑하기, 산책하기, 드라이브하기, 환자가 좋아하는 음악에 맞추어 춤추기, 스포츠 경기 관람하기, 도서관이나 레스토랑 가기 (붐비는 시간은 피한다), 영화 보기(폭력 영화는 금물이다), 조각이 큰 퍼즐 맞추기, 오디오 북 듣기.
- 그 밖의 활동: 찻잔 받침이나 기타 집 안 소품 세어서 정리하기(삼킬 수 있는 물건은 피한다), 길가에서 사람들 관찰하기, 가족과 카페 가기, 반려동물 입양하기(고양이나 강아지가 안 된다면 새나 물고기도 좋다).

환자가 예전부터 해서 몸에 익은 활동, 아직도 할 수 있는 활동, 뚜렷한 목표나 유익함이 있는 단순 활동을 찾아보자. 요리나 빨래처럼 여러 단계를 거치는 복잡한 활동에도 치매 환자가 할 수 있는 쉬운 단계가 있다. 그 단계를 찾아서 시켜 보자. 아마 예상보다 훨씬 많은 일을 할 수 있어서 깜짝 놀랄 것이다.

이런 반발이 생길 수도 있겠다. "안 하시겠다는 데 어떻게 시켜요? 사실 그게 제일 큰 문제예요!"

맞는 말이다. 대부분의 치매 환자는 아주 많은 일을 자발적으로는 하지 않으려고 한다. 그래서 어떤 방식이건 도움과 격려가 필요하다. 그날 할 수 있는 활동의 목록을 적어서 잘 보이는 곳에 붙여 주기만 해도 도움이 될 수 있다. 예를 들어 베란다 비질하기, 빨래 널기, 감자 껍질 벗기기, 구두 닦기, 은 식기 닦기 등이 있겠다.

하지만 그냥 적어 주기만 해서는 안 움직이는 환자가 더 많다. 그런 환자들은 옆에서 계속 묻고 채근해야 한다. "감자 껍질 좀 벗겨 주실래요?" 일을 단계별로 나눠서 각 단계마다 격려와 지지를 해 줘야 할 때도 많다. "베란다 가서 감자 좀 갖다 주실래요?" 환자가 가지고 오면 감사 인사를 한 뒤 다시 채근한다. "감사합니다. 껍질까지 벗겨 주시면 더 좋을 텐데." 이렇게 덧붙여도 좋다. "껍질 같이 벗길까요? 아님 혼자 하실래요?"

그걸 하나하나 다 부탁하느니 그냥 내가 하고 말지, 어느 세월에 다 하려고. 이렇게 생각할 독자도 있을 것이다. 하지만 과연 무엇이 더 중요한지 생각해 보라. 결과와 속도가 중요할까? 아니면 환자와 함께하는 활동과 유익한 인간이라는 환자의 뿌듯한 기분이 더 중요할까?

치매는 심한 시력 저하를 동반한다

치매에 걸린 여성이 아들에게 말한다.

> 눈도 나를 버렸어. 새삼스러운 일은 아니지만 하루하루 시력이 조금씩 더
> 떨어져서 눈이 서서히 죽어 가고 있어. 눈이 빛을 붙들지 못하니 빛이 휙
> 달아나 버려.

엘라운, 2007

눈은 세계로 가는 문이다. 치매에 걸리면 이 문에도 말썽이 생긴다.
이유는 치매의 또 다른 측면 때문이다. 치매가 시각 시스템(대뇌피질과
눈)에도 피해를 입히기 때문이다. 그 결과 이미지가 전혀 다르게 처리
되어 공간 인지와 동작 인지, 명암 인지에 장애가 생긴다. 그에 더해 시
력까지 떨어지기 때문에 환자가 사물을 제대로 보려면 빛이 더 많이
필요하다. 또 시야가 좁아지고 동공이 명암 변화에 훨씬 느리게 반응
한다. 당연히 여러 문제가 생긴다.

공간 인지 장애는 치매 초기 단계에서도 나타날 수 있으며 거리 가
늠을 힘들게 만든다. 그래서 운전할 때는 당연하고, 걸을 때에도, 예를
들어 긴 복도를 걸을 경우에는 문제가 생길 수 있다. 또 전체적인 조망
이 어려워서 예를 들어 식탁에 여러 물건이 놓여 있으면 일부만 인지
한다. 환자가 코앞에 있는 반찬만 먹고 옷장 앞쪽에 걸린 옷만 꺼내 입

는 이유가 바로 그 때문이다.

우리는 주변의 움직임을 가늠할 수 있다. 예를 들어 국자로 국을 퍼서 국그릇에 옮기는 데 얼마나 시간이 필요한지 짐작할 수가 있다. 하지만 동작 인지에 장애가 생기면 이런 간단한 동작도 문제를 일으킬 수 있다. 그래서 환자들은 국이 국그릇으로 들어가지 않을까 봐 겁을 낸다. 그뿐 아니다. 치매 환자에게 음식이나 음료를 건넬 때면 음식이 입으로 다가가기 한참 전부터 입을 벌리고 있다. 아니면 반대로 입을 꾹 다물고 있어서 음식을 거부하는 것 같다.

명암 인지 장애 역시 가슴 아픈 일이다. 환자는 짙은 색 식탁에 놓인 물 잔을 못 알아보거나 흰 식탁보가 깔린 식탁의 흰 찻잔을 알아보지 못한다.

치매의 또 다른 심각한 증상은 시력 저하다. 환자는 사물을 또렷하게 인지하지 못하기 때문에 얼굴과 물건을 잘 구분하지 못한다. 글을 쓰고 읽고 TV를 보는 것도 점점 힘들어진다. 우리는 광학렌즈를 통해 세상을 보듯 주변의 모든 것을 보기 때문에 눈꼬리에서 일어나는 일도 알아차린다. 하지만 중증 치매를 앓는 사람은 시야가 좁아져서 흔히 말하는 관 모양 시야가 된다. 즉 관을 통해 세상을 보는 것처럼 바로 앞만 보이는 것이다. 그래서 누가 옆이나 뒤에서 다가오면 전혀 못 보다가 그 사람이 갑자기 1미터 앞이나 바로 옆에 서면 화들짝 놀란다. 그리고 불안에 따른 반사작용으로 손발을 버둥거릴 수도 있다. 관 모양 시야는 낙상의 위험도 높인다. 환자가 매트나 의자 같은 장애물을 못

보고 걸려서 비틀대기 때문이다.

마지막으로 치매 환자는 명암의 변화에 적응하는 속도 역시 느리다. 화창한 날 밖으로 나오면 주변이 너무 밝아지기 때문에 잠시 동안 아예 앞이 보이지 않는다. 반대로 밖에 있다가 집으로 들어가도 깜깜한 곳에 들어온 사람처럼 한동안 아무것도 볼 수 없다.

이렇듯 치매 환자의 시각은 다양한 방식으로 손상을 입는다. 게다가 노인은 치매에 걸리지 않아도 자연적으로 등이 굽어 머리가 아래를 향하기 때문에 앞을 똑바로 보려면 천장을 올려다보는 기분이 된다는 점도 잊지 말아야 한다[51].

또 노인들은 중년보다 빛이 더 필요하다. 글자를 잘 읽으려면 치매 환자가 아니어도 1500럭스의 밝기가 필요하다. 가을이나 겨울에는 한낮에도 창가로 가야 그 정도 밝기가 가능하다. 연구 결과를 보면 요양 병원 일반 병실의 밝기는 100~200럭스밖에 안 되는 곳이 많다고 한다. 그러니까 우리가 분위기 잡는다고 불을 어둡게 하면 노인들은 거의 보이지 않는다. 안 그래도 이런저런 시각 문제를 안고 있는 치매 환자는 더 말할 필요가 없을 것이다.

앞서 언급한 이런 문제점들을 유념하여 항상 환자의 입장에서 바라보려 노력해 보자. 어떻게 하면 환자의 환경을 개선할 수 있을지도 고민해 보자. 우리가 편안한 상태를 기준으로 삼아서는 절대 안 된다. 몇 가지 조언을 모아 보았다.

- 식사는 간소하게 차린다. 식탁은 명암 대비가 뚜렷하게, 식탁보는 매끈한 것으로 사용하고 여름에도 조명을 밝게 한다.
- 어두운 색깔의 식탁에 밝은 색깔의 그릇을 사용한다.
- 치매 환자는 앞서 설명한 문제들로 인해 무엇을 보려면 우리보다 더 많이 집중해야 한다. 따라서 식사 도중에 왔다 갔다 하면 환자가 집중을 잘할 수 없다. 환자가 식사할 때는 최대한 동작을 멈춘다. 사실 인간은 누구나 움직이는 것으로 눈을 돌리게 되어 있다.
- 주변 환경과 확실히 구분되도록 색깔이 진한 가구를 배치한다.
- 치매 환자에게 다가갈 때는 뒤나 옆을 피하고 앞에서 접근해야 한다. 또 코앞까지 가기 전에 미리 접근하고 있다는 신호를 보낸다. "엄마, 저 왔어요. 엄마 아들, 루디."
- 치매 환자에게 물건을 건네줄 때는 그 물건의 이름을 말한다. "엄마, 여기 엄마 머리빗."
- 바닥에 어두운 색깔의 매트나 양탄자를 깔지 않는다. 치매 환자 눈에는 그런 것들이 (공포를 조장하는) 검은 구멍처럼 보인다.
- 계단 모서리에 색깔을 칠하거나 줄무늬를 넣어서 잘 보이게 한다.
- 집 안이 항상 환하도록 살핀다. 특히 햇빛이 많이 들도록 한다. 낮에는 커튼을 젖힌다.
- 환자가 창가에 앉을 수 있도록 자리를 마련한다. 물론 환자가 밖으로 나갈 수 있으면 더 좋다.

- 안과에 자주 들러 환자의 눈 상태를 점검한다. 네덜란드 요양 병원을 대상으로 조사한 결과 노인의 절반이 도수가 안 맞는 안경을 끼고 있었다. 다른 나라도 사정이 별반 다르지 않을 것으로 생각된다.

9

치매의 또 다른 희생자

: 간병 가족

만성질환은 환자에게만 고통을 안기는 것이 아니다. 치매의 경우 특히 더하다. 치매만큼 가족에게 고통을 주는 질병도 많지 않을 것이다. 그래서 미국에선 치매를 "구경해야 하는 사람들의 질병"이라 부른다. 치매 환자 한 명당 그런 "구경꾼"은 평균 다섯 명이다.

의사, 간호사, 요양원이나 요양 병원 간병인의 증언을 들어 보아도 환자의 최측근이 오히려 환자보다 더 많이 고통받는다.[*] 한 가정의는 노인 부부가 사는 집을 찾아가 보면 한눈에 누가 환자인지 알 수 있다고 했다. "혈색이 좋고 원기가 도는 쪽은 대부분 치매 환자입니다. 혈색하나 없이 시들시들한 쪽은 부담을 떠안은 '건강한' 배우자지요."

간병의 부담에 짓눌려 쓰러지기 일보 직전이 돼서야 겨우 주변에 도움을 청하는 가족이 적지 않다. 이들을 괴롭히는 부담은 실질적인 간

---

[*] 2011년 보건복지부의 치매노인실태조사에서 731명의 지역사회 거주 치매 환자의 돌봄 제공자들에게 돌봄 관련 설문조사를 시행했다. 그중 48.6퍼센트가 우울척도 검사[CES-D 10, Center for Epidemiologic Studies Depression Scale-10 item]로 측정한 우울 선별 도구에서 주요 우울증에 해당하는 점수를 보였으며, 치매 환자의 중증도가 높을수록 치매 돌봄 제공자의 우울 증상 점수가 높았다(Han JW, Jeong H, Park JY, et al. Effects of social supports on burden in caregivers of people with dementia. *International Psychogeriatrics*. 2014;26(10):1639-1648).

병만이 아니다. 정신적 부담이 오히려 훨씬 더 크게 다가온다. 그 부담은 여러 군데 샘에서 쉬지 않고 물이 흘러드는 강물과 같다. 하루 종일 눈을 뗄 수가 없고 환자와의 관계도 달라졌다. 미래는 불안하고 아무리 도움을 줘도 환자는 당연하다는 듯 고마워할 줄 모른다. 게다가 정상적인 소통도 불가능하다.

이렇듯 치매로 인한 고통은 가족과 환자가 다를 것이 없기에 가족을 빼 버린다면 이 책은 온전한 치매 안내서가 될 수 없을 것이다. 따라서 이제부터는 가족을 중심 주제로 삼고자 한다.

이 장에서는 치매가 진행되는 동안, 그리고 대부분의 가족에게 가장 고통스러운 시기인 요양 병원 입소 기간 동안 가족이 느낄 감정에 주안점을 둘 것이다.

아마 많은 독자가 "아, 내 이야기다!"라며 반가워할 것이다. 내 이야기를 딴 사람에게서도 발견하는 것, 그 자체가 이미 큰 힘이 될 수 있을 테니 말이다.

《경감 메그레》 시리즈의 작가 조르주 심농도 그 사실을 잘 알았다.

자신과 같은 증상을 보이는 소설 인물을 만나면 독자는 속으로 이렇게 생각한다. "그러니까 나만 그런 게 아니구나." 그런 생각이 도움이 될 수 있다. 그러기에 나는 지금 씨름 중인 개인의 드라마들, 남부끄러워 숨기는 그런 개인의 사연들이 나 혼자만의 것이 아니며 수많은 다른 사람도 같은 고통을 겪고 있다는 사실을 독자에게 알리고 싶다. 심지어 주변의 사랑을 받는 사람, 누구나 부러워할 만한 지위에 있는 사람들도 다 우리와 같은 고통을 겪는다.

마른함, 1992에서 재인용

간병 가족의 감정

불신과 부정

치매의 첫 신호에 대한 가족의 반응은 환자와 별반 다르지 않다. 환자도, 가족도 믿으려 하지 않는다. 일반적인 노화의 증상으로 치부해 버리거나 집중력 부족, 울적한 기분, 심리적 문제, 충격적인 상실의 경험 탓으로 돌린다. 심지어 가족을 괴롭히려고 노인이 일부러 말썽을 부린다고 생각하는 사람들도 있다. 한마디로 믿으려고 하지 않는다.

가족이 치매에 걸렸다는 소리를 들으면 사별로 소중한 사람을 잃은 것과 비슷한 기분을 느낀다. 그래서 대부분의 가족이 불신과 부정의 반응을 보인다. 특히 가족이 치매에 걸렸는데도 그동안 까맣게 몰랐다는 사실을 깨닫는 경우 이런 반응을 보일 확률이 거의 100퍼센트다.

스웨덴 추리소설가 헨닝 망켈의 유명한 작품 주인공 발란데르 형사도 그랬다. 아버지가 그를 찾아와서 치매 진단을 받았다고 털어놓자 발란데르는 한동안 혼란에 빠진다.

9장 치매의 또 다른 희생자: 간병 가족

아버지가 다녀가신 후 한참 동안 그는 수사에 집중하지 못했다. 마음이 뒤숭숭해서 통 집중할 수 없었다. 그는 아버지에게 들은 이야기의 파급 효과를 인정하지 않으려고 계속 버둥거렸다. 아예 의식하지 않으려 했다.

망켈, 1999

발란데르는 진실을 받아들이지 않으려 한다. 시간이 걸리는 일이니까. 그래서 그도 대부분의 사람처럼 시간을 두고 천천히 진실을 받아들이려 한다. 그래야 고통을 참을 수 있는 수준으로 조절할 수 있기 때문이다. 진실이 머리를 지나 가슴까지 밀고 들어오는 속도는 사람에 따라 천차만별이다. 저항과 부정의 시기가 아주 오래가는 사람들도 있다. 아무것도 알려고 하지 않는 것이다.

남편이 뇌졸중을 앓은 후 점점 기억을 잃어 가는데도 어디 도움 청할 곳 하나 없는 앨리스 역시 그 사실을 인정하지 않으려 한다.

무슨 일이 있었는지 그녀는 보았다고 다들 생각한다. 그렇지 않은가. 아, 그녀는 하루하루 심해져 가는 기억의 감퇴를 지켜보았다. […]
하지만 전체를 다 보았을까? 그건 자신에게마저도 숨겼다. 어쩌면 자기 보호 메커니즘이었을 것이다. 주변 세상이 점점 작아지면 그에 맞게 시야도 좁아질 것이다. 앨리스의 경우 사정이 더 나빴다. 그녀는 포기해야 할 때를 알지 못하는 그런 인간이었기 때문이다.

브래디, 1996

앨리스는 진단을 받아들일 수 없는 사람이다. 그래서 이 병원 저 병원을 전전하며 온갖 의사와 약사에게 캐묻는다. 그럼으로써 가혹한 진실에 익숙해질 시간을 번다. 아니 어쩌면 가혹한 진실을 받아들일 시점을 미룬다는 표현이 더 맞을 것이다.

오랜 시간 사람들은 엘리자베스 퀴블러 로스의 이론에 근거하여 충격적인 상실에는 **모든** 사람이 불신과 부정으로 반응한다고 생각했다. 하지만 20년 전쯤에, 많은 사람이 이 과정을 거치지만 모두가 그런 것은 아니라는 사실이 밝혀졌다. 앞서 나는 치매에 걸렸어도 담담히 현실을 받아들인 사람들을 소개했다. 이들은 무너지지 않고 그냥 살던 대로 계속 살아간다. 환자 가족 중에도 마찬가지로 진실 앞에서 무너지지 않는 사람들이 있다. 진실을 똑바로 보고 균형을 잃지 않으며 앞으로 다가올 미래에서 부정적인 것들보다 긍정적인 면을 보는 사람들이다.

치매 남편을 둔 아랫글의 아내 역시 그러하다.

> 그 모든 일이 시작되었을 때 나는 생각했다. 그래 뭐, 다른 것보다는 낫지. 이보다 더 나쁜 일은 얼마든지 있으니까. 남편이 전보다 더 깜빡깜빡한다 해도 여전히 마음 저 깊은 곳에선 온전히 그 사람일 것이다. 어쩌면 두 번째 유년기 같은 것일지도 모르지만 어쨌거나 **그 사람의** 유년기다. 그렇지 않은가? 나는 그렇게 생각했다. 상태가 아주 나빠져서 그가 나를 못 알아본다 해도 나는 그를 알아볼 것이다. 영원히. 그거면 됐다.
>
> 밴스, 2007

9장 치매의 또 다른 희생자: 간병 가족

앞서 이미 설명했듯 치매는 시작이 확실한 질병이 아니다. 몰래, 조용히, 가만히 환자의 삶으로 숨어 들어와 아주 서서히 삶을 장악하고 자유를 빼앗는다. 진단을 받았을 때는 이미 병이 상당히 진행된 상태다. 그마저 계속해서 상태가 나빠질 것이므로 앞으로 아주 많은 것을 잃게 될 것이다. 언젠가는 자기 이름마저 기억하지 못할 것이다. 느린 이별의 기나긴 여정에서 이런 순간마다 다시 불신과 부정의 반응이 터져 나올 수 있다. 처음에는 윗글의 아내처럼 담담하게 반응했어도 예기치 않은 순간이나 장소에서 상실의 고통이 다가올 때면 매우 격한 부정의 반응을 보일 수도 있는 것이다.

분노

세상 모든 친밀한 관계는 사랑의 감정과 함께 분노의 감정을 몰고 온다. 두 사람이 서로에게 완전히 무심해지지 않는 한 이 기본 감정은 늘 두 사람을 따라다닌다. 그러므로 환자의 가족이 분노를 느끼는 건 너무도 당연한 일이다. 분노는 상실을 받아들이는 과정에도 포함되는 감정이다. "왜 하필 나인가? 왜 하필 우리인가?" 묻고 또 묻게 될 테니 말이다.

많은 가족이 도움의 손길을 건네는 사람들, 예를 들어 가정의에게 분노를 쏟아 낸다. 의사가 병을 너무 늦게 발견했어. 진즉에 알아차리고 전문 병원에 가 보라고 했으면 이렇게까지 진행되지는 않았을 거야. 왜 약을 처방해 주지 않은 거야.

하지만 그보다 더 자주 분노의 표적이 되는 사람은 삶을 이렇게 바꿔 버린 당사자, 바로 환자다.

아랫글의 딸도 치매에 걸린 어머니를 원망하며 분노를 터트린다.

> 품위도 미래도 없는 어리석고 볼품없고 이기적인 어린애로 변해 버린 엄마를 견딜 수가 없다. 엄마의 편집증을, 신과 세상이 다 훔쳐 갔다는, 아무리 전화를 해도 의사가 받지 않는다는 엄마의 주장을 견딜 수가 없다.
>
> 특히 옛날이 훨씬 더 좋았다는 그 불평불만을 하염없이 듣고 있으면 아주 돌아 버릴 것 같다.
>
> 아피냐네시, 2000

모든 감정은 메시지나 바람을 숨기고 있다. 분노의 숨은 의미는 이것이다. 난 그게 싫어. 다른 걸 원해, 그래서 반항하는 거야. 그러기에 분노는 새로운 균형을 찾아가는 과정에서 나타나는 매우 정상적인 반응이다. 때론 분노가 너무 커져서 환자가 죽어 버렸으면 좋겠다고 생각될 때도 있다.

아랫글의 딸도 그렇다.

> 엄마가 돌아가시는 게 모두에게 더 좋을 거야. 이런 생각을 한 게 처음이 아니다. 이런 생각이 정상이란 건 나도 안다. 아니 정상이기를 바란다.
>
> 윌리스, 2005

그런 생각은 정상이다. 환자를 집중 간병하느라 자기 인생을 포기하다시피 한 가족이라면 더더욱 그렇다.

아랫글의 딸도 (식당을 운영하면서) 긴병을 하고 있다.

> 오늘처럼 식당에 오는 사람마다 붙들고 엄마와 자신의 이야기를 하고 싶은 날이 있었다. 무엇보다 그녀 자신의 이야기를 하고 싶었다. 아무나 붙들고서 엄마 바지를 빨 때마다 삶이 미끄러져 달아나는 기분이었다고, 엄마가 뻔뻔한 요구를 해 댈 때마다 한 대 쥐어 패고 싶어 손이 근질근질했다고 털어놓고 싶었다. 아니면 엄마의 죽음이 엄마의 바람대로 되면 어쩌나 하는 불안을 털어놓고 싶었다. 엄마는 무슨 일이 있어도 죽지 않겠다고 막무가내로 요구했지만 그녀는 그렇게 생각하지 않았다. 자식이 없어 얼마나 다행인지 몰랐다. 자식이 없으니 언젠가 때가 와도 그녀는 그 누구에게도 달갑지 않은 짐 덩어리가 되지 않을 것이다. 누가 그녀를 간병할지 몰라도 그 사람은 대가를 받을 테니 말이다.
>
> 루소, 1993

이 딸은 "엄마를 쥐어 패고 싶어 손이 근질근질한" 순간이 있었다고 고백한다. 실제로 노인 20명 중 1명이 학대를 받았다는 조사 결과가 있고, 도움이 절실하여 다른 사람에게 의존하는 노인이 가장 학대당할 위험이 높다. 당연히 그 범주에 치매 환자도 포함된다.[*]

앞서 인용한 글에서도 알 수 있듯 그런 식의 학대는 그저 무력감의 결과이며 폭력을 행사한 간병 가족 스스로가 도움이 시급한 경우가 적지 않다. 말 그대로 한계에 도달했기 때문이다. 간병하는 가족만 그런 것이 아니다. 전문 간병인도 같은 이유에서 폭력을 행사하는 경우가 간혹 있다. 나도 기억난다. 아버지를 뵈러 요양 병원에 갔더니 팔에는 시퍼런 멍이 들었고 환자복 단추가 몇 개 떨어져 나간 데다 어떤 간병인이 방으로 들어오니까 아버지가 소스라치게 놀랐다. 나중에 생각해 보니 씻기거나 옷을 갈아입힐 때 아버지가 말을 안 들어서 그 간병인이 가끔 인내심을 잃고 폭력을 휘둘렀던 것 같다. 아버지는 말을 알아듣지 못했지만 그렇게 오래 누워 계셨는데도 힘이 엄청 셌다.

절망감

분노는 무력감이다. 다시 말해 아무 소용도 목적도 없는 분노다. 이 무력감은 다시 절망감을 동반할 때가 많다. 미래가 암담하다. 어떻게 해야 할지 모르겠다. 절망은 여러 단계를 거친다.

남편이 알츠하이머병에 걸린, 나이 차이가 많이 나는 중년의 아내 역시 이런 절망감을 느낀다.

---

* 2011년 보건복지부의 치매노인실태조사 연구에서 지역사회 거주 치매 환자의 돌봄제공자들의 학대 행동에 대한 조사도 이루어졌다. 응답 시점 기준으로 지난 3개월간, 467명 중 절반 이상에서 심리적 학대 행동, 약 7명 중 1명 꼴로 신체적 학대 행동을 한 적이 있다고 보고됐다. 돌봄 부담이 클수록, 수입이 적을수록 학대 행동을 할 위험이 높았다(Kim T, Jeong H, Han JW, et al. Prevalence and Risk Factors of Abusive Behaviors in the Caregivers of People with Dementia in Korea. *Psychiatry Investigation*. 2018;15(7):677—686).

"아냐, 그건 안 돼." 나는 고함을 지르다 내 소리에 깜짝 놀랐다. "플로리다의 그 늙은 부부 기억나? 뉴스에서 봤잖아. 50년을 같이 살았는데 아내가 알츠하이머병에 걸리니까 남편이 아내를 죽였잖아. 총으로. 도저히 견딜 수가 없었던 거지. 그 사람은 감옥에 갔겠지. 그런데 왜 그랬는지 이제는 알 것 같아. 사람들이 왜 그런 짓을 하는지 이해가 돼."

예닝스, 2004

물론 절망으로 극단적인 짓을 저지르는 경우, 살인이나 완곡하게 표현해서 적극적 안락사를 행하는 경우는 다행히 매우 드물다.

궁지에 몰린 기분

하지만 안타깝게도 실망감과 궁지에 몰린 기분은 그리 드문 일이 아니다.

대부분의 경우 간병의 가장 큰 몫은 한 사람에게 돌아간다. 환자가 결혼을 했고 배우자가 아직 건강하다면 그 배우자가 간병을 할 것이다. 배우자가 없어서 돌봐 줄 수가 없으면 자녀들이 부담을 떠안는다. 하지만 자녀들이 사이좋게 의논해서 공평하게 부담을 나눌 것이라 생각한다면 그건 착각이다. 현실은 그렇지 않다. 여럿 중에서 한 사람이 부담을 다 떠안는 경우가 대부분이다.

아들과 딸이 있는 경우엔 대부분 딸이 희생타가 된다. 더구나 대부분의 경우 다른 형제자매들은 그 한 사람의 희생을 당연하게 생각하고, 심지어 강요하는 경우도 있다. 그런 딸들의 심정은 그야말로 궁지에 몰린 기분일 것이고 정말로 화가 날 것이다.

남매 이사벨과 로버트의 아래 통화 내용도 그런 사실을 말해 준다.

"계속 이렇게 살 수는 없어." 로버트는 그 말을 하고 또 했다.

"이대로는 안 돼. 요양원으로 보내야 해. 설득 좀 해 봐. 아니면 잠시 엄마 집으로 들어가서 답이 나올 때까지 엄마 좀 보살펴 드려."

"엄마 집에 들어가서 엄마를 보살피라고? 네가 들어가서 보살펴! 왜 아들은 못 들어가? 엄마가 제일 좋아하는 자식도 너야." 통화를 할 때마다 그 이야기가 나왔다. 통화가 그 껄끄러운 지점에 도달할 때마다 이사벨은 누가 목을 조르는 기분이었다. 엄마 집으로 들어가면 결혼해서 가정을 꾸릴 가망이 있을까? […]

헤하르티, 1996

딸은 결국 어머니를 돌볼 결심을 한다. 위 인용 글의 마지막 구절처럼, 딸은 "영원히" 딸이기에(아들은 그 책임에서 벗어날 수 있다) 어머니를 차마 외면할 수 없어 자신이 떠안기로 한 것이다.

그런데 이 딸처럼 치매 부모를 혼자 돌보는 자식들이 주변 사람들로부터 합당한 인정과 정서적 지원을 받지 못하는 경우가 너무 많다. 안 그래도 화가 나서 죽을 것 같은데 치매에 걸린 부모는 코빼기도 내밀지 않던 다른 자식들이 가끔 찾아오면 죽었던 자식이 돌아온 듯 반가

9장 치매의 또 다른 희생자: 간병 가족

워 어쩔 줄 모른다.

슬픔

환자 가족이 느끼는 감정 중에서 제3자가 가장 공감할 수 있는 감정이 바로 슬픔이다. 슬픔은 과거의 것이 그리워 느끼는 마음의 통증이자 아픔이며, 멀쩡했던 그 시절로 되돌아가고픈 갈망이다. 치매 환자를 돌보는 가족이라면 당연히 그런 기분이 들 것이다. 가족의 간병이란 많은 것의 상실과 포기를 의미한다. 간병하느라 친구를 못 만날 것이고 사회 활동이 줄 것이며 취미 생활이 제한되고 학업을 중도에 포기해야 할 수도 있으며 심지어 직장을 그만두어야 할지도 모른다. 어쨌거나 거의 모든 경우에서 자유의 일부를 빼앗기게 된다.

한 아들의 말을 들어 보자.

그는 책상에서 책을 집어 훑어보았다. 작년 교회 달력이었다. 그는 적절한 구절을 찾았지만 딱히 마음 가는 구절이 없어서 되는 대로 시 한 편을 읽기 시작했다.

그러고는 어머니 얼굴을 쳐다보았다.

어머니는 그를 알아보지 못했다.

엄마, 엄마의 영혼, 그 가여운 그 영혼은 어디로 갔을까요?

클리마, 1995

물론 하루 종일 같은 감정에 젖어 있을 수는 없다. 슬픔도 마찬가지다. 슬픔은 제멋대로 달려와 덮치는 파도와 비슷하다. 예기치 못한 순간 마음을 덮친다. 위에서 인용한 글의 아들은 어머니에게 시를 읽어주면서 설핏 어머니를 보다가 문득 고통에 휩싸인다. 슬픔도 그렇게 찾아온다. TV에서 아름다운 해변을 보다가 문득 바다를 본 지가 언제였던가 생각하고 언제나 가 볼 수 있을까, 가 볼 수 있기는 할까, 가더라도 예전처럼 신나고 즐거울 수 있을까 싶어 마음이 쓸쓸해진다.

고통은 사랑의 이면이다. 달리 표현하면 사랑의 대가다. 사랑할수록 고통도 크다. 가장 큰 슬픔은 느리지만 결국엔 가족을 잃을 때다.

해리엇 스콧 체스먼Harriet Scott Chessman은 치매 어머니를 돌보는 딸(미르)의 경험담을 이렇게 소개한다.

바로 그 순간 미르는 깨달았다. 자신의 어머니가 사라지고 있는 것이 아니라 어머니가 아닌 사람이 되었다는 것을. 예전 같았으면 상상도 못 했을 것이다. 한 인간이 서서히 죽어 갈 수 있다는 것을, 매번 조금씩 더 죽어 가다가 어느 날인가 그게 그렇게 간단한 문제가 아니라는 사실을 깨닫게 된다는 것을. 땅이 갈라져 한 사람이 그 안으로 푹 빠져 버린 것처럼 사랑하는 이 사람의 시야에서 사라진 사람은 자기 자신이었다고. 그 사람은 아무 데도 가지 않았고 여전히 여기 있지만 투명인간이 돼 버렸다.

스콧 체스먼, 2004

　　　　　　　　9장 치매의 또 다른 희생자: 간병 가족

죄책감

죄책감과 치매는 떼려야 뗄 수 없는 관계다. 적지 않은 환자 가족이 죄책감을 가장 고통스러운 감정이라고 말한다. 진단을 듣고 가장 먼저 죄책감을 느끼는 가족도 많다. 그동안 환자를 잘못 생각했다는 사실을, 환자도 어찌지 못하는 실수나 잘못으로 환자를 비난했다는 사실을 깨닫게 되기 때문이다.

충분히 못해 줬다는 자책도 심하다. 환자를 위해 성심을 다하는 가족조차도 죄책감에서 자유로울 수 없다. 사실 가장 많은 노력을 기울이는 가족이 가장 자책을 많이 한다. 환자를 제일 많이 사랑하기에 환자의 고통과 불행과 상실에 가장 마음이 아픈 것이다. 그래서 더 많이 해 주지 못했던 자신이 큰 잘못을 저질렀다고 생각한다.

전형적인 사례가 앞서도 여러 번 인용했던 톨스토이의 위대한 작품 《전쟁과 평화》에 있다. 공주 마리야는 진심을 다해 치매에 걸린 아버지를 보살피지만 늘 자책에 시달린다.

자신의 부족함과 잘못을 가장 많이 느꼈던 때는 그녀가 가끔씩 야단치던 아버지가 갑자기 그녀가 있는 자리에서 안경을 찾아 더듬대지만 못 찾고 헤맬 때였다. 아버지가 방금 전 일을 잊어버렸을 때, 약해진 다리로 불안하게 걷다가 혹시 누가 볼까 봐 두리번거릴 때였다. 최악은 식사하다가 실수로 깜빡 잠이 들어 냅킨을 떨어뜨린 채 움칠대는 머리를 숙이고 앞으로 쓰러질 때였다. 그렇다. 아버지는 늙고 약했다. 잘못은 그가 한 게 아니다. 그녀가 죄인이었다.

마리야는 아버지가 어쩔 수 없다는 것을 잘 안다. 그래서 수많은 간병 가족이 그렇듯 자신이 아버지의 실수를 막아야 한다고 생각한다. 하지만 설령 그럴 수 있다 해도—물론 그럴 수 없지만—아마 다른 자책의 이유를 찾아낼 것이다. 앞서 인용한 구절에 따라오는 문장에서 톨스토이는 아버지를 충분한 사랑으로 보살피지 못하기에 마리야는 자신을 증오하고 경멸한다고 적었다. 이 문장 역시 위대한 작가의 명석한 심리학적 혜안을 엿보게 한다. 실제로 치매 환자를 돌보는 가족은 충분한 사랑으로 간병하지 못한다고 자책한다.

딴 사람에게 잠시 간병을 맡기고 하루 휴가를 가거나 여행을 떠나도 죄책감을 느끼는 가족이 많다.

감정은 비합리적이어서 당사자도 이유를 모른다. 모든 감정이 그렇지만 죄책감이 가장 그렇다. 죄책감이 비논리적이고 아무런 근거가 없다는 것을 너무나 잘 알지만 헤어나지 못하고, 죄책감에서 벗어나고 싶지만 그럴 수 없다. 심지어 옆에서 누군가 잘하고 있다고 위로를 하면 오히려 벌컥 화를 내기도 한다.

요양 병원에 있는 환자를 매일 찾아가지 못해도 죄책감을 느낀다.

남편을 요양 병원에 보낸 아내는 그 심정을 이렇게 표현한다.

죄책감. 지금도 그 단어가 모든 대화에서 빠지지 않았다.

주간보호센터 원장님이 전화를 했다. "죄책감 갖지 마세요!"

암스텔호프 접수 직원이 말했다. "죄책감 갖지 마세요!"

자식들도 말했다. "엄마. 죄책감 갖지 마세요. 아셨어요? 집에선 안 돼요. 그러다가는 엄마마저 쓰러질 거예요. 이러는 게 맞아요. 다른 방법이 없어요."

죄책감 갖지 말라고, 그래서는 안 된다고, 그들은 내 귀에 못이 박히도록 이야기할 수 있다. 하지만 나는 죄책감을 느꼈다. 죄책감 탓에 숨이 막혔다.

판 델프트, 2006

앞서 "요양 병원"이라는 말을 언급했다. 치매 환자는 물론이고 가족도 이 단어를 들으면 등줄기가 서늘해지므로 다들 이 단어는 최대한 입에 올리지 않으려 애쓴다. 하지만 그 말을 할 수밖에 없는 순간이 찾아온다. 이대로 집에서 환자를 돌보다가는 환자나 가족, 또는 둘 다 버틸 수 없을 것이라는 고통스러운 깨달음에 도달하는 순간이다. 정서적으로 가장 부담스러운 단계가 시작되는 것이다. 환자를 제외한 모두가 죄책감에 사로잡힌다.

요양 병원 입원 직전과 직후는 많은 이에게 정말로 고통스러운 시간이므로 이에 대해서는 따로 살펴보기로 할 것이다(345쪽을 보라).

행복

인간의 언어에는 좋은 감정보다 나쁜 감정을 일컫는 개념이 훨씬 더 많다. 심리학자들은 그 이유를 진화에서 찾는다. 분노, 질투, 후회, 근심, 불안 같은 부정적 감정이 인간 종의 생존 기회를 높인다는 것이다. 기쁨, 행복, 감동 같은 긍정적 감정들도 기능은 같지만 우리는 이 감정들을 부정적 감정보다 덜 필요로 한다. 이 책이 환자 가족의 좋은 감정보다 나쁜 감정에 더 많은 쪽을 할애한 이유도 이렇듯 좋은 감정보다는 나쁜 감정이 더 많기 때문이다. 또 한 가지 중요한 이유는 치매가 슬픈 감정을 동반하는 중병이기 때문이다. 그럼에도 슬픔과 고통의 틈새로 행복한 순간을 경험하는 가족이 적지 않다. 물론 행복이란 늘 그렇듯 내내 곁에 있는 것이 아니어서 아주 가끔씩만 찾아오지만 말이다.

행복이 영원한 상태가 아니라 때로 예기치 못한 순간에 불쑥 찾아오는 감정이란 사실은 프랭크 웨스터먼Frank Westerman의 소설 《아라라트Ararat》에서도 잘 표현된다. 세 살 꼬마 베라가 (1인칭 화자인) 아빠에게 행복이 무엇인지 설명한다.

박물관 식당에는 얇은 마르지판을 입힌 조각 과일 케이크가 유리 뚜껑에 덮힌 채 진열되어 있었다. 베라는 딸기 케이크를 골랐다. 우리는 창가에 자리를 잡았다. 사과 주스를 세 모금 마신 후 새로운 질문이 쏟아져 나왔다. "아빠, 행복이 뭐야?"

나는 카푸치노 거품을 떠먹었다. "이 순간"이라고 대답하고 싶었지만 되

9장 치매의 또 다른 희생자: 간병 가족

물었다.

"뭘까?"

베라가 생각에 잠겨 빨대를 잔에서 꺼내는 바람에 사과 주스 몇 방울이 사방으로 튀었다. "행복은…… 어린이집에 있을 때…… 분홍 컵을 갖고 싶은데 그걸 가졌을 때."

웨스터먼, 2007

이 짧은 장면에서 행복은 "행복을 소유하는" 문제다. 어른의 삶에선 집을 사고 차를 사서 얻는 행복일 것이다. 하지만 그보다는 노력하여 원하는 결과를 이루었을 때 행복을 느끼는 경우가 더 많다. 달리 표현하면 무언가에 성공했을 때 행복을 경험하는 것이다. 그런 종류의 행복이라면 치매 환자 곁에서도 충분히 느낄 수 있다.

(동성애자) 남성이 치매를 앓는 파트너에게 요리 책을 읽어 준다. 파트너가 그걸 듣고 기억해 내거나 반응을 보일지 모른다는 기대를 품고서 말이다. 양고기가 1킬로그램 가까이 들어가는 유명한 아인토프(독일의 수프 요리—옮긴이) 조리법을 읽어 주자 치매 환자가 갑자기 반응을 보인다.

"요즘엔 양고기 구하기가 힘들어." 그가 말한다.

그리고 한순간 나는 행복하다.

반스, 2007

감동과 사랑

앞서도 말했듯 슬픔은 사랑의 이면이다. 많은 이가 환자와 함께한 과거에서 사랑을 길어 낸다.

또 환자의 상황, 혼자서는 생활이 불가능하고 아프고 힘든 환자의 상태가 사랑과 감동을 불러온다.

아랫글의 딸도 그렇다.

초콜릿과 쿠키를 가져가서 잘게 쪼개 먹여 드렸다. 처음에는 쿠키를 잘못 골라서 너무 무르거나 너무 딱딱해 엄마가 먹을 수 없었다. (엄마가 손가락과 혀를 써서 어떻게든 먹어 보려고 애쓰는 모습을 보노라면 가슴이 말할 수 없이 아팠다.) 나는 엄마 손을 씻겨 주고 얼굴을 닦은 후 향수를 발라 주었다. 어느 날부터인가 엄마 머리를 빗겨 주기 시작했는데 도중에 그만 두었다. 엄마가 말했다. "머리 빗겨 주니까 좋더라." 그래서 그때부터 다시 머리를 빗겨 드렸다. 나는 엄마 방에 엄마와 마주 앉아 있었다. 가끔 엄마는 내 옷을 당겨 품질을 검사하듯 만지작거렸다. 엄마가 조각 케이크의 종이를 찢었다. 턱에 힘을 잔뜩 주고 용을 써서. 엄마는 돈 이야기, 손님 이야기를 했고 머리를 젖히고 껄껄 웃었다. 이것이 엄마가 늘 하던 제스처, 평생 하던 말씀이었다. 엄마가 돌아가시지 않았으면 하고 바랐다.

엄마를 먹이고 만지고 엄마 이야기를 들어 주고 싶었다.

에르나우크스, 2007

보통은 여성이 남성보다 돌봄을 잘한다. 문학도 현실의 묘사인 만큼 치매 환자를 살뜰히 돌보는 여성의 사례가 많이 등장한다.

한 남성이 누나 엘시의 이야기를 들려준다.

엘시는 화요일, 목요일, 토요일마다 아버지를 찾아간다. 꽃이나 직접 만든 캐러멜을 가져다 드리고 아버지가 음식을 흘리면 빨간색으로 이니셜 E를 수놓은 하얀 레이스 손수건을 핸드백에서 꺼낸다. 그걸로 누가 봐도 부드럽게 아버지 얼굴을 닦아 준다. 얼마 전부터는 오른손 약지에 반지를 끼고 다닌다. 왼손에 여전히 끼고 있는 짐 로이스의 반지와 비슷하게 생겼다. 누나는 아버지에게 아버지가 다시 건강해져서 두 사람이 함께 살아갈 미래를 들려준다. 엘시가 집을 나서면 아버지는 딸의 뒷모습을 지켜보며 아주 또렷하게 말한다. 그 말을 듣고 싶어 하는 사람에게. "우리 집사람, 음. 참 많이 행복했지."

반스, 2007

요양 병원 입원[*]

어머니(아내)가 요양 병원에 들어가던 날을 아들은 이렇게 기억한다.

그렇게 나는 1999년 8월 5일에 어머니를 두고 온다. 어머니는 나와 같이 위쪽 층계참까지 올라간다.

"안경 쓰세요. 엄마." 내가 말한다.

"아, 그래." 엄마가 말한다.

나는 계단을 내려간다. 엄마가 환하게 웃으며 손 인사를 보낸다.

나는 3층 계단참 구석에서 다시 한번 고개를 뻗어 얼굴을 찌푸리고, 엄마는 신경질적인 웃음을 터트린다.

---

[*] 한국에서는 장기요양서비스의 재가급여나 시설급여를 통해 장기요양기관을 이용할 수 있다. 장기요양서비스는 고령이나 노인성 질병(치매, 뇌혈관성질환, 파킨슨병 등)으로 6개월 이상 다른 사람의 도움 없이는 일상생활이 어려운 노인 또는 65세 미만의 노인성질환자 중 장기요양등급을 받은 분들에게 제공되는 신체 활동 및 가사 활동, 인지 활동 지원 등의 서비스이다. 1) 재가급여로 방문요양, 방문 목욕, 방문 간호, 주야간 보호, 단기 보호, 복지 용구 등이 있고, 2)시설급여로 노인요양시설 및 노인요양공동생활가정 등이 있다. 신청은 국민건강보험공단 지역별 지사(노인장기요양보험운영센터)로, 문의는 국민건강보험공단(1577-1000), 치매상담콜센터(1899-9988), 보건복지상담센터(129), 국민건강보험공단 장기요양보험 홈페이지에서 가능하다(출처: 중앙치매센터 《2022 치매가이드북》).
요양원은 노인복지법에 의거한 노인요양시설로, 노인장기요양보험 시설급여를 통해 이용할 수 있으며, 돌봄을 목적으로 한다. 반면 요양 병원은 의료법에 의거하여 치료를 목적으로 하는 의료기관으로, 노인장기요양보험 시설급여로 이용할 수 없고 국민건강보험에서 관리한다. 요양원은 간호사, 요양보호사가 상주하고, 요양 병원은 간호사, 요양보호사, 의사가 상주한다. 환자의 신체질환이나 의학적 상태가 의사의 진료 및 전문적인 의료 처치가 자주 필요한 상황이라면 요양 병원이 적합하고, 환자가 안정적이며 외래 진료만으로도 충분히 신체 질환 및 치매의 정신 행동 증상이 조절된다면 요양원이 적합하다.

"잘 가, 아들! 조심하고."

"안녕, 엄마! 귀 잊지 말고요."

"내 귀가 왜?"

"면봉요! 귀에다. 귀 청소를 안 하면 보청기 막혀요!"

"면봉이 어디 있지?"

"화장대 서랍 맨 위 칸요. 거기 면봉 가득 들어 있어요."

"뭐에 쓰게?"

"귀에요!"

"아, 그래. 그럼 잘 가라 아들. 조심하고!"

"안녕, 엄마!"

판 코턴, 2000

윗글에서 가장 눈에 띄는 점은 날짜다. 환자를 요양 병원이나 요양원에 보낸 날은 대부분의 가족에게 잊지 못할 아픈 기억이다. 흔한 표현대로 인생에서 가장 힘든 날 중 하나다.

요양 병원 입원이 큰 불안을 불러올 수 있기에 대부분의 가족이 사전에 환자에게 그 사실을 알리지 않는다. 입원 결정에 환자를 동참시키는 경우는 더더욱 드물다. 환자가 안 가겠다고 고집을 피우거나 야단법석을 피울까 봐 겁이 나는 것이다. 그래서 가정의나 다른 간병인과 의기투합해서 환자를 데리고 갈 핑곗거리를 생각해 낸다. 이렇게 환자 몰래 일을 진행하다 보니 죄책감이 더 클 수밖에 없다. 하지만 아무리 쉬쉬한다 해도 환자는 낌새를 챈다. 뭔가 나쁜 일이 닥칠 것이라는 예감에 환자는 평소와 다르게 예민해진다.

입원을 사흘 앞둔 날 아들의 일기장에는 이런 글이 적힌다.

> 12월 30일. 엄마가 하루 종일 엄청 흥분 상태였다. 우리가 뭔가 중대한 일을 꾸미고 있다는 사실을 짐작한 것이다. 자정 10분 전 나는 엄마가 진정되었나 보려고 엄마 방문을 열었다. 문틈으로 비쳐 든 가는 빛줄기가 잠든 엄마의 실루엣을 비추었다. 문을 다시 닫으려던 찰나 뭔가가 눈에 들어왔다. 화장대 거울에 글자가 쓰여 있었다. 나는 까치발을 들고 살금살금 다가갔다. 붉은 립스틱으로 적혀 있었다. '살려 줘'.
>
> 모러, 2006

이렇듯 모두에게 괴로운 일이기에 가족은 입원 날을 최대한 뒤로 미룬다. 부모를, 배우자를 요양 병원에 집어넣는 것이 마치 범죄를 저지르는 것 같다. 이런 심정은 "집어넣는다", "보내 버린다" 같은 표현에서도 느껴진다.

치매 환자와 가족의 정기모임인 "알츠하이머병카페"에서 피아노 연주 부탁을 받은 한 남성도 그렇게 말한다.

> 가장 가슴 아픈 건 모든 환자 가족이 환자를 마린하번에 모시면서 "집어넣는다"고 말씀하시는 겁니다. "나도 아내를 여기다 집어넣었어요." 한 노

인분이 그렇게 말하며 울음을 터트리셨죠.

right하르트, 1999

가족의 걸음을 무겁게 만드는 이유는 여러 가지다. 환자를 배신하고, 가족을 절대 쫓아내면 안 된다는 불문율을 어긴 데다 환자를 완전히 생소한 환경에다 갖다 버린 것 같은 기분이 든다. 환자가 새 건물, 새 사람들의 분위기에 적응하지 못할까 봐 걱정이 된다.

환자가 같은 입원 환자들—"이 정신병자들"—과 친해지지 못해서 느낄 배신감이 제일 큰 걱정거리다. 사실 걱정할 근거가 아예 없지는 않다. 우리도 그렇듯 치매 환자들 역시 남의 허물은 더 오래, 더 잘 보인다.

치매에 걸린 할머니를 만나러 요양 병원에 간 한 남성도 같은 말을 한다.

우리 할머니는 마지막 몇 년 동안 요양 병원의 한 환자에게서 큰 사랑을 받았다. 그녀의 이름은 마리컨이었다. 마리컨은 다운증후군 환자였는데, 죽는 순간까지 딸을 곁에 두고 싶었던 그녀의 어머니가 요양 병원에 데리고 들어왔다. 그러고는 그 어머니가 세상을 뜨면서 간병인들에게 자기 딸을 잘 보살펴 달라고 부탁했던 것이다. 어느덧 마리컨의 나이는 쉰이 훌쩍 넘었지만 그래도 아직 요양 병원에서 살기에는 너무 젊은 나이였다. 할머니는 자기 곁에서 한시도 떨어지지 않는 이 특별한 존재에게 전혀 관

치매의 모든 것

358

심이 없었다. 그녀를 "미친년"이라고 불렀다. 보아하니 치매 환자도 다른 형태의 장애를 구분할 줄 알았고 자신의 병증을 다운증후군 환자의 작은 머리통보다는 더 높게 평가하는 것 같았다.

페르휠스트, 2014

치매 환자가 입원 후 자신의 상황을 아는 것 같고, 심지어 저항을 한 다면 가족의 가슴은 더 미어질 것이다.

치매기가 있는 여든다섯의 어머니가 고관절이 부러져 버렸다. 싫다 는데도 어머니를 억지로 요양 병원으로 모신 뒤 처음으로 딸이 어머니 를 찾아간다.

"기차 타고 왔어요. 방에 놓아두라고 꽃 가져왔어요." 나는 명랑하게 말했다. 엄마는 한 손을 펴서 애써 보행 보조기 쪽으로 뻗었다. 엄마의 팔찌가 짤 랑거렸다.

"나는……." 엄마가 말하며 설핏 손을 드는 것 같은 동작을 취했다. 나더러 앉으라는 건가? 아니면 엄마 말을 이어받아 문장을 완성하라는 건가? 엄 마가 알아듣고서 자기 인생 이야기를 늘어놓을 수 있도록? 엄마를 활짝 피어나게 할 문장, 튼튼한 두 다리로 예전처럼 여기저기 뛰어다니고 마모 현상도 노화의 징조도 없는 깨끗한 성대로 말할 수 있게 만들어 줄 그런 문장을? 간병인이 문틈으로 고개를 내밀다가 나를 보고 말했다. "어머, 죄 송해요!" 엄마가 눈을 크게 떴다. "누구니? 요즘 들어서는 잘 보이지도 않는다.""방이 마음에 드세요? 왜 창을 등지고 앉아 있어요?"

엄마는 내 말을 듣고 있지 않았다. 나지막이 신음 소리를 내며 엄마가 몸을 일으켰다. "너는" 엄마가 더듬거렸다. "너는……."

항구를 비추는 찬란한 햇살 아래로 납작한 티알크 요트(네덜란드의 작은 외돛 짐배―옮긴이)들이 깨끗하게 접힌 채 죽은 듯 가만히 누워 있었다. 그 뒤편으로 초록 밤나무들이 우뚝 서 있었다. 기품 있기로는 배를 끌고 가는 강직한 선원들을 떠오르게 하는, 그들의 아내와 자식과 강아지를 떠오르게 하는 너도밤나무들이. 나는 말했다. "엄마가 늘 바라던 전망이네요."

엄마의 눈빛에 질책이 서렸다. 그녀가 말했다. "너는, 너는…… 너는 날……." 엄마가 숨을 들이켰다. "간호사 불러 주겠니?"

로메인 메이여르, 1993

물론 환자의 상태가 상당히 진행된 후에 입원하는 경우가 많아서 대부분의 환자는 자신의 상황을 명확하게(그래서 고통스럽게) 의식하지는 못한다. 하지만 그렇다고 해서 가족의 고통이 줄어드는 것은 아니다. 입원을 취소하고 환자를 다시 집으로 데려가고픈 충동이 불쑥불쑥 솟구친다.

모든 치매 환자에게 자신만의 역사가 있듯 모든 가족에겐 그들만의 역사가 있다. 요양 병원에 들어와서 오히려 더 건강해지는 환자도 있다. 요양 병원이란 곳이 환자의 능력을 잘 배려한 환경이므로 정상인들 사이에서 "남은 힘을 억지로 짜내야" 할 필요가 없기 때문이다. 또 주변에 항상 사람이 있으므로 혼자라는 느낌도 없다. 무엇보다 평소 사람을 좋아하고 외로움을 많이 타는 사람들은 요양 병원에 아주 잘 적응한다. 심지어 병원에서 친구를 사귀기도 하고 애인이 생기기도 한다. 이 역시 정도가 과하면 가족에게 상처가 될 수 있다. 특히 배우자가 주기적으로 병원을 찾아오는 경우 환자에게 애인이 생긴다면 난감하지 않겠는가.

하지만 보통은 환자가 병원에서 잘 지내는 것 같으면 가족의 마음도 훨씬 편해진다. 그리고 다행스럽게도 그런 경우가 적지 않다.

아랫글의 딸도 그렇다.

요양 병원에 들어가자 엄마가 많이 좋아지셨다. 거기서는 하루 종일 필요한 보살핌과 관심을 받으니까. 엄마는 완전히 편안해져서 주변 사람의 손길을 즐기신다. 한 할머니가 엄마를 "내 친구"라고 부르며 항상 엄마 옆자리에 앉는다. 두 분이 어떻게 의사소통을 하는지, 우리가 봐선 알 수가 없다. 그래도 두 분이 나란히 앉아 재밌게 지내시는 걸 보면 참 좋다. 우리 입장에선 대화 주제를 찾기가 힘들다. 엄마의 하루하루는 별 다를 것이 없고 설령 특별한 일이 있다고 해도 금방 잊어버린다. 엄마는 순간을 산다. 엄마의 생각은 결코 어제보다 더 과거로 돌아가지 못하고 내일은 너

9장 치매의 또 다른 희생자: 간병 가족

무도 멀리 있다. 하지만 여기로 들어오면서부터는 우리 이름도 알고 간호사들도 알아보신다.

얼굴도 훨씬 좋아 보이고 전에 비하면 행복한 인생을 사신다. 모두가 엄마한테 잘해 주는 게 좋다고 하며 엄마도 늘 모두에게 친절하시다. 모두의 바람대로 엄마는 제자리를 찾았다. 당신도 말씀하신다. 여기서 영원히 살고 싶다고.

다윈스테이, 1985

10

기운 잃지 않는 법

이 장에서 소개할 방법들은 환자를 간병하며 겪을 수 있는 온갖 문제를 해결하거나 예방하고 간병의 어려움을 보다 잘 견딜 수 있게 도와줄 것이며 앞으로도 잘해 보자고 용기를 북돋아 줄 것이다. 너무 힘에 부치거든 이 악물고 참지 말고 서둘러 도움을 청하거나 다른 사람에게 간병을 맡겨야 한다.

여기서 소개하는 모든 방법을 다 실천에 옮길 필요는 없다. 또 그럴 수도 없다. 각자의 상황에 따라 가장 실천 가능성이 높은 방법을 골라 활용해 보자.

치매와 그 결과에 대해 최대한 정확한 정보를 수집하라

할머니가 돌아가신 후 손자는 어머니와 과거를 회상한다.

어머니께 물었다. 어쨌으면 조금 더 수월했을까? "앞으로 어떤 일이 닥칠 거라고 누가 이야기를 해 주었더라면 좋았을 거야."

병이 아무도 모르게 시작되고 진행이 변덕스럽다는 건 받아들일 수 있었을 것이다. […] 하지만 아무도 시간을 들여 앞으로 대비해야 할 일들을 알려 주지 않았다.

매더스 박사님(진단을 내린 의사—지은이) 이야기가 나오자 어머니의 목소리는 더 날카로워졌다. 일단 확실한 진단이 나오고 나면 치료법이 없다는 건 이해했다. 하지만 의사라면 진단을 내린 순간부터 환자 못지않게 가족에게도 많은 노력을 기울여야 한다는 사실을 알았어야 했다.

그루프먼, 2000

아는 것이 힘이다. 이 명언은 치매에도 통한다. 병에 대해 충분히 알면 무력감을 느끼지 않는다. 병에 대해 잘 알면 환자가 특이 행동을 해도 더 수월하게 이해하고 받아들일 수 있다. "일부러 저러는 거야"라며 화내지 않고 "어쩔 수 없는 거야"라고 이해할 수 있다. 환자가 사람을 못 믿고 매사에 수동적이고 아무것도 스스로 하지 않으려 해도 이해해 줄 수 있다.

또 알면 해결하지 못할 문제를 만나더라도 자괴감에 빠지지 않을 수 있다. 이 책에서 여러 번 강조했듯 치매는 너무나 복잡한 질병이어서 그 누구도 모든 질문에 대답을 내놓지 못하기 때문이다.

한마디로 질병과 그 결과를 알면 지구력도 커진다. 적지 않은 간병 가족이 한숨을 쉬며 말한다. "진즉에 알았더라면 덜 힘들었을 텐데." 당신은 이렇게 한탄하는 무리에 끼지 않을 수 있다. 가정의나 다른 전문가들에게 열심히 묻고 전문 서적을 읽어 보자. 요즘은 인터넷에만 들어가도 정말로 많은 정보를 구할 수 있다.

⌣

하지만 정보 수집보다 더 중요한 것이 있다. 아무리 많이 알아도 진단을 마음으로 받아들이지 못한다면 아무 소용이 없다. 머리로는 알지만 마음이 인정하지 않는다면 환자를 예전처럼 대할 것이다. 그러니 안다고 해서 다 해결되지는 않는다. 이 지식을 정서적으로도 소화할 수 있어야 한다. 그건 누가 강요하거나 속도를 높일 수 있는 것이 아니다. 뒤에서 다시 설명하겠지만 질병을 받아들이는 속도도 사람에 따라 천차만별이다.

더불어 지식을 받아들이는 속도와 정도 역시 사람에 따라 큰 차이가 난다. 아마 당신은 새로운 지식을 흔쾌히 받아들이는 쪽일 것이다. 그렇지 않았다면 이 책을 여기까지 읽지 않았을 것이고, 어쩌면 아예 처음부터 집어 들지도 않았을 것이다. 하지만 주변에서 새로운 정보에 문을 닫아거는 사람이 있다고 해도 나쁘게 생각해서는 안 된다. 당신이 그런 사람이라도, 치매 환자 가족 모임에 참석해 보라는 주변의 충고에 귀를 닫는다고 해도 자책하지 마라. 때로는 주변의 충고가 너무 성급할 때도 있다.

아랫글의 아내처럼 말이다.

의사가 알츠하이머병 환자 배우자(텅 빈 인간의 껍데기를 "감시하는 사람들"이라는 표현이 더 적절할 것 같다) 모임에 가 보라고 권했다. 그 병원 신경과에서 일하는 한 사회복지사가 만든 모임이라고 했다. 첫 만남의 날에는 눈이 내려 도로가 진창이었다. 가 보니 나 빼고 두 사람밖에 없었다. 60대로 보이는 우아한 유대인 여자들. 우리는 이렇게 적은 숫자의 사람들이 앉기에는 너무도 큰 둥근 탁자를 중심으로 자리를 잡았고 사회복지사는 특히 힘든 문제가 있냐고 물었다. 우리는 고개를 저었다. 그래도 토론은 시작해야 하니까 그녀가 "은밀한" 주제라는 말로 섹스 이야기를 끄집어냈다. 질병의 세상엔 에두른 표현법들이 넘쳐 난다.

첫 번째 여성이 말했다. "그 사람은 제 남편이에요. 앞으로도 그럴 거고요." 두 번째 여자가 입술을 깨물더니 울음을 터트렸다. "못 하겠어요. 남편은 하려고 하는데 나는 못 하겠어요." 마음을 다스려 울음을 그친 그녀가 다시 말을 이어 갔다. "뭐가 힘든지 알아요? 옷을 입혀 주려고 하면 남편이 입히기 편하게 팔을 위로 쭉 뻗어요. 애처럼." 그녀가 시범을 보여 주려 팔을 쭉 뻗었다. "애랑…… 살고…… 싶지 않아요." 그녀는 이 말을 구역질 나는 빵 조각처럼 뱉어 냈다.

모두의 눈길이 나를 향했다. 나는 최대한 말을 아꼈다. 비서가 와서 노크를 하자 사회복지사가 전화를 받으러 달려 나갔다. 그녀가 사라지자 우리는 조금 이야기를 나눴다. "얼마나 됐어요?" 한 여자가 물었다.

"얼마 안 돼요. 얼마 전에 진단받았어요." 정적.

"여기 못 있겠어요." 내가 불쑥 내뱉었다. "두 분이 우리의 미래를 보여 주시네요."

"여기 올 분이 아니시네요. 아직은 아냐. 조금 더 있다가 병이 깊어지면 그때 다시 와요."

예닝스, 2004

자신의 실수와 부족함을 용서하라

치매에 걸린 아버지를 보며 딸이 말한다.

우리는 원하는 대로 할 수 있다. 알츠하이머병이 진행된다고 해도 달라질 것은 없다. 내 보기엔 이게 제일 힘든 과제 같다.

이것이 힘든 이유는 충분히 애쓰지 않는다는 기분 때문이다. 우리는 죄책감을 느낀다. 충분한 사랑을 주지 못한다고 생각한다. **일주일에 한 번 갔어? 두 번 갈 수도 있었잖아. 아, 매일 갈 수는 없었어? 집에서 모시는 게 더 나았을 거야.** 결국 모든 판단은 무의미하다. 다른 사람의 판단도 자신의 판단도. 병은 무자비하고 잔혹하며 모든 것을 조롱한다. 하지만 우리는 무언가 뜻을 찾아내기를 자신에게 기대한다. 우리는 하지 못했던 모든 것을 생각한다. 가족 사이에선, 한 사람이 돌봄의 책임을 떠맡을 경우 그것이 아픈 결과를 낳기도 한다. 때로 나는 남동생과 여동생들이 더 많이 하기를 요구했다. 그랬다면 뭔가 달라지기라도 했을 것처럼. 아버지가 덴버에 계실 때 아버지를 책임졌던 여동생 역시 우리가, 다른 형제들이 충분히 노력하지 않는다고 생각했다. 한 인간이 돌이킬 수 없이 한 걸음 한 걸음 치매의 질병으로 빠져 들어가는 모습을 지켜보는 건 정서적으로 많은 것을 요구한다. 누군가에게 책임을 전가하지 않기가 힘들다. 특히 자기 자신에게. 그것이 무의미할지라도.

밀러, 2003

4장에서 인간 욕구에 순위를 매긴 매슬로를 소개한 바 있다.

가족이 치매에 걸리면 죄책감을 피할 수 없다. 건강한 사람은 생리적 욕구는 물론이고 안전과 사랑, 소속과 인정의 욕구를 알아서 충족하고 그를 위해 노력할 수 있다. 하지만 치매 환자는 이 모든 욕구를 충족하는 것을 가족의 손에 의존할 수밖에 없다.

가족에게 의존하는 이유는 또 있다. 젊은 사람들은 가족보다는 새로운 사람을 만나려 한다. 시간이 있다면 가족보다 새로운 사람을 선택할 것이다. 하지만 노인은 반대다[52]. 그러니 환자의 중요한 신체적·심리적 욕구를 충족하는 일은 고스란히 가족의 몫이 된다. 치매 환자의 간병은 그냥 단순한 하루 숙제가 아니다. 치매를 주제로 삼아 미국에서 베스트셀러 반열에 오른 책의 제목은 《36시간: 길고도 아픈 치매가족의 하루: 세계 최고 존스홉킨스 의과대학이 제공하는 치매극복 가이드》다[53]. 안타깝게도 우리의 하루는 24시간뿐이다.

한 사람을 돌보려면 시간 말고도 여러 재능이 필요하다. 가장 많이 필요한 재능 몇 가지만 예를 들어 보아도, 사랑, 인내, 투지, 지구력, 관용, 질병에 대한 지식, 유연성, 자신감, 문제 해결력, 건강, 스트레스 저항력, 돌봄의 재능과 의욕 등이 있다. 한 사람이 이 모든 재능을 충분히 구비하기란 불가능에 가깝다. 그래서 가족이 오래 아프면 갈등이 안 생길 수가 없고 힘든 순간이 없을 수가 없다. 간병을 맡은 가족도 좌절감과 자괴감에 빠지곤 한다.

앞서 언급한 온갖 재능을 다 갖춘 사람일지라도 충분히 노력하지 않

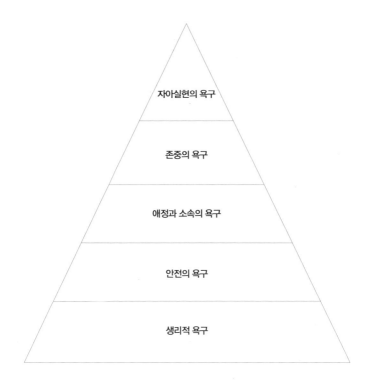

그림 4 **매슬로의 욕구 피라미드**

았다는 기분이 들 것이다. 치매 환자 간병은 워낙 복잡하고 까다롭기 때문에 대부분의 경우 정말로 능력 있는 사람이라 해도 결국 언젠가는 항복하고 환자를 전문 기관으로 모시게 된다. 그러고 나면 그 사람은 죄책감을 느끼게 된다.

심리학에선 한 인간이 고통을 털어 버릴 수 있으려면 가해자를 용서해야 한다고 말한다. 용서하지 못하면 피해자는 영영 과거에서 헤어나지 못한다.

실수와 약점도 다르지 않다. 아픈 가족을 돌보다 보면 어쩔 수 없이 이성을 잃을 때가 있다. 환자를 무뚝뚝하게 대하거나 냉정하게 대하는 순간이 있고 인내심을 잃고 화를 내는 순간도 있으며 이기적으로 구는 순간도 있고 자기 인생을 사는 친구들을 부러워할 때도 있다. 그러나 돌아서서 자책을 한들 무슨 소용이 있을까. 오히려 상황은 더 나빠진다. 남을 용서하듯 자신을 용서하자. 물론 실수를 안 하면 더 좋을 것이다. 하지만 어차피 저지른 실수를 두고 자책을 한다고 해서 실수를 돌이킬 수 없다. 오히려 자책으로 인해 기분만 더 나빠지고 스트레스만 더 받을 것이다. 자신을 용서해서 안 그래도 어깨를 짓누르는 무거운 짐을 조금이나마 덜어 보자. 그래야 같은 실수를 반복하지도 않는다.

한마디로 요약하면, 당신도 인간이라는 사실을 인정하라. 당신도 남하고 똑같이 실수하는 인간이다. 자신을 용서하고, 용서하고 또 용서하라!

남이 이해해 줄 것이라 기대하지 마라

가족을 돌보는 당신의 방식이 남의 눈에 항상 옳을 수는 없다. 예를 들어 당신이 환자의 상태가 너무 빨리 나빠져서 걱정이라고 이야기하면 "오버하는 거 아냐? 나는 모르겠던데"라는 대답이 돌아온다. 그런 식의 무심한 말들이 간병을 맡은 가족에게는 큰 상처가 될 수 있다.

당신이 환자를 맡아 돌보겠다고 결심하면 다른 사람들은, 형제자매나 자식들마저도 이렇게 말한다. "요양 병원에 모셔. 어떻게 감당하려고 그래. 환자도 병원이 낫지." 하지만 막상 요양 병원으로 모시겠다고 하면 이번에는 너무 야박하다는 비난이 돌아온다. 모두의 마음에 들수는 없다. 남의 판단에 휘둘리지 말고 아래 이야기의 아버지처럼 스스로의 판단대로 행동하자.

해가 쨍쨍 내리쬐는 한낮에 아버지와 아들이 나귀를 끌고 먼지 자욱한 케산의 거리를 걸었다. 아버지가 나귀 등에 타고 아들이 나귀를 끌었다. 지나가던 행인이 이 모습을 보고 혀를 차며 한마디 했다. "저런 불쌍한 녀석. 저 짧은 다리로 나귀를 쫓아가느라 허둥대는구나. 애는 저렇게 뛰는데 애비란 놈은 게을러 빠져서 나귀 등에 타고 있으니, 원." 이 말을 듣고 뜨끔한 아버지는 다음 길모퉁이에서 나귀를 멈추고 내린 다음 자기 대신 아들을 태웠다. 그런데 얼마 못 가 다시 행인의 말소리가 들렸다. "저런 후레자식이 있나. 저는 왕처럼 나귀 등에 타고 늙은 애비는 걷게 하다니." 이 말을 들은 아들이 양심에 찔려서 아버지에게 같이 타고 가자고 청했다. 하지만 이번에는 지나가는 여자가 가만히 있지 않았다. "불쌍한 나귀 같으니라고! 등이 푹 꺼졌네. 젊은 놈이고 늙은 놈이고 게을러 빠져서 걸을 생각은 않고 등에 타고 있으니 얼마나 힘이 들겠어!" 아버지와 아들은 그 말을 듣고 서로를 쳐다보다가 아무 말 없이 나귀 등에서 내렸다. 나귀와 나란히 몇 걸음도 안 걸었는데 이번에는 지나가던 행인이 그들을 보고 놀렸다. "저런 멍청한 인간을 봤나! 타지도 않을 거면서 나귀는 뭐 하러 데리고 다닐까?" 아버지가 나귀 입에 짚 한 줌을 밀어 넣어 주면서 남은 손으로 아들과 어깨동무를 했다. "우리가 어떻게 해도 못마땅한 인간은 꼭 있구나. 그냥 우리 마음대로 하자꾸나."

페세스키안, 1979

고립되지 않도록 조심하자

사람은 소중한 힘의 원천이다. 환자를 위해서도 당신을 위해서도 사람들을 꾸준히 만나서 관계를 유지할 필요가 있다.

밖으로 나가기 힘들다면 친구들을 집으로 초대하면 된다. 왜 밖으로 나갈 수 없는지 이유를 말해 준다면 이해하지 못할 친구는 없을 것이다. 물론 그 전에 미리 치매 환자를 어떻게 대하는 게 좋은지, 어떻게 대화를 나누어야 하는지 알려 줄 필요가 있다. 치매 환자를 처음 보는 사람은 당황하기 쉽고, 그로 인해 불편한 시간을 보낸다면 다음번엔 오지 않으려고 할 것이다.

환자를 혼자 둘 수 없거나 간병에 너무 힘이 많이 든다면 전문가에게 도움을 청하자. 요즘엔 곳곳에 주간보호센터가 있어서 낮 시간 동안 환자를 맡아 잘 보살펴 준다. 또는 집으로 와서 환자를 돌봐 주는 재택간병서비스도 있다. 각 지역 행정복지센터를 찾아가서 문의하면 치매 등급에 따라 다양한 서비스를 제공받을 수 있다.

긍정적인 생활 태도를 유지하라

물이 반 잔밖에 안 남았을까? 아니면 반 잔이나 남았을까? 당신의 인생관은 어떤가? 긍정적인가 부정적인가? 이 질문에 대한 당신의 대답은 여러 관점에서 볼 때 매우 중요하다.

우선 인생관은 수명에 영향을 미친다. 수많은 연구 결과가 입증하듯 낙관적인 사람은 더 행복할 뿐 아니라 더 오래 산다. 1931~1943년 위스콘신과 메릴랜드의 노트르담수녀원에 들어온 180명의 수녀를 대상으로 실시한 연구 조사가 그중에서도 가장 유명하다[54]. 평균 22세였던 그들은 수녀원에 들어올 때 간단한 이력서를 작성했다. 그로부터 70여 년이 지난 후 연구팀은 이 이력서를 분석했고, 행복, 감사, 기쁨, 희망 같은 긍정적인 단어를 자주 사용한 수녀들이 불안, 슬픔, 고독, 수치,

죄, 연민 같은 부정적인 감정을 자주 언급했던 수녀들보다 7년에서 최고 10년까지 더 오래 살았다는 사실을 알아냈다.

삶을 바라보는 태도는 지금 여기에서 바로 큰 차이를 불러올 수 있다. 문제와 근심을 바라보는 태도를 바꿀 수 있으니 말이다. 낙관적인 시각이 말 그대로 상황을 바꿀 수 있는 것이다.

대표적인 사례가 내 친구 헤르만이다. 5년 전 그는 은퇴를 손꼽아 기다린다고 했다. "5년만 지나면 아내하고 둘이서 신나게 인생을 즐길 거야. 여행도 많이 하고." 하지만 말대로 되지 않았다. 계획보다 일 년 앞선 64세에 아내를 간병하기 위해 퇴직할 수밖에 없었으니 말이다. 잦은 건망증과 착각은 예상과 달리 스트레스와 번아웃의 결과가 아니었다. 치매의 첫 신호였다.

나의 첫 반응은 이랬다. 왜 내게 이런 일이 일어났을까? 이 일을 어째야 할까? 아내도, 자식들도, 나도 기가 막혔다. 하지만 몇 달이 지나자 이런 생각이 들었다. 똑같은 말 계속하면 뭐가 달라지겠어. 여행을 못 하게 되었다고 계속 한탄만 하면 무슨 도움이 될까. 나는 마음을 고쳐먹기로 작정했다. 이제부턴 절대 화내지 않을 것이다. 아내가 치매다. 그래도 내 인생은 계속될 것이고 나는 최선을 다할 것이다. 그러지 않는다면 그 태도가 오히려 치매보다 더 나쁠 것이다.

헤르만은 결심을 실천에 옮겼다. 아내를 간병하기로 마음먹는 한편으로 여기저기 수소문하여 최대한 도움의 손길을 구했다. 최대한 오래 아내의 곁을 지키면서도 최대한 오래 자신의 삶을 유지하려면 외부의 도움이 절대적으로 필요했다.

당신도 헤르만처럼 상황을 너무 비약시키지 않고 자신을 피해자로 생각하지 않는다면 어느 순간 다시 인생의 주인이 된 자신을 만날 수 있을 것이다.

연구자들은 낙관주의자가 평균적으로 더 오래, 더 건강하게 살뿐더러 가혹한 운명의 장난에도 더 잘 맞설 수 있다고 주장한다. 물론 낙관적이 되라는 말을 슬픔에 눈을 질끈 감으라는 뜻으로 해석해서는 안 될 것이다. 상황의 어려운 부분을 무시할 수는 없다. 하지만 긍정적인 자세는 간병의 수고를 덜어 줄 것이고 치매의 다른 측면을 보여 줄 것이다. 어떤 이는 환자가 예전보다 더 의리 있고 사랑스러워졌다고 좋아한다. 또 어떤 이는 환자가 약한 면도 스스럼없이 보여 줘 좋다고 말한다. 또 어떤 이는 환자 덕분에 지금 여기를 살게 되었고 순간을 즐길 수 있게 되었다고 말한다.

유명한 방송 진행자 린다 더몰의 이야기를 들어 보자.

작은 것에도 말할 수 없이 행복해진다.

일주일 전 내가 말했다.

"사랑해. 알지?"

"으…… 응……."

"엄마도 나 사랑하지?"

"응…… 나도."

"나도." 엄마가 말했다. "나도." 나는 공유 앱에 그 사실을 알리고 저녁 내내 모두에게 외쳤다. "'나도!' 엄마가 말씀하셨다. '나도!'" 그래서 뭐 어쩌라고. 별것도 아닌 일을. 하지만 나는 생각한다. 엄마가 사랑한다는 메시지를 알아들었다면, 100분의 1초 동안이라도 그랬다면 오늘은 행복한 날이다.

베렐링 & 판데르 린던, 2016

때로는 불필요한 사람이 되라

간병을 하는 가족 중엔 자신이 한시라도 자리를 뜨면 큰일이 날 것이라고 생각하는 사람이 적지 않다. 24시간 환자 옆에 붙어서 지켜봐야지 절대로 환자를 혼자 두어서는 안 된다고 생각한다. 이런 과도한 걱정과 책임 의식은 장기적으로 과보호로 이어질 수 있고 환자와 간병 가족 모두에게 속박이 될 수 있다. 환자는 가족이 자신을 도와준다고 느끼지 못하고 점점 더 무력감에 빠져든다. 심리학자들은 이런 경우를 두고 학습된 무기력이라고 부른다. 자신의 자율성과 개성을 느낄 수 없으면 심한 경우 우울증에 빠질 수도 있다. 그런 간병 가족에게 가끔은 간병을 남의 손에 맡기는 것이 좋지 않겠냐고 물어보면 절대 그럴 수 없다는 대답이 돌아온다. "나도 그러고 싶죠. 나도 가끔은 혼자 시간을 갖고 싶어요. 하지만 하루 종일 나만 찾는데 어떻게 그럴 수가 있겠어요."

당신과 가족을 서로의 포로로 만들지 않으려면 환자가 할 수 있는 일은 무조건 직접 하게 두어야 한다. 당신 눈에는 서툴고 못마땅해도 환자가 하게 내버려 두어야 한다. 느린 속도 탓에 속이 터지거든 고개를 돌려 딴 곳을 보거나 잠시 방을 나갔다가 다시 들어온다.

또 환자가 혼자의 시간에 익숙해질 필요가 있다. 그것이 불가능하거나 가까운 미래에 불가능해질 것 같거든 초기 단계에서부터 여러 사람이 번갈아 가며 간병을 해서 환자가 일찍부터 그런 환경에 익숙하도록 조처하는 것이 좋다.

당신이 환자를 간병할 수 있는 유일한 사람이라는 인상을 환자에게 주지 말아야 한다. 사람을 구하고 일정을 짜는 과정이 처음에는 번거롭고 시간과 에너지가 더 들 수도 있지만 장기적으로 보면 그 편이 훨씬 이득이다. 간병을 나누면 당신이 완전히 고립되는 상황을 미연에 막을 수 있다. 또 환자가 언젠가 세상을 떠났을 때에도 주변의 도움으로 다시 시작할 수 있을 것이다. 환자와 단 둘이 고립되어 살았을 경우엔 환자를 보내고 새롭게 출발하기도 무척 힘이 든다.

가능하면 오늘을 살자

스트레스를 호소하지 않는 간병 가족에겐 한 가지 공통점이 있다. 그들은 동양의 종교에서 최고의 지혜이자 삶의 기술로 생각하는 바로 그 기술, 즉 지금 여기를 사는 법을 아는 사람들이다.

한 시간 동안 가만히 자신의 생각을 지켜보자. 아마 당신의 생각은 끝없이 미래를 향해 달아날 것이다. 그리고 그 미래는 온갖 걱정과 문제를 동반할 것이다. 아마 암울한 미래를 그리는 자신을 깨닫고 화들짝 놀랄지도 모르겠다. 해가 쨍쨍한 한낮에 당신은 미리 밤을 걱정한다. "오늘 밤에 또 잠을 못 잘 것이고 그럼 내일도 비실대겠지." 그런 생각을 하면 벌써부터 기운이 하나도 없다. 어쩌면 일어나지 않을지도 모를 일 때문에 지금부터 벌써 가슴이 답답하다. (네덜란드) 민요도 같은 지혜를 전한다. "사람들은 오지 않을 고난을/제일 많이 걱정한다./신이 주시지 않을 고통을/스스로 만들어 낸다."

앞날의 걱정과 더불어 과거의 회한도 에너지를 앗아 가는 도둑이며 역시나 아무 소득 없는 헛수고다. 지나간 일은 우리가 아무리 용을 써도 돌이킬 수가 없다.

그러니 가능하다면 오늘을 살 것이며, 가능하다면 내일을 생각하지 말아야 한다. 가장 에너지가 많이 드는 것은 간병 그 자체가 아니라 앞일을 걱정하는 것이다. 하루 종일 멸망의 시나리오를 머리에 담고 다녀 봤자 무슨 득이 되겠는가. 힘만 더 들 것이고 행복만 줄어들 것이다.

지금 하고 있는 일에 집중할수록 만족도 더 커질 것이며 온갖 고통으로 마음이 답답해지지도 않을 것이다. 이가 아픈데 TV에 마침 정말로 재미있는 프로그램이 방송될 때와 같다. 집중해서 TV를 보고 있을 때는 아픔이 거의 느껴지지 않는다.

오늘을 사는 사람들은 번아웃에 빠질 위험도 적다. 이 사실은 연구 결과로도 입증되었다. 당신의 의식이 온전히 지금을 살 때에 비로소 세상은 완벽하게 깨어난다. 왜 그럴까? 지금이 실제로 존재하는 유일한 현실이기 때문이다.

오늘을 살라고 해서 내일에 눈 감고 대비하지 말라는 뜻은 절대 아니다. 내일에 대비하는 것은 꼭 필요하다. 당신이 간병을 할 수 있을까? 할 수 있다면 얼마나 오래 버틸 수 있을까? 미래를 예상하고 물어야 한다. 다만 이 질문의 대답을 찾았다면 다시 관심을 남은 오늘의 시간으로 되돌려 현재에 집중해야 할 것이다.

존 베일리가 유명한 소설가이자 철학자였던 아내 아이리스 머독Iris Murdoch의 알츠하이머병 진행 과정을 기록한 책(《아이리스》─옮긴이)에는 이런 구절이 나온다

제인 오스틴이 살던 빅토리아시대의 성직자, 마음씨 착한 사제 시드니 스미스는 우울증에 시달리다 도움을 청하러 온 교구민들에게 "너무 멀리 내다보지 말고, 기껏해야 점심 시간이나 티타임까지만 생각하라"고 충고했다. 아이리스의 병을 알고 나자 나는 그 말이 무슨 의미 있는 행동의 지침

이라도 되는 양 거듭 그녀에게 읊어 주었다. 지금도 나는 가끔 그 말을 주문처럼 또는 농담처럼 반복한다. 그 말을 하면서 손짓, 발짓을 동원해 "멀리" 내다보지 않는다는 팬터마임을 하면 아내를 웃길 수도 있다.

베일리, 2002

걱정이 있어도 너무 많이 또는 너무 오래 관심을 기울이지 말자. 그것 역시 이런 '한 치 앞도 내다보지 않는' 인생 태도를 실천에 옮길 또한 가지 방법이다. 실연으로 괴로워하는 친구에게 용기를 주려 애쓰는 한 남자의 이야기를 들어 보자.

나는 버림받은 친구에게 매력 넘치는 심리학과 여교수의 이야기를 해 주었다. 그녀가 물이 반쯤 찬 물 잔을 학생들에게 보여 주었다. 학생들은 당연히 이제 저 교수가 물 잔에 물이 반밖에 안 찼다고 생각하는지 또는 반이나 찼다고 생각하는지 물을 것이라 예상했다. 하지만 예상은 어긋났다. 교수는 학생들에게 물 잔이 무겁다고 생각하는지 물었다. 학생들은 그렇게 무겁지는 않다고 대답했다. 물 잔쯤이야 쉽게 들 수 있으니까. 교수는 그럴 줄 알았다는 듯 웃으며 말했다. "여러분의 대답은 아주 조금만 맞아요. 그래요. 물 잔을 집어 들어서 물 한 모금 마시고 다시 내려놓을 때는 거의 무게를 못 느끼죠. 하지만 한 시간 동안 손에 들고 있으면 손이 부들부들 떨리기 시작할 거예요. 하루 종일 들고 있으면 손에 쥐가 날 거고요. 그러니까 무게는 절대적인 것이 아니라 시간이 쌓일수록 늘어납니다." 다들 아무 말 없이 고개를 끄덕였다. "근심도 똑같아요. 잠깐 생각하면 아무 일도 없을 거예요. 하지만 하루 종일 끌고 다니면 몇 배로 불어나서 점점 더 무거워질 거고 견디기 힘든 짐이 될 거예요. 그러니까 잊지 마세요. 물 잔을 집어 들었을 때는 얼른 다시 내려놓아야 해요."

스타릭, 2013

바꿀 수 있는 문제에 집중하라

주여, 제게 평온한 마음을 허락하소서.

바꿀 수 없는 일은 받아들이게 하시고

바꿀 수 있는 일은 바꿀 용기를 주소서.

그리고 이 둘을 분별할 지혜를 주소서.

독일 출신의 미국 신학자 라인홀드 니부어Reinhold Niebuhr가 1935년에 쓴 이 짧은 기도문에는 정말로 소중한 인생의 지혜가 담겨 있다. 우리 는 바꿀 수 없는 것을 바꾸려고 너무도 많은 에너지를 허비한다. 도무 지 현실을 그냥 받아들일 수가 없는 것이다.

치매에 걸린 가족을 간병한다는 것은 환자의 문제만이 아니라 당 신 자신의 문제이기도 하다. 처음엔 슬픔이 밀려오고 자기 연민에 빠 질 것이다. 그것이 상실을 받아들이는 자연스럽고 필요한 심리적 과정이기 때문이다. 하지만 몇 년이 지나도 여전히 운명 타령만 하고 있다면 그건 이야기가 달라진다. 물론 부당하다는 생각이 들 것이다. 왜 하필 당신의 가족이 치매에 걸렸단 말인가. 하지만 아무리 묻고 또 물어도 답은 없다. 인생은 공정하지 않다. 사실 그 누구도 공정을 약속한 적이 없다. 그러니 받아들이자. 받아들여야 자기 연민에 빠져 허우적대지 않고 실제로 바꿀 수 있는 일로 눈길을 돌릴 수 있다. 한탄만 하지 말고 간병의 실제 문제들을 고민하고 그 문제를 해결하는 데 노력하자.

돌봄의 즐거운 측면으로 눈길을 돌려 보자

(미국 출신의) 남편을 돌보는 아내가 들려준 에피소드다.

> 모든 것을 읽어야 한다. 그의 얼굴, 손, 몸짓, 시선, 단어와 말들도. 나는 그를 읽는다. 쉴 새 없이. 실수를 하면 찾아오는 그의 실망과 수치심을 본다. 하지만 그의 얼굴에 떠오른 모든 빛과 기쁨도 본다. 그것이 중요하다. 그런 행복의 순간도 있다. 방금 전처럼. 내가 방에서 나오려는데 그가 손짓으로 나를 불렀다.
>
> 키스!
>
> 내가 굿나잇 키스를 잊어버렸던 것이다. 하루를 이루는 것은, 하루를 채우는 것은 그런 소소한 일들이다. 그런 소소한 일들이 나를 먹여 살리며 나

를 나아가게 한다. 지치고 불안할 때도 그 소소한 일들이 힘을 준다. 그가 다시 너무나 느림보가 될 때, 화장실을 못 찾아 벽에다 볼일을 봐서 내가 무릎을 꿇고 벌써 세 번째로 걸레질을 할 때…….

파스, 2006

돌봄이 근심과 고통만은 아니라는 사실은 위에서 인용한 린다 더몰의 글에서도 잘 알 수 있다. 감동적이거나 재미난 순간이 하나도 없다면 아마 누구도 간병의 시간을 견디지 못할 것이다. 물론 그런 순간이 찾아와도 미처 알아차리지 못할 수 있다. 대부분은 간병에 너무 지친 탓이다. 뒤치다꺼리에 온 신경이 집중되어 긍정적인 감정과 아름다운 순간들을 놓치고 마는 것이다. 그러니 가끔씩은 꽁꽁 숨어 있을지도 모를 긍정적 감정으로 눈길을 돌려 보자.

잠시 잊었을지 몰라도 당신을 여기까지 오게 한 것은 사랑이었다. 환자가 없다면 당신은 그를 무척 그리워할 것이다. 어쩌면 당신도 마음 저 깊은 곳에선 환자에게 고마워할지도 모르겠다. 그동안 받았던 것을 이렇게라도 돌려줄 수 있게 기회를 주었으니 말이다.

"모든 단점에는 장점이 있다." 앞서도 인용했던 요한 크라위프의 말이다. 많은 간병 가족이 말한다. 질병 덕분에 인생의 가장 소중한 것을 발견했노라고. "이제야 진짜 중요한 것이 무언지 알게 되었어요. 그러니 이제는 더 정신 똑바로 차리고 살 거예요."

가족의 질병을 지켜보며 건강의 소중함을 깨닫게 되었다는 가족도

10장 기운 잃지 않는 법

있다. "남한테 의지 안 하고 내 마음대로 할 수 있으니 정말 고마운 일이죠."

그동안 몰랐던 인생의 측면을 발견하게 되어 반갑다는 가족도 있다. 한 간병 가족은 이렇게 말했다. "인생에는 성장과 행복과 번영만 있는 것이 아니에요. 실패와 고통도 알아야 진짜 인생을 살았다고 할 수 있죠. 식물은 자라 꽃을 피우면 죽습니다. 인간만 이 모든 과정을 인식할 수 있죠. 그 과정을 운명으로 볼 수도 있겠지만 나는 특권이라고 생각해요. 신앙 덕분에 이런 말을 할 수 있는지도 모르겠네요. 예수는 이런 점에서 우리를 앞서 간 분이세요."

마지막으로 병 덕분에 환자와 더 가까워져서 좋다는 가족도 있다. 바로 앞서 인용했던 작가의 글에서도 아내는 그렇다고 말한다.

병이 찾아왔어도 인생이 끝이 아니라는 경험을 했다. 여기서도, 아니 바로 여기에서 서로를 향해, 서로를 위해 문이 열릴 수 있는 경험을 했다. 때로 그의 환한 표정은 양쪽으로 건은 커튼이다. 질병 뒤에 숨은 온갖 결점을 가진 인간을 그 어느 때보다 가까이에서 숨김없이 보여 주는 커튼.

파스, 2006

매일 잠시라도 시간을 내어서
즐거운 일을 하라

비행기가 이륙하기 전에 기내 안전 방송을 한다. 기내에 산소가 부족하거나 기압이 떨어지면 산소마스크가 자동으로 내려오는데 그때 어린이를 동반한 부모는 자신이 먼저 마스크를 쓰고 그다음에 아이에게 마스크를 씌워야 한다고 말이다. 아이한테 먼저 마스크를 씌우려다가 혹시 어른이 호흡곤란에 빠지면 자신은 물론이고 아이도 위험해질 수 있기 때문이다. 간병 가족 역시 먼저 자신을 돌봐야 한다. 그러지 않다가 간병 부담에 지쳐 버리면 정작 간병에도 소홀할 수밖에 없다. 피곤하고 지치면 아무래도 짜증이 날 것이므로 환자를 살갑게 대할 수 없을 것이다.

치매 남편을 간병하는 아내의 말을 들어 보자.

> 미래가 없는 것 같은 답답한 기분이 서서히 밀려든다. 앞을 가로막는 것은 당신의 병이 아니라 나 자신이라는 깨달음이 들었다. 나 자신을 다시 인정하고 내 바람을 좇아 내가 즐거운 일을 할 때가 되었다는 깨달음이 들었다. "중년 이후의 전망"을 주제로 한 강좌가 큰 도움이 되었다.
>
> 베흘링어르, 2006

활줄을 계속 당기고 있을 수는 없다. 삶이 간병뿐이라면 금방 지치

10장 기운 잃지 않는 법

고 말 것이다. 매일 조금이라도 시간을 내어 재밌고 즐거운 일을 해 보자. 인생의 낙이 없는 사람은 우울증에 걸릴 위험이 더 높다고 한다. 이유는 두 가지다. 낙이 없으면 기분이 가라앉는다. 기분이 안 좋으면 다시 뭘 하려는 의욕이 없다. 그렇게 악순환이 시작되는 것이다.

반대로 이런 즐거운 활동과 기분의 관계를 거꾸로 이용하면 가라앉은 기분을 일으켜 세울 수도 있다. 억지로라도 즐거운 일을 시작하면 기분이 좋아질 것이다. 그리고 기분이 좋아지면 다시 이것저것 하고 싶은 일들이 떠오를 것이다.

즐거운 일이라면 뭐가 있을까? 잠깐 산책을 하거나 좋아하는 드라마를 시청하고, 책이나 잡지를 읽고, 퀴즈를 풀고, 피아노를 치고, 텃밭을 가꾸고, 자녀(손자)나 친구와 전화를 하고 음악을 듣는다.

시간이 허락한다면 하기 싫은 일을 억지로 하거나 반복되는 일과를 처리하고 난 후에 곧바로 이런 즐거운 일을 하는 것이 좋다. 그럼 일거양득이다. 반복되는 일과를 미루거나 불편한 마음으로 처리하지 않을 것이다. 즐거운 활동이 기다리고 있을 테니 하기 싫은 귀찮은 일도 훨씬 가볍고 신나는 마음으로 임할 수 있을 것이다.

또 그 시간을 기다리는 즐거움도 있을 것이고 에너지를 얻을 수도 있을 것이다. 당신 혼자에게만 득이 되는 것이 아니다. 감정은 전염되는 법, 당신이 즐거우면 환자도 따라 즐거워진다.

완벽을 추구하지 마라

돌봄 노동은 여성에게 전가되는 경우가 많다. 그래서 간병을 하는 여성이 남성보다 두 배나 더 많다. 그런데 재미난 점은 똑같이 간병을 해도 남성이 여성보다 스트레스를 덜 받는다고 한다. 그 이유 중 하나는 간병을 바라보는 남성의 눈높이가 여성보다 낮기 때문이다.

남성은 매사 완벽할 필요가 없다고 생각한다. 하루 24시간 환자 옆에 붙어서 눈만 깜빡해도 알아서 서비스를 제공할 필요를 느끼지 못한다. 매일 청소기를 밀어야 한다고 생각지도 않고 침대 시트도 며칠에 한 번만 갈면 되고 끼니도 대충 때울 수 있다고 생각한다.

또 남성은 죄책감이나 자책에 크게 시달리지 않고도 자주 자신을 위한 결정을 내린다. 상대가 불편한 것 같아도 마음을 닫고 귀를 닫는다.

한마디로 남성들은 100퍼센트 완벽하지 않아도, 가끔 자신을 먼저 생각해도 나쁘다고 생각하지 않는다. 그래서 훨씬 마음 편하게 간병을 할 수 있다.

당신이 여성이라면, 특히 아픈 환자를 돌보느라 완전히 지쳤다면 이런 평균적인 남성의 자세를 엿보며 배울 점을 찾아보자. 어쩌면 당신은 이렇게 반발할지도 모르겠다. "그렇게 생겨 먹은 것을 어떻게 해요. 더러운 집 안 꼴을 두고 볼 수가 없고 힘들어하는 남편을 내버려 둘 수가 없는데!"

사실 오랫동안 다져진 성격과 습관을 하루아침에 바꾸기란 불가능하다. 하지만 큰일을 이루려면 수많은 작은 걸음을 걸어야 한다. 그러니 점차적인 변화의 길을 택해 보자. 아침 설거지를 낮에 해 보자. 청소를 하루 걸러 보자. 침대 시트는 내일 갈자. 가끔은 배달 음식도 시켜 먹자. 환자가 부르거든 5분만 기다려 달라고 해 보자. 아무리 힘들어도 환자가 아직 할 수 있는 일은 전부 환자에게 맡기자.

인생 말년에 치매에 걸린 아내 루스를 돌보았던 작고한 네덜란드 기자 빔 융만Wim Jungmann의 일기장에는 이런 글귀가 적혀 있다.

나는 루스를 충분히 도와주나? 너무 적나? 때로 나는 일부러 아내가 하게 내버려 둔다. 예를 들어 밤마다 전기요를 켜라고 시킨다. 그걸 켜려면 아내는 힘들게 계단을 올라가야 한다. 하지만 가끔은 애를 쓰는 게 유익하다고 생각한다.

융만, 2005

처음엔 마음이 힘들 것이다. 하지만 시간이 가면 양심의 가책도 줄 것이고 당신에게 더 많은 시간과 자유와 휴식이 돌아올 것이다. 학교 다닐 때를 한번 떠올려 보라. 성적은 "미"면 충분하다. "수"나 "우"를 받으려면 두 배 이상 열심히 노력해야 한다.

가족회의를 소집하라

진단을 받으면 곧바로 가족회의를 소집해서 환자와 관련 있는 모든 가족 구성원을 불러 모아야 한다. 가족회의의 중요한 목적 중 하나는 치매와 그 결과에 대한 정보 전달이다. 여유가 된다면 미리 자료를 정리해서 회의 때 나눠 주면 더 좋을 것이다.

첫 회의 시간에 앞으로 자주 그런 모임을 소집하자고 약속하는 것이 좋다. 환자의 상태는 계속 악화될 것이므로 그때그때 생기는 문제를 의논할 필요가 있다. 앞선 회의에서 정한 약속이 잘 지켜지고 있는지 점검할 필요도 있다. 예를 들어 첫 회의 때 한 사람이 간병을 맡기로 했는데 너무 간병을 만만하게 보았을 수 있다. 그사이 환자의 상태가 눈에 띄게 나빠졌거나 간병을 맡은 사람의 상황이 바뀌었을 수도 있다.

정기적으로 자신을 칭찬하라

아이의 자신감이 건강하게 자라려면 칭찬이 필요하다. 부모, 선생님, 친구, 학원 선생님, 축구 교실 코치 등등. 누구의 칭찬이든 상관없다. 칭찬은 아이를 성장시킨다.

어른의 마음에는, 그러니까 당신의 마음에도 여전히 아이가 숨어 있다. 미국 작가 마크 트웨인은 "칭찬 한 번이면 한 달을 살 수 있다"고 말했다.

나이가 들면 칭찬받을 일이 줄어들고, 그것은 치매에 걸린 환자를 보살피는 가족이라고 해서 다를 것이 없다. 사실 간병을 해 보지 않은 사람은 간병이 얼마나 힘든지 잘 모른다. 그래서 간병하는 가족에게 용기를 북돋아 줘야 한다는 생각을 좀처럼 하지 못한다. 그리고 세월이 흐르다 보면 간병의 노고도 당연하다고 생각하기 쉽다.

이렇듯 남이 칭찬에 인색하니 더더욱 스스로에게 해 주는 칭찬이 필요하다. 정기적으로 시간을 내서 자신이 얼마나 많은 일을 하고 있는지, 당신의 노고가 얼마나 가치 있는 일인지 따져 보자.

이 무슨 자화자찬인가! 좀 유치하게 들릴지도 모르겠다. 하지만 한 번 해 보라. 효과가 예상보다 훨씬 좋아서 놀랄 것이다. 이런 칭찬은 남이 해 주는 칭찬 못지않다. 사실 당신이 어떤 일을 하는지, 얼마나 애쓰는지 당신보다 더 잘 아는 사람이 이 세상에 어디 있겠는가.

그러니 정기적으로 자신을 칭찬하라. 어깨가 으쓱해질 것이다. 러시아 속담에도 이런 말이 있다. '칭찬은 봄의 숨결 같다.' 칭찬은 고래도 춤추게 한다. 당신의 어깨를 두드린 사람이 당신 자신이라 해도 칭찬은 활력과 힘을 선사한다.

스트레스가 주는 신호를 주의 깊게 살피자

치매 어머니를 보살피는 아들의 일기장에 이런 구절이 적혀 있다.

> 얼마나 견딜지 모르겠다. 한계가 왔다고 생각된다. 너무너무 피곤하지만 잠을 잘 수가 없어서 어머니가 담근 셰리주를 병째로 마신다. 포르타스 박사의 약은 안 통하고, 돈도 다 떨어졌고 어머니는 집에 불을 지를 것이 며……
>
> 모러, 2006

환자 간병은 몸과 마음에 큰 부담을 안긴다. 연구 결과를 보면 간병인 셋 중 한 명은 스스로 심리 치료가 필요할 정도로 많이 힘들다고 한다.[*]

어떻게 해야 그렇게 되지 않을 수 있을까? 한계에 도달했다는 것을 어떻게 알 수 있을까? 우리의 몸과 마음은 과로와 스트레스에 경고 신

---

[*] 한국의 치매안심센터에는 치매 가족 및 보호자 지원 사업이 있다. '헤아림 가족교실'은 치매 환자 가족이 꼭 알아야 할 치매 관련 최신 정보와 돌봄에 대한 지혜를 제공하며, '헤아림 자조모임'에서는 치매 환자를 돌보는 가족들이 서로 지혜를 나누고 격려한다. 또한 치매 환자와 가족이 함께 참여할 수 있는 '힐링 프로그램'들이 준비되어 있다. 치매안심센터를 방문하거나, 치매상담콜센터(1899-9988)로 문의할 수 있다. 치매상담콜센터에서는 자조모임 전담 상담사를 통해 24시간, 365일 상담을 받을 수 있다(출처: 중앙치매센터 《2022 치매가이드북》). 그 외에도 불안, 우울 증상이 있는 경우, 거주지의 정신건강복지센터에서 상담을 받을 수 있다.

호로 반응한다. 이 신호는 몸으로도, 심리로도, 행동으로도 나타날 수 있다. 예를 들어 몸이 보내는 신호는 머리, 위장, 대장, 목, 어깨 등이 아프고 어지럽고 심하게 피로한 것이다. 마음이 보내는 신호는 신경이 곤두서고 잘 까먹고 흥분을 잘하며 딴 생각을 많이 하고 매사에 의욕이 없고 즐거운 일이 없는 것이다. 경고 신호는 행동으로도 나타나서, 안절부절못하고 벌컥 화를 내며 담배와 술이 늘고 불평과 하소연이 는다.

누구에게나 취약한 부분이 있다. 고단하고 힘에 부치면 제일 먼저 그 부분이 고장을 일으킨다. 그 경고 신호를 무시하고 계속 과로하면 실로 걷잡을 수 없이 상태가 악화될 수 있다. 긴장은 과로가 되고 피로는 만성피로로 발전하며 울적한 기분은 우울증으로 악화된다. 따라서 방금 전에 언급한 증상 중에서 몇 가지가 자신에게서 발견되고 그것이 비정상적일 정도로 오래가거나 악화될 경우 얼른 병원을 찾아야 한다.

아침에 눈을 뜨면 오늘 하루를 또 어떻게 보낼까 아득하고, 그렇게 가라앉은 기분이 낮이 돼서야 겨우 풀린다면 이미 문제가 심각하다. 그 정도면 우울증 증상이고, 우울증은 치료가 필요한 질병이다. 그렇게 되기까지 기다리지 말고 미리 조치를 취해야 한다.

당신이 힘들면 환자도 힘들다. 간병하는 사람이 자기 한 몸 가눌 수가 없는데 무슨 제대로 된 간병을 하겠는가. 명심해야 한다. 당신마저 능력의 한계를 넘어서 병에 걸리면 이제 집안에 환자가 둘이 된다.

죽는 날까지 지켜 주겠다는 약속은
절대 하지 마라

살면서 지키지 못할 약속을 한 적이 있는가? 아니면 약속을 지키기 위해 끙끙대며 고생한 적이 있는가? 예를 들어 한동안 소원했던 친구에게 신년 인사를 건네며 "전화할게, 날 잡자"라고 했던 적이 있는가? 길에서 우연히 만난 지인에게 똑같은 말을 한 적은 없는가? 힘든 일을 겪은 친척에게 위로의 마음을 전하기 위해 "필요하면 언제든지 전화해"라며 호기를 부렸던 적은 없는가?

당신이 이 질문에 "그렇다"고 대답한다면, 그래 놓고 약속을 지키지 않았다면 아마 경험으로 알 것이다. 약속이 얼마나 큰 부담으로 다가올 수 있는지 말이다. 약속을 남발할수록 지키기도 힘들 것이고 그런 자신이 못마땅할 것이다.

실제로 약속은 책임을 불러온다. 그러므로 환자가 절대 요양 병원에 보내지 않겠다고 약속해 달라고 할 때, 또는 아버지나 어머니가 돌아가시면서 남은 한쪽을 잘 부탁한다고 말씀하실 때도 이 사실을 명심하여 대답해야 한다. 임종 자리에서 한 약속은 "결빙된 약속"이다. 약속한 사람과 더 이상 그 약속에 대해 이야기를 나눌 수가 없는 것이다[55].

한 사람을 보살펴 주겠다는 약속은 가슴에 얹힌 돌이다. 당신의 상황도, 가족의 상태도 악화되어 더 이상 당신이 손쓸 수 없는 순간이 올 수 있다. 그렇게 되면 당신을 위해서도 가족을 위해서도 외부의 도움을 요청할 수밖에 없을 것이고 최악의 경우 환자를 요양 병원으로 보낼 수밖에 없다.

한번 상상해 보자. 아픈 가족을 죽는 날까지 집에서 모시겠다고 약속했다. 하지만 아무리 최선을 다해도 도저히 그럴 수가 없다. 어쩔 수 없이 아픈 가족을 요양 병원으로 모신다면 그 가족은 무척 실망할 것이다. 약속을 하지 않았어도 가족을 요양 병원으로 보내는 순간은 인생에서 가장 힘든 날일 텐데 말이다. 그러니 당신이 할 수 있는 최고의 약속은 그저 최선을 다하겠다는 것이다. 누구든 미래를 내다볼 수는 없으니 말이다.

벌써 약속해 버렸다면 지금이라도 그 약속을 지키는 것이 합리적인 짓인지 따져 볼 수 있다. 아마 약속과 자신의 건강 사이에서 하나를 선택해야 할지도 모르겠다. 당신의 건강은 간병하겠다는 약속을 지키기 위한 전제 조건이라는 사실을 명심하라. 당신의 건강이 위태로우면 아무리 노력해도 환자를 도와줄 수 없다. 오히려 요양 병원에 모신 후에 다시 환자를 진심으로 아끼고 사랑할 수 있게 되는 경우도 많다. 사실 "24시간 환자 옆에 붙어 있다 보면" 늘 좋을 수가 없다.

남편을 간병하는 한 여성의 이야기를 들어보자.

"오늘 낮에 나오는데 남편이 울기 시작하는 거야. '나 혼자 두고 가지 마, 나 혼자 두고 가지 마!' 하면서 말이야. 남편을 기숙학교에 두고 오는 기분이었어. 하지만 달리 방도가 없어. 우리 둘을 위해 내 삶을 다시 시작해

야 하니까. 온종일 남편을 쫓아다니지 않아도 되고 욕조에 집어넣다 뺐다

하지 않아도 되니 지금은 훨씬 수월해. 찾아가서 보면 되니까 다시 예전

처럼 다정하게 대할 수 있어. 이해하겠어?"

개일, 2006

각자의 방식을 존중하라

건강을 잃고 남의 손에 의지하게 되고 미래는 불확실하다. 모든 상실
이 그러하듯 치매로 인한 변화들 역시 받아들이는 과정이 필요하다.
환자도, 옆에서 환자를 간병하는 가족도 마찬가지다. 상실을 연구하는
연구자들은 이것을 두고 애도 작업이라 부른다.

애도 작업의 첫 단계는 현실―건강 상실―을 인정하는 것이다. 다
시 말해 이 병이 불치병이며 앞으로 점점 더 도움을 필요로 할 것이라
는 사실을 인정해야 한다.

두 번째로 그런 상실로 인한 슬픔과 고통을 충분히 느껴야 한다. 이
말은 상실과 더불어 찾아오는 슬픔, 분노, 질투, 절망, 죄책감을 허락하
고 표현해야 한다는 뜻이다.

세 번째 단계에선 더 이상 예전과 같지 않은 새로운 상황에 적응해
야 한다. 집안일, 돈 관리, 집안 문제 처리 등을 다시 분담해야 할 것이
므로 하루 일과가 많이 달라질 것이다.

이 애도 작업 역시 사람마다 각자의 방식이 있다. 질병이라는 현실을 받아들이는 속도 역시 사람에 따라 천차만별이다. 환자가 남은 가족보다 더 오래 사실을 부정할 수도 있고 반대로 가족이 더 오래 인정하지 않으려 버틸 수도 있다. 모두가 연극을 하기도 한다. "양쪽" 모두 사실을 알면서 모르는 척하는 것이다. 상실의 고통을 허락하고 표현하는 방식도 사람에 따라 크게 차이가 난다. 당신은 대화의 필요성을 느끼지만 환자가 대화를 기피할 수 있다.

남은 가족들 사이에서도 차이가 있을 수 있다. 배우자는 병을 "받아들이는데" 자식들이 인정을 못 한다. 반대로 자식들이 먼저 현실을 받아들이고 빠르게 움직이는 경우도 있다. 현실에선 이편이 더 흔하다. 자식들끼리도 입장 차이가 크다. 한쪽은 부모의 치매에 큰 충격을 받고 슬퍼하지만 다른 쪽은 잘 모르겠다며 예사로 여긴다.

집안에 환자가 없어도 중요한 문제에 대한 시각 차이는 갈등과 긴장을 불러온다. 하물며 가족의 건강이 달린 문제인데 더 말해 무엇하겠는가. 치매 진단은 가족이 내리건 전문가가 내리건 격한 감정을 불러오기 마련이므로 가족의 입장 차이는 서로 힘을 합쳐도 시원치 않을 판국에 오히려 충돌과 갈등을 일으킬 수 있다.

현실을 받아들이는 시점과 더불어 방식 역시 사람에 따라 차이가 있다. 어떤 사람은 오래오래 그 이야기를 하려 한다. 이야기는 하지만 너무 깊게, 너무 자주는 말고 잠깐만 하려는 사람도 있다. 또 어떤 이는 혼자서 조용히 마음을 다잡고 일하거나 취미에 빠져 잊으려 한다. 어떤 방법도 최상은 아니다. 저마다 가장 도움이 되는 방식을 선택하는 것이다.

치매는 특별하게도 상실의 순간이 한 번으로 그치지 않는다. 많은 상실의 순간이 있고 매 순간마다 고통스럽다. 이 책에서도 그런 상실의 순간들을 많이 소개했지만 뭐니 뭐니 해도 가장 가슴 아픈 순간은 환자가 가족마저 알아보지 못할 때와 요양 병원에 입원하는 때일 것이다.

모든 상실은 다시금 가족의 갈등을 불러올 수 있다. 상실의 수용은 똑같은 속도로 진행되는 직진 코스가 아니라 두 걸음 앞으로 갔다가 뒤로 한 걸음 물러나는 에히터나흐 호핑댄스(해마다 성령강림제 다음 첫 번째 화요일에 룩셈부르크의 유서 깊은 도시 에히터나흐 시내에서 볼 수 있는 댄스 행렬로, 발을 맞춰 가볍게 뛰어오르며 춤을 추기 때문에 호핑댄스라 부른다—옮긴이)처럼 전진과 후퇴를 반복하기에 예상치 못한 순간에도 충돌이 일어날 수 있다. 환자를 요양 병원으로 모신 뒤에도 그 결정을 두고 오래오래 갈등을 겪을 수 있는 것이다.

아래 문학작품에서도 부부는 과거의 결정을 두고 말다툼을 벌인다.

"우리 집으로 데려와야 했던 게 아닐까?" 맞바람과 싸우며 자위더르파크로 걸어가던 니콜린이 물었다.

"어떻게 그래? 방이 두 개밖에 없는데!" 그가 짜증스럽게 대답했다.

"그럼 암스테르담에 있는 요양 병원으로 모셔야 옳았을까?"

"암스테르담 요양 병원에 안 모셨잖아!"

그녀가 걸음을 멈추었다. "그러니까 당신도 내가 엄마를 암스테르담 요양 병원에 모셔야 했다고 생각하는구나!" 그녀의 시선에 불안이 어렸다.

"당신이 장모님을 암스테르담 요양 병원에 모셔야 했다고 생각하지 않아!" 그가 그녀의 팔을 붙들어 자신에게로 끌어당겼다.

"하지만 그렇게 말하잖아!"

"그런 말 안 했어!"

"당신도 그래야 한다고 생각하는데 나는 왜 그렇게 하지 않았을까?" 그녀가 절망에 젖어 말했다.

"어떻게 됐는지는 당신이 더 잘 알잖아!" 아내를 정신 차리게 하려고 애쓰면서 그가 힘주어 말했다. "우리는 모든 걸 가만 그대로 두었어. 더 이상 안 될 때까지. 그리고 더 이상 어쩔 수 없었을 땐 우리도 달리 어쩔 수가 없었고."

"그럼 우리가 잘못한 거잖아!"

"우린 잘못하지 않았어!" 그런 식의 대화를 나누다 보면 머리가 엄청 어지러웠다. 그는 이 혼란스러운 기분을 최대한 억누르려 애썼지만 소용없었다. "당신이 결정을 했으면 결정한 거야. 이젠 바꿀 수 없어. 당신이 그렇게 했다면 그게 옳은 거야. 당신도 달리 어쩔 수 없었다고!"

"별로 설득력 있게 들리지 않아! 당신도 우리가 잘못했다고 생각하는구나!"

"잘못했다고 생각하지 않아!" 그가 화를 내며 소리쳤다. 그녀의 말들이 그를 절망으로 몰았다.

"왜 그렇게 소리를 질러?"

"소리 안 질렀어."

"질렀잖아!"

"절망적이어서 소리 질렀어!"

"난 그냥 이야기가 하고 싶은 거야!"

"이야기할 게 없어! 아직도 뭘 더 이야기해야 하는데?"

포스카윌, 1999

간병이 행복을 줄 수도 있다는
사실을 잊지 마라

간병과 치매를 다룬 문학작품이나 연구 서적을 보면 주로 문제와 부담을 부각한다. 간병의 긍정적 측면에는 큰 관심을 기울이지 않는 것이다. 나는 부당하다고 생각한다. 정말로 많은 간병인이 돌아오는 대가가 크다고 말하기 때문이다.

미국의 설문 조사 결과를 보아도 응답자의 85퍼센트가 간병을 하면서 유익한 사람이 된 것 같은 기분을 느낀다고 대답했다[56]. 네덜란드 주간지 〈리벨러Libelle〉가 천 명의 여성 독자를 대상으로 실시한 설문 조사[57]에서는 응답자의 42퍼센트가 간병이 몸과 마음의 건강에 긍정적인 작용을 한다고 대답했다. 간병하면서 건강이 악화되었다는 응답자는 25퍼센트에 불과했고 나머지 33퍼센트는 별 차이가 없었다고 대답했다.

거기서 그치지 않는다. 조사 결과를 더 살펴보면 간병은 이후에도 긍정적인 작용을 한다. 응답자의 약 62퍼센트가 집중 간병이 **차후에** 건강에 긍정적 효과를 미쳤다고 대답했다. 그러니까 다른 사람을 보살피는 행위는 "미래 투자"일 수 있는 것이다. 또 간병은 어쨌거나 보살핌을 받는 쪽이 고마움을 아는 경우 환자와 간병인의 관계에도 긍정적인 영향을 미친다. 간병을 하는 동안에 그랬다는 응답자가 35퍼센트였고, 간병을 마친 후에 그랬다는 응답 비율이 56퍼센트였다. 그러니까 두 사람의 관계에서도 나중에 예상치 못했던 선물이 돌아오는 셈이다.

행복이라는 관점에서 실시한 조사 결과 역시 위의 결과와 동일했다. 행복감은 서로 밀접한 관련이 있는 아래 두 가지 요인과 매우 관련이 깊다. 한 가지는 **결속력**commitment이고, 또 한 가지는 이타심이다. 오스트리아 작가 아르노 가이거Arno Geiger는 소설 《우리는 잘 지내Es geht uns gut》에서 한 등장인물의 입을 빌려 이렇게 말한다. "남에게 준 건 당신 것으로 남지만 당신이 간직한 건 영원히 잃어버리는 거야." 그러니까 지나치지 않는 선에서 가족을 보살피면 가족도 행복하고 당신도 행복하다. 우리의 심리가 이런 모양새여서 얼마나 다행인지 모른다. 이런저런 긍정적 감정이 없다면 아마도 간병을 참아 내기가 너무나 힘들 것이니 말이다.

따라서 나도 이 책을 긍정적인 분위기로 마치려 한다. 그리고 이번에는 비문학작품을 하나 소개할 것이다. 작고한 네덜란드 가수이자 배우였던 돌프 브라우어스Dolf Brouwers는 인생의 황혼 녘에 치매 아내를 간병했다. 나는 이보다 더 사랑이 듬뿍 담긴 간병 가족의 글을 본 적이 없다.

날이 갈수록 분명해질 것이다. 이제는 아내가 그렇다는 것이 슬프지 않다. 그 처음의 슬픔에서 내가 적어도 아내를 보살필 수 있다는 기쁨이 탄생했으니 말이다. 이제는 자유로울 수 없다. 이제는 아내를 혼자 둘 수 없다. 혼자 거리를 돌아다니다가도 생각할 것이다. 이런, 그레이트랑 같이 올걸! 그럼 다시 집으로 돌아갈 것이다. 언젠가 아내가 내 곁을 떠난다면 나의 시간도 끝이 날 것이다. 그럼 나는 한동안 아내와의 추억에 잠길 것이고 아내와 함께 경험한 모든 것에 너무나도 감사할 것이다. 그러고는 내가 대체 누구한테 감사해야 할지 모를 것이다. 아내가 저렇게 된 지금이야말로 나는 내가 얼마나 행복한지 깨닫는다.

라위흐록, 1994

10장 기운 잃지 않는 법

참고문헌

치매에 관한 유용한 정보

치매상담콜센터(1899-9988)

중앙치매센터 홈페이지 http://www.nid.or.kr(홈페이지 자료실에서《나에게 힘이
되는 치매가이드북》을 검색하면 매해 업데이트된 내용을 확인할 수 있다.)

보건복지부 치매조기검진사업 https://www.mohw.go.kr/react/policy/index.
jsp?PAR_MENU_ID=06&MENU_ID=06390101&PAGE=1&topTitle=

노인장기요양보험 https://www.longtermcare.or.kr

한국치매협회 http://www.silverweb.or.kr

대한노인정신의학회 https://www.kagp.or.kr

대한치매학회 https://www.dementia.or.kr

인지중재치료학회 https://www.cogvention.org

출처

5장의 "꼭 필요한 기억"(183쪽)에 실린 내용은 제니 파월Jennie Powell의《돌봄을 위
한 소통: 치매에 걸린 노인 돕기Care to communicate: Helping the older people with
dementia》(2000)를 기초로 삼았다. 6장의 "언어적 소통과 비언어적 소통" 부분도
마찬가지다.

7장의 "파국 반응"은 조이 글레너Joy A. Glenner, 장 스테만Jean M. Stehman, 주디스 더배
그니노Judith Davagnino, 마거릿 걸랜테Margaret J. Galante, 마사 그린Martha L. Green이
함께 쓴 책《사랑하는 사람이 치매에 걸린다면: 간병인을 위한 안내서When your

loved one has dementia: A Simple Guide for Caregivers》(2005)를 발판으로 삼았다. 이 장에서 설명한 단계 계획은 내가 만든 것이지만 방금 언급한 책에 나오는 단계 계획과 코럴 보울비 시프턴Coral Bowlby Sifton의 《알츠하이머병이라는 여정 탐색 하기: 간병을 위한 나침반Navigating the Alzheimer's Journey. A compass for caregiving》 (2004)에서 설명한 방법을 기반으로 삼았다.

인용한 책들

Abdolah, Kader: Het gordijn. Amsterdam (Prometheus) 2017.

Admiraal, Joop: U bent mijn moeder (Solo-Theaterstück). International theatre bookshop, Amsterdam 1981.

Appignanesi, Lisa: Wie was mijn moeder. Utrecht (Het Spectrum) 2000.

Avondroodt, Y.: "Er groeit een nieuwe persoonlijkheid" In: A. van Keymeulen: Het dementiecafé. Berchem (Epo) 2002.

Bakker, Gerbrand: Boven is het stil. Amsterdam (Cossee) 2006.

Barnard, Benno: Eeuwrest. Amsterda (Altas) 2001.

Barnes, Julian: Der Zitronentisch. München (btb) 2007. (《레몬 테이블》, 줄리언 반스 지음, 신재실 옮김, 열린책들, 2008)

Bayley, John: Iris and her friends. New York (W.W. Norton) 1999.

Bayley, John: Elegie für Iris. München (C.H. Beck) 2002. (《아이리스》, 존 베일리 지음, 김설자 옮김, 소피아, 2004)

Beglinger, Martin: Max und Pia. In: Obermüller, Klara (Hrsg.): Es schneit in meinem Kopf. München Wien (Nagel&Kimche) 2006.

Berg, Marjan van den: Ze is de vioolmuziek vergeten. Den Bosch (Van Reemst) 1994.

Bernlef, J.: Op slot. Amsterdam (Querido) 2007.

Bleeker, Bregje: Eva. Amsterdam (Overamstel Uitgevers) 2017.

Boelgakov, Valentin: Het laatste levensjaar van Tolstoij. Amsterdam

(Arbeiderspers) 1976.

Boylan, Clare: Das Haus des Fremden. © der deutschsprachigen Übersetzung 2003 Wilhelm Goldmann Verlag, München, in der Verlagsgruppe Random House.

Braam, Stella: "Ich habe Alzheimer". Wie die Krankheit sich anfühlt. Deutsch von Verena Kiefer. Weinheim und Basel (Beltz) 2007.

Brady, Joan: Death comes for Peter Pan. London (Secker&Warburg) 1996.

Brakman, Willem: Een winterreis. Amsterdam (Querido) 1961.

Buijssen, Huub: Demenz und Alzheimer verstehen – mit Betroffenen leben. Ein praktischer Ratgeber. Weinheim (Beltz) 2003.

Buijssen, Huub: Die magische Welt von Alzheimer. Weinheim (Beltz) 2016.

Bungay Stanier, Michael: The Coaching Habit. München (Vahlen) 2018.

Christie, Agatha: Jane zoekt een baan. In: Negende vijfling. Amsterdam (Luitingh Suithoff) 1995.

Cicero, M. Tullius: Cato der Ältere über das Alter – Laelius über die Freundschaft. Sammlung Tusculum. München Zürich (Artemis) 1988. (《노년에 관하여 우정에 관하여》, 마르쿠스 툴리우스 키케로 지음, 천병희 옮김, 숲, 2005)

Cobbold, Marika: Guppies for tea. London(Black Swan), 1993.

Coetzee, John Maxwell: Zeitlupe. Frankfurt am Main (Fischer) 2005. (《슬로우맨》, 존 쿳시 지음, 왕은철 옮김, 들녘, 2009)

Cornish, Judy: The dementia handbook: how to provide dementia care at home (Create Space Independent Publishing Platform) 2017.

Cullin, Mitch: A slight trick of mind. New York (Doubleday) 2005. (《셜록 홈즈: 마지막 날들》, 미치 컬린 지음, 백영미 옮김, 황금가지, 2007)

Delft, Ingrid H. van: Wanneer is de tijd hier voorbij? Demente ouderen aan het woord. Baarn (Anthos) 2006.

Dijkshoorn, Nico: Nooit ziek geweest. Amsterdam (Atlas) 1993, 2012.

Dorrestein, Renate: Mein Sohn hat ein Sexleben und ich lese meiner Mutter Rotkäppchen vor. München (C. Bertelsmann Verlag in der Verlagsgruppe Random House) 2013.

Dostojewski, Fjodor: Aufzeichnungen aus einem Totenhaus. Berlin und Weimar (Aufbau) 1994. (《죽음의 집의 기록》, 표도르 도스토옙스키 지음, 이덕형 옮김, 열린책들, 2010)

Duinstee, Mia: Ze lacht nog wel als ze me ziet. Nijkerk (Intro) 1985.

Dullemen, Inez van: Vroeger is dood. Amsterdam (Querido) 1976.

Enquist, Anna: Muziek dat helpt. In: Diederik van Vleuten, Robbert Ammerlaan, Onno Bloem en Victor Schifferli (red.): Het volle leven. Herinneringen aan Gerard Reve. Amsterdam (De Bezige Bij) 2006.

Ernaux, Annie: Gesichter einer Frau. Übersetzung der zitierten Textstelle von Eva Grambow. © der deutschsprachigen Übersetzung 2007 Wilhelm Goldmann Verlag, München, in der Verlagsgruppe, Random House. (《한 여자》, 아니 에르노 지음, 정혜용 옮김, 열린책들, 2012)

Essen, Rob van: De goede zoon. Amsterdam (Aatlas) 2018.

Esterhazy, Peter: Harmonia caelestis. Berlin (Berlin Verlag) 2001.

Faber, Michael: The Fahrenheit twins. Edingburgh (Canongate) 2005.

Faes, Urs: Er ist nicht mehr da, wenn er da ist. In: Obermüller, Klara (Hrsg.): Es schneit in meinem Kopf. München Wien (Nagel&Kimche) 2006.

Flagg, Fannie: Fried Green Tomatoes at the Whistle Stop Café. New York (Ballantine Books) 1987 (Übers. nach der Übertragung ins Niederländische von Huub Buijssen). (《프라이드 그린 토마토》, 패니 플래그 지음, 김후자 옮김, 민음사, 2011)

Franzen, Jonathan: Die Korrekturen. Deutsche Übersetzung von Bettina Abarbanell. © 2001 by Jonathan Franzen; 2002 Rowohlt Verlag GmbH,

Reinbek bei Hamburg. (《인생수정》, 조너선 프랜즌 지음, 김시현 옮김, 은행나무, 2012)

Freriks, Kester: Koningswens. Amsterdam (Meulenhoff) 2001.

Fuchs, Elinor: Making een exit. New York (Henry Holt) 2005.

Gale, Patrick: Rough music. London (Harper Collins) 2000.

Geiger, Arno: Es geht uns gut. München Wien (Hanser) 2005.

Genova, Lisa: Still Alice. Mein Leben ohne Gestern. Köln (Bastei Lübbe) 2015. (《스틸 앨리스》, 리사 제노바 지음, 민승남 옮김, 세계사, 2015)

Gerritsen, Esther: Meneer Teste voorbij. In: Bevoorrecht bewustzijn. Breda (De Geus) 2000.

Grant, Linda: Remind me who I am, again. London (Granta books, cop.) 1998.

Groopman, Jerome: Second opinion. Baarn (Ambo) 2000.

Harris, Judith Rich: Jeder ist anders. München (DVA) 2007. (《개성의 탄생: 나는 왜 다른 사람과 다른 유일한 나인가》, 주디스 리치 해리스 지음, 곽미경 옮김, 동녘사이언스, 2007)

't Hart, Maarten: Een deerne in lokkend postuur. Amsterdam (Arbeiderspers) 1999.

't Hart, Maarten: Die Sonnenuhr oder Das geheime Leben meiner Freundin Roos. Zürich-Hamburg (Arche) 2003.

't Hart, Maarten: In unnütz toller Wut. München (Piper) 2004.

Hegarty, Frances: Feuertanz. München (Bertelsmann) 1996.

Hertmans, Stefan: Harder dan sneeuw. Amsterdam (De Bezige Bij) 2004.

Hill, Reginald: Exit lines. A Dalziel en Pascoe Novel. London (Harper Collins) 1987.

Homes, A.M.: Things you should know. New York (Harper Collins) 2002.

Ignatieff, Michael: Scar tissue. London (Chatto&Windus) 1993.

James, Oliver: Contended dementia. 24-hour Wraparound care for lifelong well-being. London (Ebury Publishing) 2009.

Janssen, Marianne: Oud was voor later. Over mensen in de late seizoenen van het leven. Uithoorn (Karakter) 2005.

Jelloun, Tahar Ben: Yemma. Meine Mutter, mein Kind. Berlin (Berlin Verlag) 2007.

Jennings, Kate: Moral hazard. London (Fourth Estate) 2002.

Jungmann, Wim: Wat is het met Loes? Amsterdam (Plataan) 2005.

Kagan, Elaine: Neues Spiel, neues Glück. Deutsch von Petra Post und Andrea von Struwe. © Rowohlt Verlag GmbH, Reinbek bei Hamburg 1998.

Kawabata, Yasunari: Ein Kirschbaum im Winter. © 1996 Carl Hanser Verlag GmbH & Co. KG, München. (《산소리》, 가와바타 야스나리 지음, 신인섭 옮김, 웅진지식하우스, 2018)

Keizer, Bert: Das ist das Letzte! Erfahrungen eines Arztes mit Sterben und Tod. Berlin (Argon) 1995. (《죽음과 함께 춤을》, 베르트 케이제르 지음, 오혜경 옮김, 마고북스, 2006)

Kelley, Kitty: Nancy. President van de Verenigde Staten? Utrecht (Luijtingh-Sijthoff) 1991. (Original: Nancy Reagan. The Unauthorized Biography, 1991).

Keuls, Yvonne: Die Tochter meiner Mutter. Deutsch von Elvira Bittner. München (Ullstein List) 2003.

Klima, Ivan: Warten auf Dunkelheit, Warten auf Licht. München Wien (Hanser) 1995. (《하룻밤의 연인 하루낮의 연인》, 이반 클리마 지음, 이성렬 옮김, 솔출판사, 1995)

Koelemeier, Judith: Het zwijgen van Maria Zachea. Apeldoorrn (Plataan) 2001.

Kooten, Kees van: Annie. Amsterdam (De Bezige Bij) 2000.

Loo, Eric van: De beleving van dementie bij Fredrik van Eeden. Denkbeeld, Mei 1989.

Loo, Stijn van der: Kleine helden zijn we. Amsterdam (Querido) 2018.

Lukrez, Titus, 재인용: Montaigne, Michel de: Essays. Frankfurt am Main (Eichborn) 1998.

Maanen Pieters, Jos van: Een scheepje van papier. Hoorn/Kampen (Uitgeverij West Friesland) 1987.

Mahy, Margaret: Memory. New York (Margaret K. McElderry) 1988.

Mankell, Henning: Mörder ohne Gesicht. Aus dem Schwedi schen von Barbara Sirges und Paul Berf. © Paul Zsolnay Verlag Wien, 2001. (《얼굴 없는 살인자》, 헨닝 망켈 지음, 박진세 옮김, 피니스아프리카에, 2021)

Mankell, Henning: Die falsche Fährte. Aus dem Schwedischen von Wolfgang Butt. © Paul Zsolnay Verlag Wien, 1999. (《사이드 트랙》, 헨닝 망켈 지음, 김현우 옮김, 웅진지식하우스, 2016)

Márquez, Gabriel García: El Amor en los Tiempos del Colera. (《콜레라 시대의 사랑 1−2》, 가브리엘 가르시아 마르케스 지음, 송병선 옮김, 민음사, 2004)

Márai, Sándor: Wandlungen einer Ehe. München (Piper) 2004. (《결혼의 변화》, 산도르 마라이 지음, 김인순 옮김, 솔출판사, 2005)

Marnham, Patrick: Der Mann, der nicht Maigret war. Das Leben des Georges Simenon. Berlin (Albrecht Knaus) 1992.

Matsier, Nicolaas: Selbstporträt mit Eltern. Zürich/Hamburg (Arche) 2001.

McEwan, Ian: Moedertaal. Een herinnering. In: De Groene Amsterdammer, 9. November 2002.

Meijer, Remco: Mooi hè, die lucht. Volkskrant, 3.7.2004.

Miller, Sue: The story of my father. New York (Alfred A. Knopf) 2003.

Mitchell, Wendy: Der Mensch, der ich einst war. Reinbek, Berlin (Rowohlt) 2019. (《내가 알던 그 사람》, 웬디 미첼·아나 와튼 지음, 공경희 옮김, 소소의책, 2018)

Montaigne, Michel de: Essays. Frankfurt am Main (Eichborn) 1998. (《몽테뉴 수

상록》, 몽테뉴 지음, 손우성 옮김, 동서문화사, 2016)

Moore, Jeffrey: Die Gedächtniskünstler. Frankfurt am Main (Eichborn) 2006.
《기억술사》, 제프리 무어 지음, 윤미연 옮김, 푸른숲, 2011)

Mortier, Edwin: Gestameld liedboek. Amsterdam (De Bezige Bij) 2011.

Munro, Alice: Himmel und Hölle: Neun Erzählungen. © S. Fischer Verlag
GmbH, Frankfurt am Main 2004. (《미움, 우정, 구애, 사랑, 결혼》, 앨리스 먼로
지음, 서정은 옮김, 웅진지식하우스, 2020)

Niterink, Tosca: De vergeetclub. Amsterdam (Podium) 2014.

Nolet, Annelies: Gewiste sporen. Amsterdam (Archipel) 1999.

Nuland, Sherwin B.: Wie wir sterben. Ein Ende in Würde? München (Knaur)
1994. (《사람은 어떻게 죽음을 맞이하는가》, 셔윈 B. 눌랜드 지음, 명희진 옮김,
세종서적, 2016)

Offermans, Cyrille: Warum ich meine demente Mutter belüge. Deutsch von
Walter Kumpmann. München (Kunstmann) 2007.

Oz, Amos: Eine Geschichte von Liebe und Finsternis. Roman. Aus dem
Hebräischen von Ruth Achlama. © Amos Oz 2002. © der deutschen
Ausgabe Suhrkamp Verlag, Frankfurt am Main 2004. (《사랑과 어둠의 이야기
1》, 아모스 오즈 지음, 최창모 옮김, 문학동네, 2015)

Ozeki, Ruth: All over creation. New York (Viking Penguin) 2003.

Palahniuk, Chuck: Der Simulant. © der deutschsprachigen Übersetzung 2002
Wilhelm Goldmann Verlag, München, in der Verlagsgruppe Random House.
(《질식》, 척 팔라닉 지음, 최필원 옮김, 랜덤하우스코리아, 2009)

Peseschkian, Nossrat: Der Kaufmann und der Papagei. © S. Fischer Verlag
GmbH, Frankfurt am Main 1979.

Prins, Sophie: Dubbel verlies. Getroffen door de ziekte van Alzheimer. Utrecht
(Zomer&Keuning) 1992.

Pulkkinen, Riikka: Die Ruhelose. Deutsche Übersetzung von Elina Kritzokat ©

Ullstein Buchverlage GmbH, Berlin 2014.

Ramos, Graciliano: Angst. Frankfurt (Suhrkamp) 1978.

Reagan, Ronald: Brief an seine Landsleute. Entnommen aus: www.planet-wissen.de/pw/Artikel.

Reve, Gerard: De laatste jaren van mijn grootvader. In Gerard Reve: Een eigen huis. Amsterdam/Antwerpen (Elsevier/Manteau) 1979.

Reve, Karel van het: Afscheid. In: Achteraf. Amsterdam (Van Oorschot) 1995.

Romijn Meijer, Henk: Leuk dat je nog even langs bent geweest. Amsterdam (Meulenhoff) 1993.

Ruigrok, Henk: Alles is goed gekomen. Nieuwe Revu, 8 January 1994.

Rule, Jane: Memory Board. Toronto (Macmillan of Canada) 1987.

Russo, Richard: Nobody's fool. London (Chatto&Windus) 1993. (《바보없는 마을. 제2부-제3부》, 리차드 루소 지음, 김옥수 옮김, 청담문학사, 1993)

Sacks, Oliver: Die Insel der Farbenblinden. Die Insel der Palmfarne. Deutsch von Hainer Kober. Reinbek (Rowohlt) 1997. (《색맹의 섬》, 올리버 색스 지음, 이민아 옮김, 알마, 2018)

Sacks, Oliver: Der einarmige Pianist. Über Musik und das Gehirn. Reinbek (Rowohlt) 2009. (《뮤지코필리아: 뇌와 음악에 관한 이야기》, 올리버 색스 지음, 장호연 옮김, 알마, 2012)

Schmidt, Annie M.G.: Wat ik nog weet. Amsterdam (Querido) 1993.

Scott Chessman, Harriet: Someone not really her mother. New York (Dutton/Penguin Group) 2004.

Shakespeare, William: König Lear. In: Sämtliche Werke, Hrsg. A.W. Schlegel u.L. Tieck, Band 3: Tragödien. Lizenzausgabe der Wissenschaftlichen Buchgesellschaft Darmstadt, 1984. (《리어왕》, 윌리엄 셰익스피어 지음, 최종철 옮김, 민음사, 2005)

Sieveking, David: Vergiss mein nicht. Freiburg (Herder) 2012. (《나를 잊지 말아

요 : 아들이 써내려간 1800일의 이별 노트》, 다비트 지베킹 지음, 이현경 옮김,
문학동네, 2014)

Simenon, Georges: Der verlorene Sohn. Aus dem Französischen von Magda
Kurz © der deutschsprachigen Übersetzung 1993 Diogenes Verlag AG
Zürich.

Smiley, Jane: Tausend Morgen. Berlin (Berliner Taschenbuch Verlags GmbH)
2004. (《천 에이커의 땅에서》, 제인 스마일리 지음, 양윤희 옮김, 민음사, 2008)

Smit, Astrid: Nare ervaringen onthoudt je het beste. Intermediair 39, 25
September 2003.

Sparks, Nicholas: Wie ein einziger Tag. Deutsch von Bettina Runge. © 1996
Wilhelm Heyne Verlag, München, in der Verlagsgruppe Random House
GmbH. (《노트북》, 니컬러스 스파크스 지음, 김훈 옮김, 고려원, 1998)

Spinnen, Burkhard: Die letzte Fassade. Wie meine Mutter dement wurde.
Herder Verlag, Freiburg im Breisgau, 2016 © Burkhard Spinnen Starik,
Fred: Moeder doen. Amsterdam (Nieuw Amsterdam) 2013.

Tan, Amy: Das Tuschezeichen. Deutsch von Elke Link.
© der deutschsprachigen Übersetzung 2001 Wilhelm Goldmann Verlag,
München, in der Verlagsgruppe Random House. (《접골사의 딸》, 에이미 탄
지음, 안정희 옮김, 신영미디어, 2004)

Tellegen, Toon: Toen had niemand iets te doen. Amsterdam (Querido) 1988.

The, Anne-Mei: In de wachtkamer van de dood. Amsterdam (Thoeris) 2006.

Thorup, Kirsten: Niemandsland. Frankfurt (Suhrkamp) 2007.

Timmer, Ernst: De val van mijn moeder. Amsterdam (Prometheus) 2016.

Tolstoi, Leo N.: Anna Karenina. München (Winkler) 1955. (《안나 카레니나》, 레
프 톨스토이 지음, 연진희 옮김, 민음사, 2012)

Tolstoi, Leo N.: Krieg und Frieden. München (Winkler) 1956. (《전쟁과 평화
1~4》, 레프 톨스토이 지음, 연진희 옮김, 민음사, 2018)

Tolstoi, Leo N.: Krieg und Frieden. Die Urfassung. Frankfurt am Main (Eichborn) 2003.

Valens, Anton: Meester in de hygiëne. Amsterdam (Augustus) 2004.

Veen, Evelien van: 'Als je je geheugen het niet meer doet, ben je weg.' *Volkskrant*, 1. Februar 2019.

Verhulst, Dimitri: Der Bibliothekar, der lieber dement war als zu Hause bei seiner Frau. München (Luchterhand) 2014.

Vine, Barbara: Schwefelhochzeit. Deutsch von Renate Orth-Guttmann. Zürich (Diogenes) 1997.

Voskuil, J.J.: De moeder van Nicolien. Amsterdam (Van Oorschot) 1999.

Vries, Theun de: Rembrandt: Roman. Deutsche Übersetzung von Eva Schumann. © 1999 Dittrich Verlag ein Imprint der Velbrück GmbH Bücher und Medien, Weilerswist-Metternich.

Webeling, Pieter,&Linden, Van der, Frenk: Het mooiste woord is herinnering. VUmc Alzheimercentrum Amsterdam 2016.

Westerman, Frank: Ararat. Amsterdam (Atlas) 2007.

Wiesel, Elie: Der Vergessene. Freiburg (Herder Spektrum) 1990.

Willis, Sarah: Momenten van helderheid. Houten (Unieboek) 2005.

Williams, Carol Lynch: Mijn zomer. Alkmaar (Kluitman) 2001.

Zomeren, Koos van: Het genadelooze vergeten. In: NRC, 7. November 1991.

Zomeren, Koos van: Zomer. Amsterdam (Arbeiderspers) 1993.

Zomeren, Koos van: Het eeuwige leven. Amsterdam (Arbeiderspers) 1994.

Zomeren, Koos van: De man op de middenweg. Amsterdam (Arbeiderspers) 2001.

《사물의 본성에 관하여》, 루크레티우스 지음, 강대진 옮김, 아카넷, 2012.

후주

1. Swart-Zuijderduijn, M.J.: Weinig therapie, veel zorg. Pharmaceutisch weekblad, jaargang 139 (2004), nr 23, 793-798.

2. Scheltens, Ph., (red): Dementie handboek. Een beknopte leidraad voor de praktijk. Amsterdam (Alzheimercentrum VUmc) 2002.

3. Broeckhoven, C. van den: Brein&branie. Een pionier in Alzheimer. Antwerpen (Houtekiet) 2006.

4. Mosconi, Lisa: The Menopause-Alzheimer's Connection, New York Times, 18 april, 2018.

5. Bruijn, R. de., Bos., Portegies, M., Hofman, A., Franco, O., Koudstaal, P.,&Ikram A. The potential for prevention of dementia across two decades: the prospective, population-based Rotterdam Study. BMC Medicine 2015 13:132.

6. Lövden, M., Ghisletta, P.,&Lindenberger, U.: Psychology& Aging, 2005-20 (3), 423-434, sept.

7. Vos, S., van Boxtel, M., et al.: Modifiable Risk Factors for Prevention of Dementia in Midlife, Late Life and the Oldest-Old: Validation of the LIBRA Index. J Alzheimers Dis. 58(2), 2017, 537-547.

8. Barberger-Gateau, P. et al.: Fish, meat, and risk of dementia: cohort study. BMJ 2002; 325: 932-933.

9. Eskelinen, M., Ngandu, T., Tuomilehto, J., Soininen, H., Kiv pelto, M.: Midlife Coffee and Tea Drinking and the Risk of Late-Life Dementia: A Population- Based CAIDE Study. J Alzheimers Dis. 16 (1) 2009, 85-91.

10. Saczynski, J. S., Beiser A., Seshadri, S., et al.: Depressive symptoms and risk of dementia: the Framington Heart Study. Neurology 2010 75: 35-41.

11. Billioti de Gage, Moride Y., Ducruet T., et al.: Benzodiazepine use and risk of Alzheimer's disease: case-control study. BMJ2014; 349: g5205.

12. Taucher, I.: Hoe worden wij mentaal gezond oud? Psyche en Brein/ Scientific American Mind, nr 4, (2007) 100 – 105.

13. Then F. S., Luck T., Angermeyer M. C., Riedel-Heller S. G.: Education as protector against dementia, but what exactly do we mean by education? Age Ageing. 45(4) 2016523 – 8.

14. Quarmley, M., Moberg, J., Mechanic-Hamilton, D., Kabadi, S., Arnold, S., Wolk, D., Roalf, D.: Odor Identification Screening Improves Diagnostic Classification in Incipient Alzheimer's Disease. Journal of Alzheimer's Disease, 55(4) 2017, 1497 – 1507.

15. Voormolen, Sander: Binnen een jaar bloedtest alzheimer beschikbaar. NRC 2018.

16. Kitwood, Tom: Dementia reconsidered. The person comes first. Maidenhead (Open University Press) 1997.

17. Verhey, Frans: Dementie, angst en depressie. Lijd je het meest, door het lijden dat je vreest? In: NVVE: Dementie en euthanasie. Er mag meer dan je denkt. Amsterdam (Nederlandse vereniging voor een vrijwillig levenseinde) 2005.

18. Nederlandse Vereniging voor Klinische Geriatrie: Richtlijn Diagnostiek en medicamenteuze behandeling van dementie. Utrecht (NKVG) 2005.

19. Gøtzsche, P.C.: Tödliche Medizin und organisierte Kriminalität: Wie die Pharmaindustrie unser Gesundheitswesen korrumpiert. München (Riva) 2014.

20. 위의 책.

21. Birks, J. S., und Harvey, R.J.: Donepezil for dementia due to Alzheimer's disease. Cochrane Database Syst Rev. 2018(6).

22. Buijssen Huub, Razenberg, T.: Dementie. Een praktische gids voor de omgang met dementerende mensen. Meppel (Boom) 1987.

23. Gilbert, Daniel: Ins Glück stolpern: Über die Unvorhersehbarkeit dessen, was wir uns am meisten wünschen, München (Riemann) 2007.

24. Vugt, Marjolein de: Behavioural problems in dementia. Caregiver issues. Neuropsych. Publisher, Maastricht (dissertatie) 2004.

25. Hippel , Wi l l iam, Dunlop, Sal ly M.: Aging, Inhibi t ion, and Social Inappropriateness. Psychology and Aging 2005 Sep Vol. 20(3) 519 – 523.

26. Franssen, E.H., Souren, L., Torossian, C.L., Reisberg, B.: Utility of the developmental reflexes in the differential diagnosis and prognosis of incontinence in Alzheimer's disease. Journal of Geriatric Psychiatry and Neurology, 10 – 1997, 22 – 28.

27. Cornish, Judy: The dementia handbook: how to provide dementia care at home (Create Space Independent Publishing Platform) 2017.

28. Diesfeldt, Han: In de geest van de ander. Sociale cognitie en dementie. Denkbeeld, August 2006.

29. Bungay Stanier, Michael: The Coaching Habit. München (Vahlen) 2018.

30. Wijngaarden, Els, van, Manna, Alma,&Anne-Mei The: The eyes of others are what really matters: The experience of living with dementia from an insider perspective. PLoS ONE 14(4): e0214724. https://doi.org/10.1371/jouㅈrnal. pone.0214724, 2019 www.dementia.nl, Oktober 2015.

31. Verhey, Frans: Dementie, angst en depressie. Lijd je het meest, door het lijden dat je vreest? In: NVVE: Dementie en euthanasie. Er mag meer dan je denkt. Amsterdam (Nederlandse vereniging voor een vrijwillig levenseinde) 2005.

32. Weitenberg, Edmar: Accepteer je ziekte en geniet van elke dag. Alzheimer magazine, 3(2), 2001.

33. Scheltens, Ph., (red): Dementie handboek. Een beknopte leidraad voor de praktijk. Amsterdam (Alzheimercentrum VUmc) 2002.

34. Verhey, Frans: Dementie, angst en depressie. Lijd je het meest, door het lijden dat je vreest? In: NVVE: Dementie en euthanasie. Er mag meer dan je denkt. Amsterdam (Nederlandse vereniging voor een vrijwillig levenseinde) 2005.

35. Engelen, G.,&Peters, M.: Dementie. In: Buijssen, H.,&Derksen, 344 Demenz und Alzheimer verstehen J. (red.): Psychologische hulpverlening aan ouderen. Diagnostiek, therapie en preventie. Nijkerk (Intro) 1984.

36. Berg, Marjan van den: Ze is de vioolmuziek vergeten. Den Bosch (Van Reemst) 1994.

37. Kempler: Language changes in dementia of the Alzheimer type. In: Lubinsky, Rosemary, (Hg.): Dementia and communication. San Diego, California (Singular publishing Group) 1995.

38. Pols, Jeanette: Dementie, taal en teken. Een semiotisch onderzoek bij dementerende ouderen. MGV 7/8, 1992.

39. 위의 책.

40. James, Oliver: Contended dementia. 24-hour Wraparound care for lifelong well-being. London (Ebury Publishing) 2009.

41. Strauss, J.: Talking to Alzheimer's. Oakland (New Harbiger) 2001.

42. Beck, C.: Psychosocial and behavioral interventions for Alzheimer's disease patients and their families. American Journal of Geriatric Psychiatry, 6(2) 1998, 41 - 48.
Brotons, M., und Pickett-Cooper, P.: The effects of music therapy intervention on agitation behaviors of Alzheimer's disease patients. Journal of Music Therapy, 33(1) 1996, 2 - 18.
Clark, M., Lipe, A., Bilbrey, M.: Use of music to decrease aggressive behaviors in people with dementia. Journal of Gerontological Nursing 24(7) 1998, 10 - 17.

Forbes, D.: Strategies for managing behavioral symptomatology associated with dementia of the Alzheimer type: a systematic overview. Canadian Journal of Nursing Research, 30(2) 1998, 67 – 86.

43. Holmes, Clive, et al.: Keep music live: music and the alleviation of apathy in dementia subjects. International Psychogeriatrics 2006 Internationale Stichting Alzheimer onderzoek: Alzheimer informatiegids. Hoofddorp 1997. Svansdottir, H.B., Snaedal, J.: Music therapy in moderate and severe dementia of Alzheimer's type: a case-control study. International Psychogeriatrics, Volume 18, Issue 04, Decem ber 2006, 613 – 621.

44. Geelen, Ronald: De leefomgeving van opgenomen ouderen. In: Handboek Huisvesting Verzorging&Ouderen. Amsterdam (Elsevier), 2002 – IV, 2.9 1 – 39, 73 – 112.

45. Glenner, Joy A., et al.: When your loved one has dementia. A simple guide for caregivers. London (John Hopkins University Press) 2005.

46. Smulders, T.: Geen donderslag bij heldere hemel. Agressie en het crisisontwikkelingsmodel. Denkbeeld, februari 2006, 30 – 32.

47. Bibeb: Ik lijd helemaal niet. Vrij Nederland, jaargang 18: 1987, 25 April.

48. Ayres, L.: Narratives of family caregiving: Four story types. Research in nursing and health, 2000, 23, 359 – 371.

49. Kahneman, Daniel: Schnelles Denken, langsames Denken München (Penguin Verlag) 2001. (《생각에 관한 생각: 우리의 행동을 지배하는 생각의 반란》, 대니 얼 카너먼 지음, 이창신 옮김, 김영사, 2018)

50. Goleman, Daniel: Social intelligence: The New Science of Human Relationships. New York (Bantam) 2006. (《SQ 사회지능: 성공 마인드의 혁명적 전환》, 대니얼 골먼 지음, 장석훈 옮김, 웅진지식하우스, 2006)

51. Gawande, Atul: Sterblich sein: Was am Ende wirklich zählt. Über Würde, Autonomie und eine angemessene medizinische Versorgung. Frankfurt

(Fischer) 2017. (《어떻게 죽을 것인가: 현대 의학이 놓치고 있는 삶의 마지막 순간》, 아툴 가완디 지음, 김희정 옮김, 부키, 2015)

52. Field, D., und Minkler, M.: Continuity and change in social support between young-old, old-old and very-old adults' Journal of gerontology, 43 1988, 100 – 106.

53. Mace, Nancy, und Rabins, Peter: Der 36-Stunden- Tag. Bern (Huber) 2001. (《36시간: 길고도 아픈 치매가족의 하루: 세계 최고 존스홉킨스 의과대학이 제공하는 치매극복 가이드》, 낸시 L. 메이스, 피터 V. 라빈스 공저, 안명옥 옮김, 조윤 커뮤니케이션, 2012)

54. Danner, Deborah D., David A. Snowdon und Wallace V. Friesen. Positive emotions in early life and longevity; findings from the Nun study. Journal of Personality and Social Psychology, 80(5) 2001, 804 – 813.

55. Eerenbeemt, Else-Marie van den: De liefdesladder. Amsterdam (Archipel) 2003.

56. Gallagher-Thompson, D., Coon, D.W., Rivera, P., Powers, D.: Family caregiving: stress, coping and intervention. In: M. Hersenen, V. van Asselt (Hg.): Handbook of clinical gerontopsychology. New York (Plenum Press) 1998.

57. Dijk, A. van: Mantelzorg is soms zwaar, maar maakt ook gelukkig. Bijlage bij Libelle 7, 2005, 16 – 18.

그 밖에 참고한 책들

Bialystok, E., Craik, F.I., Freedman, M.: Bilingualism as a protection against the onset of the symptoms of dementia. Neuropsychologica, Jan. 2007 – 28; 45(2): 459 – 64.

Bowlby Sifton, Coral: Navigating the Alzheimer's Journey. A compass for caregiving, London (Health Professions) 2004.

Buijssen, Huub: Senile Demenz. Weinheim (Beltz) 1997.

Craig, G.: Human Development. New Jersey (Prentice Hall) 7thed.: 1996.

Gezondheidsraad: Dementie. Gezondheidsraad, Den Haag; publicatienr. 2002/04.

Kolk, Bessel van der: Verkörperter Schrecken: Traumaspuren in Gehirn, Geist und Körper und wie man sie heilen kann. Lichtenau (Probst) 2015. (《몸은 기억한다: 트라우마가 남긴 흔적들》, 베셀 반 데어 콜크 지음, 제효영 옮김, 을유문화사, 2020)

Mayo Foundation: Alzheimer gezondheidswijzer, Cambium, Zeewolde (vert. van: Mayo Clinic on Alzheimer's disease. Rochester: Mayo Foundation for Medical Education and Research, cop. 2005).

Powell, Jenny: Care to communicate. Helping the older people with dementia. London (Hawker Publications) 2000.

Ringman, J., Fratschy, S., Cole, G., Masterman, D., Cummings, J.L.: A potential role of the curry spice Cucumin in Alzheimer's disease. Current Alzheimer Research, 2, 2005; 131 – 136.

Steen, J. P., van der: Vormen van geheugen. Denkbeeld, februari 2007, 2 – 5

Verghese, J., et al.: Leisure activities and the risk of dementia in the elderly. New England Journal of Medicine (2003) 348: 2508 – 16.

Vernooij-Dassen et al.: Receiving a diagnosis of dementia: The experience over time. Dementia, August 1, 2006; 5(3): 397 – 410.

옮긴이 장혜경

연세대학교 독어독문학과를 졸업했으며, 같은 대학 대학원에서 박사 과정을 수료했다. 독일 학술교류처 장학생으로 하노버에서 공부했다. 현재 전문 번역가로 활동 중이다.《우리는 여전히 삶을 사랑하는가》,《가까운 사람이 경계성 성격 장애일 때》,《소중한 사람에게 우울증이 찾아왔습니다》,《나는 왜 무기력을 되풀이하는가》,《내 안의 차별주의자》,《처음 읽는 여성 세계사》,《변신》,《나무 수업》등 여러 책을 우리말로 옮겼다.

치매의 모든 것

첫판 1쇄 펴낸날 2022년 11월 21일
4쇄 펴낸날 2024년 6월 25일

지은이 휘프 바위선
옮긴이 장혜경
발행인 김혜경
편집인 김수진
책임편집 조한나
편집기획 김교석 유승연 문해림 김유진 곽세라 전하연 박혜인 조정현
디자인 한승연 성윤정
경영지원국 안정숙
마케팅 문창운 백윤진 박희원
회계 임옥희 양여진 김주연

펴낸곳 (주)도서출판 푸른숲
출판등록 2003년 12월 17일 제2003-000032호
주소 서울시 마포구 토정로 35-1, 우편번호 04083
전화 02)6392-7871(마케팅부), 02)6392-7873(편집부)
팩스 02)6392-7875
홈페이지 www.prunsoop.co.kr
페이스북 www.facebook.com/simsimpress 인스타그램 @simsimbooks

ⓒ 푸른숲, 2022
ISBN 979-11-5675-999-7(03180)